太原科技大学博士科研启动基金及山西省科技战略研究专项（202304031401082）

供应链保理融资与运营联合决策研究

田春英◎著

经济日报出版社

·北京·

图书在版编目（CIP）数据

供应链保理融资与运营联合决策研究 / 田春英著. --
北京：经济日报出版社，2024.9. -- ISBN 978-7-5196-
1512-3

Ⅰ.F830；F252.1

中国国家版本馆 CIP 数据核字第 2024M4T548 号

供应链保理融资与运营联合决策研究
GONGYINGLIAN BAOLI RONGZI YU YUNYING LIANHE JUECE YANJIU

田春英　著

出　　版：	经济日报出版社
地　　址：	北京市西城区白纸坊东街 2 号院 6 号楼 710（邮编 100054）
经　　销：	全国新华书店
印　　刷：	北京建宏印刷有限公司
开　　本：	710mm×1000mm　1/16
印　　张：	12.75
字　　数：	205 千字
版　　次：	2024 年 9 月第 1 版
印　　次：	2024 年 9 月第 1 次印刷
定　　价：	68.00 元

本社网址：www.edpbook.com.cn，微信公众号：经济日报出版社
未经许可，不得以任何方式复制或抄袭本书的部分或全部内容，**版权所有，侵权必究**。
本社法律顾问：北京天驰君泰律师事务所，张杰律师　举报信箱：zhangjie@tiantailaw.com
举报电话：010-63567684
本书如有印装质量问题，请与本社总编室联系，联系电话：010-63567684

前　言

中小企业由于缺乏必要的可抵押资产以及完整的信用评级信息,很难从银行获得资金支持,其长远发展会受到严重制约。供应链融资被认为是解决中小企业融资难、融资贵问题的最主要途径。近年来,以供应链融资赋能中小企业高质量发展的政策建议频繁见诸各级政府的文件报告中,金融机构的年度总结中供应链融资业绩也往往占据一定的篇幅。然而,要让供应链融资真正产生实效却是一个任重道远的长期工程,需要解决如何保证企业利用好资金、金融机构愿意提供资金的问题。

供应链融资理论在回答上述问题方面作出了许多有价值的探索,是近十年来供应链管理研究中最热门的方向之一。其核心思想是企业的融资决策要与运营决策相匹配,通过融资与运营的联合决策提升供应链成员企业的绩效,同时让银行在可接受的风险水平下获得更高收益。为此,大量的文献围绕不同的融资方式,研究了供应链成员的最优生产与借款数量、金融机构的最优利率、第三方物流公司的最优服务水平等一系列实践中较为关键的策略。

截至2023年底,纳入学术界研究范畴的既有传统的融资方式,如银行贷款融资、预付款融资、延期付款融资等,又有新兴的融资方式,如电商平台融资、众筹融资、知识产权质押融资等。其中,保理融资作为一种既古老又年轻的融资方式,值得更加广泛的关注。说它古老,是因为早在国际贸易刚刚兴起的时候,保理商就开始帮助贸易商们完成资金的结算与周转;说它年轻,是因为我国保理在改革开放以后才正式起步;认为它的前景广阔,是因为保理商通过买入应收账款来满足赊销企业的融资需求,而赊销是当今市场经济活动中最常见的交易形式和最主要的结算方式。

事实上,伴随着供应链融资的迅猛发展,保理业务也取得了令人瞩目的成绩。而同其他融资方式一样，保理融资引入供应链以后给理论和实践领域带来了许多新的问题。例如，保理资金注入后，供应商和零售商应该如何确定赊销定价、订货策略以实现最大收益；保理商怎样通过授信策略降低供应链企业的赊销风险；保理商提供的综合服务以及风险控制措施如何影响供应链企业的赊销策略等。因此，本书以供应链的保理融资实践为基础，研究供应链的保理融资与赊销联合决策问题。

既有的供应链融资理论研究成果不能直接应用于保理融资是由以下几方面的因素导致的。首先，保理是在延期付款融资基础上开展的融资活动，属于供应链内外部混合融资，需要考虑供应链上、下游企业以及保理商这三方之间的风险分担与收益共享机制。其次，保理融资在实践中的操作比较灵活，既有对已有应收账款进行转让的方式，又有基于未来应收账款提前授信的方式。另外，保理的前提是供应链成员企业之间的紧密合作，这种合作关系为供应链成员联结起来同其他供应链竞争创造了基础和条件，使得保理融资成为供应链间竞争的工具。最后，商业保理机构与金融保理机构的并存导致保理融资市场的不完全竞争性。

针对上述保理融资的特点，本书以保理商的风险控制措施为主线，将不同情境下供应链企业与保理商的交互行为分别刻画为折扣转让以及额度授信保理模式下的参与方博弈模型，通过均衡策略的求解与分析来回答引入保理融资如何影响供应链运作的问题。进一步地，基于实践中更加普遍的折扣转让保理模式，放松相对严格的模型假设，引入链间竞争、不完全竞争金融市场等因素进行拓展研究。

在上述构架中，全书尽量探讨了供应链保理融资理论与实践中的一些常见问题。然而，相比实践创新速度，理论研究总是相对滞后的。近年来，在供应链保理融资业务的发展过程中也涌现了许多新的案例并呈现出新的趋势。例如，跨境贸易的变革与升级、金融科技的创新与进步等因素使得保理融资面向的领域更广、服务的效率更高；与其他的金融产品的联合运用、针对特定产业的定制化解决方案使得保理融资产品更加丰富多样。这些新趋势带来的新问题都值得理论研究者们在未来进行持续追踪和深入探讨。

本书是在本人博士论文及后续研究成果的基础上整理完成的，研究和写作过程中得到了导师陈东彦教授细致入微的指导以及同门师兄弟姐妹无私的帮助，在此表示衷心的感谢。同时，感谢太原科技大学各位同仁在本书写作过程中提供的热情帮助。由于本人知识水平和能力有限，本书难免存在一些错漏之处，希望得到读者们的批评指正，本人将在后续的研究工作中不断修正和完善。

目 录

第一章　绪论 ………………………………………………………………… 1
　一、研究背景 ……………………………………………………………… 3
　二、研究目的和意义 ……………………………………………………… 5
　三、国内外研究现状 ……………………………………………………… 7
　四、研究内容和方法 ……………………………………………………… 19

第二章　供应链保理融资与赊销决策中的关键问题 …………………… 21
　一、保理融资的内容与特征 ……………………………………………… 23
　二、两种主要保理融资模式下的赊销交易特征分析 …………………… 30
　三、保理商的风险控制措施对赊销交易的影响 ………………………… 35
　四、供应链竞争背景下的保理与赊销决策问题 ………………………… 39
　五、不完全竞争金融市场中的供应链保理融资决策 …………………… 40
　六、本章小结 ……………………………………………………………… 41

第三章　折扣转让模式下供应链保理融资与赊销策略 ………………… 43
　一、问题描述与模型假设 ………………………………………………… 45
　二、考虑保理商追索权时供应链保理融资与赊销策略 ………………… 46
　三、存在零售商预付款时供应链保理融资与赊销策略 ………………… 60
　四、本章小结 ……………………………………………………………… 76

第四章　额度授信模式下供应链保理融资与赊销策略 ………………… 77
　一、问题描述及模型假设 ………………………………………………… 79
　二、考虑买方资信水平时供应链保理融资与赊销策略 ………………… 80
　三、存在破产成本时供应链保理融资与赊销策略 ……………………… 93

四、本章小结 ·· 106

第五章　供应链竞争下企业的保理融资与赊销策略 ············ 107
　　一、问题描述与模型假设 ·································· 109
　　二、两条供应链竞争下企业的保理融资与赊销策略 ············ 111
　　三、多条供应链竞争下企业的保理融资与赊销策略 ············ 120
　　四、本章小结 ·· 129

第六章　不完全竞争金融市场上供应链保理融资与运营决策 ···· 131
　　一、问题描述与模型假设 ·································· 134
　　二、完全竞争金融市场中供应链的均衡策略 ·················· 135
　　三、不完全竞争金融市场中供应链的均衡策略 ················ 137
　　四、金融市场不完全竞争性对供应链成员决策及收益的影响 ···· 141
　　五、本章小结 ·· 147

第七章　SD 公司的保理融资与赊销策略研究 ················· 149
　　一、SD 公司保理融资与赊销决策的主要问题 ················· 151
　　二、数据的收集与处理 ···································· 154
　　三、保理融资下交易各方的均衡策略与收益分析 ·············· 158
　　四、本章小结 ·· 162

第八章　关于供应链保理融资值得关注的其他问题 ············ 163
　　一、金融科技创新下的供应链保理融资 ······················ 165
　　二、跨境供应链中的国际保理融资 ·························· 168
　　三、各式各样的"保理+"业务 ····························· 170
　　四、供应链保理融资与特定产业的深度融合 ·················· 172

结　论 ·· 176

参考文献 ·· 179

后　记 ·· 192

第一章
绪论

一、研究背景

世界银行 2018 年发布的《中小微企业融资缺口：对新兴市场微型、小型和中型企业融资不足与机遇的评估》报告显示，我国中小微企业潜在融资需求高达 4.4 万亿美元，而资金供给仅 2.5 万亿美元，缺口比重高达 43%。从供应链的视角来看，单个企业面临的资金约束问题将会通过其订货、定价、生产等运营策略影响上下游企业的利润水平，从而降低整条供应链的绩效。因此，除了金融机构，供应链上的其他成员企业也有动机帮助资金不足企业解决融资问题，即向其提供交易信用。实践中应用最广泛的交易信用形式是供应链的上游企业以赊销的方式向下游企业出售商品，相当于在交货期至付款期之间的时间段内向后者提供短期资金融通。根据塞弗特等（2013）的调查，在欧美发达国家，企业短期融资的 13%~40% 来自延期付款融资[1]。彼得森等（1997）、菲斯曼和洛夫（2003）的研究表明，对于那些难以从银行获得信贷的企业以及身处资本市场欠发达国家的公司来说，交易信用的作用甚至大于银行信用[2,3]。

在通过赊销提供交易信用时，商品的供应商在交货后即获得一笔未来到期的应收账款，除资金的时间价值外，供应商还需面对许多问题。

1. 自身短期资金周转问题

巴罗等（2016）的调查显示，企业在价格或期限条件不利的情况下提供交易信用将产生大量的资金成本、造成企业的投资不足问题[4]，甚至还可能引发流动性危机[5]。在 2008 年暴发的全球金融危机期间，大量强势的供应链核心企业凭借市场地位要求中小供应商延长付款期限，以弥补其他融资渠道不畅造成的资金缺口，导致供应商的资金周转状况急剧恶化[6,7]。

2. 应收账款管理问题

为了提高应收账款的回收率，企业需要引进先进的管理系统、雇用专业的技术人员，甚至设立专门的职能部门，进行应收账款的评估、对账、催收等工作。然而，对于规模较小、业务量较少的企业来说，独立完成应收账款管理的全部相关工作往往是不经济的[8]。

3. 应收账款的持有风险

下游零售商在债务到期日由于主观或客观原因丧失偿债能力、无法履行偿付义务，将使提供交易信用的企业遭受重大经济损失。例如，2008年大型连锁超市普尔斯马特倒闭时，拖欠供应商债务高达20亿元，严重影响了一批中小供应商的生存和发展。理论研究也表明，交易信用的存在将导致一条投入—产出链上不同工业部门之间风险的传递[9]。

为了解决赊销带来的上述问题，供应商可以将应收账款转让给专业的金融机构——保理商。除了以买入应收账款的形式向供应商融资，保理商还可以提供应收账款管理、债务催收及买方信用担保等服务，能够在买方恶意拖欠或无力偿付的情况下减少供应商的损失。该融资模式在国内外已广泛应用。例如，沃尔玛的供应商多为中小企业，他们在向沃尔玛供货后须等待平均60天的账期后才能拿到货款，许多企业通过将应收账款卖给银行等专业保理机构解决资金周转问题。国内电商巨头京东推出的京东贝实质就是一种池保理融资方案，该方案允许供应商将现在或将来产生的应收账款全部转让给保理商，由保理商根据应收账款核定最高额度并向其提供融资服务，帮助供应商解决应收账款周转期长的问题。目前，保理已成为全球范围内发展最快的供应链金融业务，在满足中小企业融资需求方面发挥着越来越重要的作用[10]。那么，在引入保理融资后，如何进行赊销与融资的联合决策以实现收益最大化就成了供应链企业亟待解决的现实问题，这也正是本书研究的实践背景。

如上所述，保理融资是依托供应链的融资方式之一。近年来，伴随实践的发展，关于供应链融资的理论探讨也取得了大量的成果。早期供应链融资领域的相关研究大多围绕银行贷款、延期付款、预付款等传统融资方式进行，但随着金融市场竞争的加剧，全新的融资方式或已有融资产品的创新模式逐渐成为市场的主流，并成为学术界关注的热点。虽然保理融资的实践可以追溯到十四、十五世纪，但其在供应链融资框架下的理论与实践却处于起步阶段。探索如何将保理与供应链的运作机制相融合，充分发挥保理融资的优势和特色、促进企业绩效提升具有重要的理论意义。

事实上，关于供应链保理融资问题的研究在理论上包含一系列的创新活动。首先，它有别于大多数现有的供应链融资的研究工作。现有研究大多表明银行信用及赊销交易信用的价值体现在通过供应链风险与收益的有效分配，实现供应链绩效的提升。而保理融资则是在赊销已经形成的合作机制的基础上，利用保理的特定操作重构各方的权责关系，从而创造一种更加高效的共赢模式。其次，保理融资可以看作供应链融资研究的扩展。供应链融资领域的学者主要强调供应链的运营与融资两个方面，这与贷款、延期付款等融资方式以融资为核心的本质相符。保理业务强调的则是金融机构提供的一篮子、全方位服务，除融资外，债务人信用评估、账款管理、担保等服务也成为该金融产品的主要卖点。在研究过程中，除建立运营与融资决策的关联外，也有必要将金融服务的其他元素考虑进来。综上，探讨供应链保理融资问题时，需要结合已有的研究成果，深入研究实践中常见的保理操作如何通过不同的机制影响供应链企业的赊销策略，这正是本书研究的理论背景。

二、研究目的和意义

从供应链融资领域关于保理的研究进展来看，理论探讨的发展速度在一定程度上还是滞后于实践的。例如，金融机构在保理业务中提供的综合服务、采取的灵活操作、考虑的各类条件等许多影响供应链赊销策略的因素还未被考虑。基于此，本书的研究目的是基于博弈论、优化理论以及供应链管理理论，深入剖析采取保理融资过程中，供应链成员企业之间、保理商与供应商之间存在的博弈关系，构建供应链的保理融资与赊销决策模型，进而得出不同情景下成员企业的最优赊销价格与数量（相应的保理融资策略）以及保理商的最优授信策略。本书的研究意义体现在以下三个方面。

1. 从理论上解释保理融资对供应链企业的价值

现代保理业务在全球发展已有130多年历史了，理论界也一直从不同的视角解释企业选择保理的原因。许多学者应用实证、案例等定性研究方法，从融资企业自身的资质、所处的行业、面临的政治及法律环境等内外部因素中寻找答案。供应链融资研究的兴起与发展为从供应链的角度解释保理融资的价值提供了依据。本书在各参与方最优策略分析的基础上论证保理融资提升供应商利润的条件，用定量的方法来解释保理对供应链企业的价值。

2. 为供应链企业进行保理融资下的赊销决策提供参考

赊销交易的供应商向零售商提供延期付款时，相当于将本该由零售商承担的市场风险部分地转移到了供应商身上，供应商要在风险与收益的权衡下进行相应的生产或定价决策。当保理商通过买入应收账款的形式向供应商提供资金支持并进一步管理应收账款时，未来市场需求不确定风险将在供应商、保理商、零售商三者之间重新分配。本书通过构建优化模型研究供应链企业的最优策略，能够为企业进行保理下的运营决策提供一定参考。

3. 为金融机构开展保理业务提供一定的理论依据

当前金融机构在开展保理业务时仍以定性决策为主。例如，从金融市场上保理相关产品及其业务流程上看，保理商在核定授信额度时，遵循的通常是金融机构综合授信的一般思路，即通过信用评级指标对债务人的资信水平、债务违约风险进行总体评价，将评价结果作为授信的主要依据。这种操作方法无法体现保理授信以应收账款为基础的本质，无法建立授信业务未来收益与应收账款回款的数量关系，故不利于保理商在控制风险的同时实现收益最大化。本书的研究为金融机构在保理融资时定量与定性决策相结合提供了一定的新思路。

三、国内外研究现状

前已述及，本书利用供应链管理理论、优化理论及博弈论方法，研究供应链企业通过保理融资缓解资金压力、转移应收账款持有风险、提高应收账款管理效率时，上下游企业之间的博弈以及金融机构同企业之间的博弈问题。图 1-1 通过与现有相关研究的关联描述了本书的研究定位。

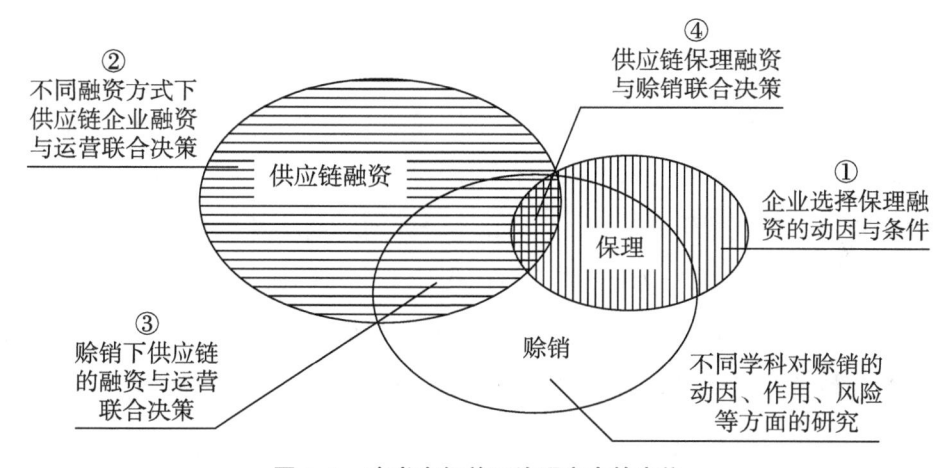

图 1-1　本书在相关理论研究中的定位

由图 1-1，本书可视为赊销、供应链融资及保理三个研究领域的交叉问题（对应图 1-1 中④）。由于赊销既可以视为卖方的促销手段、结算方式，又可以视为买方的商品质量保障措施，营销、贸易、经济等学科从不同视角对赊销的形成原因、作用和风险进行了研究。供应链融资领域的学者通过供应链成员企业融资与运营联合决策的方法研究供应链上资金流与物流的最优融合方式（对应图 1-1 中②）。由于赊销是一种卖方以融物的形式向买方提供资金支持的融资方式，赊销下供应链的融资与运营联合决策（对应图 1-1 中③）既是供应链融资视角下对这种特定融资方式的探讨，又为赊销的解释提供了新的视角。关于保理的研究试图解释保理融资的本质、特征及适用条件等（对应图 1-1 中①），它与赊销存在交叉，是因为保理被认为是企业管理因赊销而产生的应收账款的方式之一。由于保理又可以被提供赊销的供应商作为融资手段加以利用,因此可以视为供应链赊销基础上派生的一种融资方式。故本书实际上基于供应链融资的研究方法,结合赊销中企业的权责关系,将保理下的资金流与供应链的货物流相融合,研究供应链成员企业及保理机构的最优策略。

基于上述关系,本书对现有文献进行了分类讨论。

(1) 通过对单个企业保理问题相关研究进行梳理,了解学术界研究保理的视角、方法和结论,为从供应链视角研究保理融资及相应的企业赊销策略提供参照。

(2) 在简要介绍供应链融资领域的研究成果及发展趋势的基础上,归纳了供应链融资视角下关于赊销的相关研究成果,据以分析赊销交易中成员企业间的博弈关系及赊销提升供应链绩效的过程。进一步地,总结了供应链融资视角下保理问题的研究现状,以突出本书的创新点及研究价值。

(3) 为了更加全面地研究供应链的保理融资与赊销策略,本书还将研究对象由单条供应链拓展为多条供应链竞争以及金融市场不完全竞争的情形,因此对供应链竞争理论、策略型金融机构的研究成果进行了概括性介绍。

综上,本书的国内外研究现状分析将从单个企业保理、供应链融资视角下的赊销与保理、供应链竞争、策略型金融机构四个方面进行阐述。

(一) 单个企业保理的研究现状

总体上看,学术界对保理的研究相对有限,相应成果也不多。通过对文献的梳理可以发现,相关研究主要集中在三个方面:保理原因、企业应用保理的条件、保理方案优化。

1. 保理原因

最早的保理业务诞生于国际贸易当中,旨在帮助从事国际贸易的企业管理应收账款,因此,早期的学者试图基于应收账款管理理论来解释保理的原因。完整的企业应收账款管理活动由信用风险监控、信用额度核定、账户管理、催收以及融资等构成。为了完成上述活动企业可选的方案通常包括:设立分支机构进行内部管理、将部分业务外包给专门机构(信用评估机构、账户管理机构、专业催债公司等）以及将应收账款转让给保理商。理论研究认为企业选择保理作为应收账款管理方式由众多内外部因素共同决定。比较有代表性的，米安和史密斯（1992）提出公司规模、市场集中度、客户信用水平是企业选择保理等不同应收账款管理形式的主要依据，并给出了相应的实证分析[11]。史密斯和施纳克尔（1994）则表明信息和监控成本较高的企业更倾向于将应收账款外包给保理商[8]。萨默斯和威尔逊（2000）通过对 655 家制造业企业数据的分析发现，尽管产品差异、市场环境和保理商偏好等内外部因素都会对企业的应收账款管理政策产生影响，但其选择保理的根本动因是对资金的需求[12]。自此之后，越来越多的学者们开始立足融资视角对保理进行定性研究。

贝克等（2004）讨论了保理相对于信用评分贷款、资产抵押贷款等多种融资方式的优势，以及开展保理融资会受到的来自税收、监管等部门的阻碍，分析了东欧国家开展中小企业保理融资的潜力[13]。克拉珀（2006）以墨西哥 Nafin 银行系统面向中小企业开展的反向保理实践为例，研究了保理对缓解中小企业资金压力的作用，指出反向保理在经济发达国家和信用体系完善的国家发展得更好[14]。梁笛和张捷（2007）调查了我国银行机构开展保理融资的基本状况及保理对中小企业融资的作用[15]。强调保理融资功能的研究多数以反向保理为研究对象。反向保理的核心思想是以下游核心企业的良好资信作为担保，降低中小供应商的融资成本，因此许多供应商接受保理融资方案的直接原因就是充分利用由买卖双方的信用等级差产生的利率差额（武特克等 2013a，利布尔等 2016，坎尼亚托等 2016，马丁和霍夫曼 2019）[16-19]。上述文献均以定性研究为主要方法，与之不同的是，伊科诺等（2015）[20] 和盖尔索米诺（2019）[21] 定量测度了成本节约对企业的价值，并得出了企业采用反向保理融资的条件。陈介豪和陈伟幸（2012）通过测算建筑类企业应用保理时的成本，证明保理有助于降低该类企业的融资成本，在建筑行业有巨大的发展前景[22]。

2. 企业应用保理的条件

当作为备选融资方式时，只有在满足一系列内外部条件的前提下，企业才会选择保理融资，而这些条件既有微观层面的、也有宏观层面的。根据现有文献，可将影响企业采取保理融资的因素总结为以下三方面。

（1）企业的个体特征。苏凡尼（2000）的研究表明，保理融资的运用与企业的规模、成立年限、所处行业及产权组织形式存在很强的相关性[23]。在此基础上，苏凡尼（2002）以英国3 800多家企业为调研对象，将影响企业保理融资的因素进行了扩充，得出除上述因素外，企业是否有其他融资渠道、可抵押资产、所持债权的价值以及是否经历财务困境也同其保理决策存在显著相关关系[24]。与之相似的阿塞尔伯格（2002）的研究显示中小企业、有大量融资需求的新成立企业、销售季节性商品的特殊企业是保理融资的主要用户[25]。另外，从供给的角度出发，苏凡尼（2001）对英国21家开展保理融资的银行进行了面对面访谈和调研，发现保理商对企业提供保理融资时考察的因素包括企业的类型、管理水平、资金状况、盈利情况等[26]。

（2）企业间关系。当零售商出于自身利益要求供应商进行保理融资时，如果保理合同在关于交易各方权责的约定条款中限制了供应商选择其他融资方式的权利，供应商是否能够接受，取决于下游零售商的讨价还价能力[18]。讨价能力越强意味着供应商对零售商的依赖越大、从而越有可能接受保理融资方案，而零售商的讨价能力通常来自供应商的信任[27]。相反，当供应商因资金约束请求零售商协助其获得保理融资时，根据武特克等（2013）[28]的研究，零售商讨价还价能力的强弱解释了其协助供应商的不同动因：当讨价能力很强时，零售商旨在借助保理降低商品价格；而讨价能力较弱时，零售商则旨在通过保理稳定同核心供应商的关系。已有研究还表明，尽管有机会利用权利的不对等（以协助保理融资为条件）要求供应商给予更优惠的价格或更长的付款期限，下游零售商也不会过度使用这种"特权"，因为这将损害企业之间的长期合作关系[29]。而企业间的合作恰恰是影响供应链是否采用保理融资的另一关键要素[30]。其中，一个典型的证据就是当零售商有多个备选供应商时，将不愿意提供保理融资担保，而当其只有唯一供应商时则会同意提供保理融资担保[28]。

（3）外部环境。许多实证研究都证实了外部政治、经济、技术以及法律环境对企业采取保理融资决策的影响。安娜等（2018）从应收账款持有者的利益出发，讨论了法律环境及金融机构发展水平对企业应用保理的影响，发现当一国的法律对债权人的保护程度弱、政治不稳定、违约惩罚的执行成本较高时，供应商更倾向于使用保理融资来保证应收账款的顺利收回[31]。而在全球经济的视角下，一国经济形势越好、金融体系越发达，保理的业务量就越大[19]。利尔布等（2016）也认为税收、法律制度可能成为一些发展中国家开展保理业务的阻碍因素。除了上述"软环境"，以技术成熟程度为标志的"硬环境"同样影响保理融资的开展。理论界普遍认为，电子发票、数字签章与认证、互联网技术以及其他交互工具是影响保理融资应用的重要因素[28,29,32,33]。霍夫曼和苏姆斯特格（2015）通过引入专业化的IT融资平台重构了保理业务流程，在此基础上通过量化的方法得出了该融资方案增加企业及融资机构利润、实现各方共赢状态的条件[34]。

3. 保理方案优化

作为一种融资方式，保理能否达到最佳的效果既取决于相关条款的设计，也取决于其实施的时点及其他条件，为了实现保理下各方收益的最大化，有学者从方案优化的角度对保理融资进行了研究。立足于保理商，张晓健和沈厚才（2011）构建了供应商及保理商接受保理合同后的收益函数，基于双方的参与条件及讨价还价能力分别得出了有追索权及无追索权两种保理模式下的最优融资比例[35]。黄慧君和张静（2016）在同时考虑国外买家信用风险和外汇汇率风险的情景下，研究了保理商为从事跨国交易企业提供保理时的最优融资比率问题，证明最优融资率受到保理时点、汇率波动等因素的影响[36]。立足于上游供应商，李延海和顾超成（2018）认为保理融资缓解企业资金压力的同时也使得其不得不承担高额的融资成本，故企业需要选择最佳的融资时点以权衡利弊，通过量化模型得出了融资期限最小化下的最优保理决策[37]。立足于下游零售商，武克特等（2016）应用S形扩散曲线描述供应商参与保理的过程，在零售商能够影响供应商行为的前提下，研究零售商发起保理的最优时点以及相应的最佳延期付款期限[38]。

(二) 供应链融资视角下保理与赊销的研究现状

1. 供应链融资的研究现状

供应链融资是继信息流[39]之后，供应链管理理论向资金流方面的扩展[40-42]。具体地说，供应链融资是指将供应链上两个或以上成员（包括外部服务提供者）联合起来，通过对资金流的规划、引导与控制来创造价值的方法，属于物流、供应链管理、金融三个学科的交叉领域[42,43]。在现有的大量文献中，以拉利维尔和波特斯提出的"Selling to the Newsvendor"模型[44]为基础解决供应链融资与运营联合决策问题的相关研究构成了当前最主要的研究分支。并且，被关注最早、成果最多的两种融资方式为：银行信贷融资（布扎科特和瑞秋张[45]，库韦利斯和赵文辉2010[46]，陈祥锋和万国华2011[47]，晏妮娜和孙宝文2013[48]，达达和胡乔海2016[49]）和通过赊销间接融资。而随着研究的深入，学者们开始关注到更多、更加灵活的融资方式，并且考虑了更多的实践因素。表1-1列举了除保理外，近年来一些具有代表性的研究成果。

表1-1 供应链融资研究的代表性成果

		代表文献
融资方式	订单融资	王文利等（2013）[50]，莱恩多普等（2018）[51]，赵立马和胡赫策迈尔（2019）[52]
	预付款融资	王文利和骆建文（2014）[53]，钱佳和骆建文（2015）[54]，张钦红等（2016）[55]，彭红军（2018）[56]，古普达和丘塔里（2019）[57]，秦娟娟等（2019）[58]，肖勇波和张继红等（2018）[59]，赵立马和胡赫策迈尔（2019）[52]，金伟和骆建文（2017）[60]
	3PL直接融资	陈祥锋和谢晓燕（2009）[61]，陈祥锋和蔡港树（2011）[62]，黄帅等（2019a）[63]，林强等（2019）[64]
	库存质押融资	艾伦和高尔（2018）[65]，周咏等（2018）[66]
	保兑仓融资	林强等（2018）[67]，林强等（2018）[68]，王宗润等（2017）[69]
	融资加担保	晏妮娜等（2017）[70]，黄静等（2019b）[71]，林强和肖杨（2018）[72]，毕功兵等（2018）[73]，李博等（2018）[74]，金伟等（2019）[75]
	融资加保险	金伟和骆建文（2018）[76]，李博等（2016）[77]
	供应商投资	晏妮娜等（2019）[78]

续表

		代表文献
典型情景	破产成本	库韦利斯和赵文辉（2011）[79]，库韦利斯和赵文辉（2015）[80]
	风险规避	晏妮娜等（2017）[70]，陈志明等（2019）[81]，金伟和骆建文（2018）[76]
	信息不对称	张钦红和骆建文（2009）[82]，马中华和陈祥锋（2014）[83]，查勇等（2019）[84]
	需求扰动	古普达和丘塔里（2019）[57]
	碳排放约束	秦娟娟等（2019）[58]，曹二宝等（2019a）[85]，曹二宝等（2019b）[86]，曹二宝等（2018）[87]

从表 1-1 可以看到，近年来供应链融资研究的两个主要发展趋势：一是融资方式反映了当前金融创新实践中许多新的成果，理论的发展速度明显加快。二是考虑的典型情景更加复杂多样，更加契合不同的实践背景，从而模型的刻画不再局限于个别理想状态。总体上讲，上述文献不但从不同的视角印证了运营与融资联合决策对企业绩效提升的作用，同时也规范了研究供应链融资问题的基本方法和核心技术。鉴于篇幅所限，此处不对上述文献进行深入介绍。以下重点梳理供应链融资领域关于赊销与保理问题的研究成果。

2. 供应链融资下赊销的研究现状

由于供应商向下游企业赊销的行为相当于向后者提供交易信用，因此许多文献也将关于赊销的相关研究称为供应链交易信用研究。根据立足点的不同，供应链融资视角下对赊销的研究可进一步划分为以下三类。

（1）赊销对供应链绩效的影响机制研究。伯卡特和埃林森（2004）提出：当零售商有可能将融通的物资用于标的项目以外的其他风险投资时，赊销的价值体现在有利于规避零售商的道德风险[88]。陈祥锋（2012）论证了市场需求不足时零售商只承担有限责任是导致其在赊销交易中增大订货的根本原因[89]。鲁其辉等（2012）认为赊销的作用体现在解决了因资金短缺引起的生产不连续问题，从而保证供应链的有效运转[90]。亚历克斯杨和伯奇（2017）研究发现赊销在供应链系统中充当了一种风险分担机制，并阐述了供应商通过赊销平衡其资金成本和运营利润的机理[91]。谢家平等发现由于赊销下融资采取显性计息方式，在零售商缴税时具有税盾效应，进而激励其增加订货量[92]。另外，上述赊销影响供应链绩效的机制在更加复杂的背景下（允许两阶段订货[93]；成员间信息不对称[82]；决策者为风险规避型个体[94]；成员一方提出一定激励或约束机制[95]）同样成立。

（2）赊销与银行信贷的对比研究。库韦利斯和赵文辉（2012）的研究表明，如果对定价和结算的机制进行合理的设计，零售商总是倾向于选择以赊销交易的形式进行融资[96]。荆兵等（2012）和陈祥锋（2016）均发现：供应商生产成本的高低是影响赊销与银行信贷融资对供应链价值相对大小的重要因素[97,98]。陈祥锋（2015）指出：赊销有助于减少供应链的双边际效应，从而比银行信贷更能促进供应链绩效水平的提高[99]。荆兵（2014）则认为，如果供应商的生产成本相对较高，赊销不但不会降低、反而会加重双边际效应[100]。蔡港树等（2014）则将零售商的初始资金、信贷市场的竞争程度以及零售商道德风险等因素统一到一个框架下，得出零售商在两种融资方式之间进行选择或组合融资由上述多种因素共同决定[101]。乔德（2016）在多产品供应链框架下得出赊销相比于银行信贷的优势在于消除了代理成本，而劣势则体现在资金成本偏高[102]。张钦红等（2017）[103]、库韦利斯和赵文辉（2017）[104]以及曹二宝等（2016）[86]分别在存在期权合约、供应商信用等级差异、碳排放约束的前提下对赊销与银行信贷的对比问题进行了更深入的研究。

（3）赊销对供应链协调的影响。李昌焕和李宾杜（2010）的研究发现，当供应商通过赊销间接补贴零售商的融资费用时，数量折扣契约、回购契约、两部收费契约以及收益共享契约均能够实现供应链的协调，且其中收益共享契约对供应链绩效的促进作用最大[105]。在存在赊销的供应链系统中，李昌焕和李宾杜（2011）[106]、张钦红等（2014）[107]分别提出：通过滞销补贴机制和修正的折扣契约（给予折扣的同时考虑提前付款和订货数量）可以实现供应链的协调；陈祥锋等（2019）[81]、肖爽等（2017）[108]、王志宏和刘韶峰（2018）[109]则分别讨论了供应商风险态度、破产成本、零售商销售努力对常见协调契约协调效果的影响。在占济舟等（2019）提出的供应链协调合同中综合了赊销交易、数量折扣、最小订购量约束，通过不同措施的联合运用来实现供应链绩效的提升[110]。查勇等（2019）设计了一个由赊销下融资、最小订购量约束、特定免息期三个条件组合而成的供应链协调契约[84]。

3. 供应链融资视角下保理的研究现状

在供应链融资领域专门针对保理的研究比较有限。基于多周期库存模型，范德维尔等（2015）研究了供应商以延长付款期限为条件获得反向保理融资时，其最优的库存和现金管理策略及其效果[111]。莱卡克斯和塞拉诺（2016）得到了供应商多周期库存策略的解析形式，并测算出反向保理能够释放供应商10%的流动资金，在提高其收益水平的同时保证了供应商经营的稳定性[112]。莱卡克斯和塞拉诺（2017）进一步论证了当外部融资存在无谓成本（deadweight costs）时，反向保理如何通过提高企业的产能水平增加供应链的整体绩效[113]。上述文献在研究反向保理价值的过程中，决策目标是追求供应商收益的最大化，格拉特和武克特（2017）则研究了保理融资对整个供应链融资成本的影响，发现反向保理利用供应商与零售商融资利率差能够为供应链带来的价值在一定情况下低于它为供应链提供了额外融资来源的潜在价值[114]。吴耀斌等（2019）对预付款融资、延期付款融资及保理融资三种融资方式下供应链的运营策略进行了对比[115]。

以上国外文献几乎都以反向保理为研究对象，而国内学者对传统保理的研究相对较多。张晓建等（2013）在存在破产成本的前提下，研究了供应链上企业的保理融资策略[116]。林强等（2014）构建了信息不对称下的供应商与零售商的委托代理模型，并用数值算例验证了保理融资相对于普通贷款的优势[117]。潘福越和林强（2014）[118]、林强等（2016）[119]分别在保理融资模式下，设计了供应链的收益共享契约和数量折扣契约模型，通过理论证明得出这些契约对供应链协调的效果。于辉等（2015）研究了不同的保理条件对供应链决策的影响，认为保理合同使得零售商能够从供应商处获得担保收益，从而改变了双方的目标函数并影响了整个供应链的绩效[120]。顾超成等（2017）考虑保理时间决策对融资成本和需求损失的影响，比较了固定期保理和即时保理两种策略下制造商的利润[121]。任龙等（2017）研究了外贸企业选择保理解决资金不足及汇率风险时的运营与融资策略，以及保理为企业带来价值的条件[122]。李苫等（2018）将违约风险引入供应链保理融资模型，得出当下游企业违约风险相对较小时，采取保理可以提高供应链中上下游企业各自的期望利润，同时降低批发价格、提高订货量[123]。

（三）供应链竞争的研究现状

除了从内部对供应链进行优化，从供应链与供应链之间竞争的视角出发研究成员企业的最优策略也是供应链管理理论的一个分支，这是因为企业的运营策略将影响其所处供应链与市场中其他供应链的竞争结果，而供应链之间竞争的存在反过来也影响企业在具体运营策略下的实际收益。在最早研究供应链竞争的学者当中，麦克奎尔等（1983）针对两个制造商、两个零售商组成的纵向供应链研究了产品替代率对两条供应链均衡分销策略的影响，得出在产品替代率较高（较低）的时候应采取集成（分散）的分销结构[124]。事实上，麦克奎尔等的工作验证了供应链竞争对营销渠道整合策略的影响，后续的学者进一步深入讨论供应链竞争对企业其他运营策略的影响。博亚其和加列戈（2004）研究了存在供应链竞争时的顾客服务问题，通过对比三种供应链协调情景下的均衡服务策略，发现协调是两条供应链的占优策略，但是由于"囚徒困境"的存在，双方的获利水平低于都不协调的情景[125]。鲁其辉和朱道立（2009）针对两条存在质量和价格竞争的供应链，研究了不同协调机制下的均衡策略，论证了供应链协调加剧了市场竞争、使产品平均质量提高和市场中顾客总量增加，并且总能使顾客受益[126]。艾兴政等（2012）通过对比发现在存在与不存在供应链竞争的背景下，零售商在供应商允许退货时的定价策略具有显著差异[127]。亚历克斯杨等（2017）讨论了两条供应链竞争的情景下，制造商的最优碳减排策略以及零售商的最优定价策略，得出单条供应链内部的垂直合作有助于提高碳减排率、降低零售价格，而两条供应链中制造商之间的水平合作则会提高零售商及消费者的利益[128]。陈兆波等（2019）研究了供应链竞争对成员企业间水平与垂直信息共享的影响[129]。

实际上，已有学者发现了供应链竞争对保理融资的影响。武克特等（2019）在研究决定企业是否采取保理融资的各类条件的过程中发现，某个供应商是否采取保理融资与零售商的其他供应商的保理决策密切相关[29]。陈祥锋等（2019）通过对京东金融的案例研究得出，电商平台提供保理融资不但有助于自身竞争力的提高，而且能够增强平台上获得融资的供应链企业的竞争优势[130]。然而，关于供应链竞争的相关研究尚未关注这一问题。

（四）策略型金融机构的研究现状

与完全竞争金融市场中金融机构以获得无风险收益为目标不同，不完全竞争金融市场中，金融机构以期望收益最大化为目标，因此被称为策略型金融机构。针对这类金融机构参与的决策问题也产生了许多研究成果。波亚巴特利和托克泰（2011）研究了信贷条款内生情况下，制造企业面对不确定性需求时的技术选择与产能投资决策，并进一步解释了不完全竞争金融市场中企业决策偏离于完全竞争市场的原因[131]。拉贾瓦恩和米什拉（2011）立足于金融机构的视角，论证了当二级供应链的上下游企业同时存在资金约束时，对供应链成员企业进行联合授信将使金融机构、零售商和制造商均获得更高收益[132]。晏妮娜和孙宝文（2011）针对零售商通过仓单质押融资获得流动资金的情形，研究了商业银行如何确定最优的融资利率，以及供应链企业如何确定最优的批发价格和订货数量，并分析了零售商的授信额度对各参与方最优策略的影响[133]。

易雪辉和周宗放（2011）借助双重斯塔克伯格博弈模型，研究了银行作为领导者时，通过确定核心企业回购担保要求以及存货质押融资利率影响核心企业及其下游中小企业的定价和产出决策的实现机制[134]。艾伦和高尔（2018）通过甄别博弈模型，探讨了银行如何通过调整资产质押贷款的利率水平和授信额度引导供应链企业采取合理的订货数量和杠杆水平[135]。晏妮娜等（2016）将部分担保协议嵌入到供应链融资业务中，论证了当银行作为领导者率先确定融资利率时，制造商有动机提供部分担保合同，并且该合同能够实现供应链的渠道协调[136]。

（五）国内外研究评述

保理能够提高赊销企业的管理效率、拓宽其融资渠道，是一种比较理想的供应链融资方式。但保理对供应链的价值能否实现取决于各成员方所采取的保理融资与赊销策略是否合理有效。通过文献的梳理发现，虽然学术界关于供应链保理与赊销问题的研究已经产生了大量的研究成果，但仍有许多问题值得进一步研究。

（1）针对单个企业保理问题的研究总体上说呈现多元性，无论是研究的视角、采用的方法还是考察的对象都不尽相同，并且以定性的实证研究和案例研究为主。这些研究在为全面认识保理的特征提供了有力依据的同时，也反映出从差异化的视角和量化的手段对保理进行更深入研究的必要性。本书即是从供应链的视角对保理进行定量研究。

（2）供应链融资视角下关于赊销的相关研究挖掘了赊销影响供应链成员企业运营决策及供应链整体绩效提升的机制，但绝大多数学者强调的都是赊销对企业及供应链的积极效应，缺乏其对供应商产生的消极作用的讨论。而现有关于保理的相关研究也通常只考虑了保理的融资功能，无法体现保理能够提供一揽子综合服务的特征，从而无法突出保理同其他融资方式的根本区别。另外，实践中金融机构在开展保理业务时，可以采用不同的具体操作模式，如额度授信模式、折扣转让模式等，而现有理论研究并未加以区分，从而限制了其应用价值。本书将从这些研究空白点入手，对现有的供应链保理融资与赊销研究进行补充。

（3）供应链竞争的相关研究验证了竞争情景下考虑供应链最优策略的意义和必要性。然而，关于供应链竞争对供应链成员企业融资与运营联合策略影响的研究十分少见，尚未发现有定量研究考虑供应链竞争对保理融资及赊销策略的影响。本书将对这一问题进行探讨。

（4）策略型金融机构的相关研究不仅提供了金融市场不完全竞争的现实背景，同时探讨了金融机构如何引导供应链企业行为，提供了该类问题的模型构建与求解方法，虽然没有直接针对保理融资问题展开研究，但为本书的研究提供了重要参考。

第一章 绪论

四、研究内容和方法

(一) 研究内容

本书以供应链保理融资的基本业务流程为基础,通过构建不同情景下供应链成员企业之间、企业与保理商之间的博弈模型,研究供应链企业及保理商的均衡策略。从而得到供应链引入保理后的最优赊销与融资策略,讨论保理融资对供应链的价值。具体研究内容如下。

(1) 影响供应链保理融资与赊销决策的关键问题。基于国内外金融机构现有的保理产品,总结出供应链保理融资的两种主要模式。从业务流程及成员间的博弈关系两方面分析不同保理融资模式下赊销交易的特征。进一步地,讨论两种模式下保理商可采取的风险控制措施及其对赊销的影响。上述问题解释了保理融资影响供应链赊销决策的过程,从而为供应链的保理融资与赊销策略模型的构建提供了基础。

(2) 折扣转让模式下考虑保理商不同风险控制措施时供应链的融资与赊销策略。折扣转让模式以已经形成的应收账款为基础,实践中保理商除对应收账款进行监控与管理外,还会借助其他事后风控措施进行风险控制,例如,在合同中增加追索权条款、要求零售商提前支付部分货款等。本书分别在这两种典型情景下重点研究供应商在保理融资下如何确定最优的赊销批发价格以及零售商如何确定最优的订货量,并通过与不保理情形下的基准决策进行比较得出供应商选择保理融资的条件以及保理对供应链整体绩效的影响。

(3) 额度授信模式下考虑保理商不同风险控制措施时供应链的保理融资与赊销策略。额度授信模式下保理商通过核定授信额度进行事前风险控制,根据理论及实践的相关经验,保理商一般可通过对债务人资信水平的评估、破产成本的估算调整授信规模以降低风险。本书分别基于这两个因素构建保理商与供应商的博弈模型,研究保理商如何确定最优授信额度以及供应商如何确定最优赊销量,并通过数值算例分析均衡策略的特征。

(4) 以存在供应链与供应链之间的竞争为前提,研究一条供应链的融资与赊销决策如何影响其他供应链的融资与赊销决策。得出不同条件下，两条对称供应链的均衡融资与赊销策略，并分析均衡时各方的利润分配情况。在此基础上，构建多条非对称供应链竞争问题的一般模型，通过数值模拟对均衡解进行讨论。

（5）通过构建斯塔克伯格博弈模型，研究不完全竞争金融市场中零售商的最优采购价格、保理商的最优保理利率以及供应商的最优生产数量。在对比分析的基础上，得出在什么条件下金融市场的不完全竞争性能够使整个供应链融资系统实现较金融市场完全竞争情形下更高的产出水平及总体利润。

（二）研究方法

1. 博弈论方法

在单条供应链保理融资与赊销策略的研究中，应用斯塔克伯格博弈模型刻画供应链成员企业之间、供应链企业与保理商之间的动态非合作博弈。根据保理商可以采取的风险控制措施，分别将保理商追索权、零售商的预付款、债务人的资信水平以及破产成本等因素加入到各方的决策目标，构建保理商与供应链企业的融资与赊销优化模型。在供应链竞争情景下，通过纳什非合作博弈模型刻画两条及多条供应链的赊销行为，进而得到各成员企业的均衡策略。

2. 非线性优化方法

针对已经构建的基本模型，应用非线性优化的基本方法和计算技巧，证明保理商、供应商、零售商均衡策略的存在性及唯一性，并对各方的最优策略关于主要参数进行灵敏度分析，得到均衡解的主要性质。在均衡条件下应用理论推导或数值分析的方法，比较供应链企业在保理前后利润变化，得出保理合约被双方接受的条件及保理对供应链的价值。

3. 案例分析法

以时装供应商 SD 公司所在的供应链为例，收集了链上企业及金融机构所掌握的生产成本数据、市场需求预测数据以及买方违约风险数据等信息，运用理论模型获得了 SD 公司、下游经销商 RD（RF）以及保理银行 BD 在保理融资下进行相关交易的最优策略，为企业和金融机构的决策提供理论参考。

第二章
供应链保理融资与赊销决策中的关键问题

本章主要介绍在研究供应链保理融资与赊销决策的过程中涉及的主要问题。首先，通过对保理的起源、种类、特征等内容的介绍，明确本书研究的主要对象；进一步地，分析两种主要保理模式下赊销交易的特征及保理商不同风险控制措施对赊销的影响，介绍供应链竞争背景下成员企业保理融资与赊销决策问题，为后文优化模型的构建提供理论基础。

一、保理融资的内容与特征

（一）保理的起源与发展

早在 14 世纪晚期，伴随着英国毛纺工业的发展，为了解决羊毛制品贸易中交通不便等问题，诞生了一批专门的代理商，分别代理工厂进行销售商品、收取应收账款、管理账户、提供担保等活动。这些活动已经呈现出保理的基本雏形。到了 18 世纪、19 世纪，美国纺织工业的兴起催生了现代意义上的保理商，为纺织工厂提供客户的信用调查与风险评估、应收账款管理、资金融通等服务。从事上述活动要求保理商必须掌握关于客户信用水平的大量信息，由于当时的保理商并不拥有纺织以外其他行业客户的信用信息，因此美国早期保理商的服务对象仅限于纺织工厂。直到 20 世纪下半叶，美国政府向银行业打开了保理的大门，保理商才从行业束缚中解脱出来，现代保理自此逐步发展起来。

国际上一般将 1968 年国际保理商联合会（Factors Chain International，FCI）的成立视为现代保理业的开端[130]。FCI 总部设在荷兰阿姆斯特丹，是一个由全球各国保理机构参与的开放性跨国民间会员组织。截至2022年底，该组织已覆盖全球90多个国家和地区，拥有400多家会员，是全球最大的保理组织。FCI将保理定义为一种融合了资金融通、账务管理、应收账款收取和坏账担保四项业务的综合性金融服务。2014年中国银行业监督管理委员会（以下简称中国银监会）公布的《商业银行保理业务管理暂行办法》详细描述了银行保理覆盖的四项服务。①应收账款催收：商业银行根据应收账款账期，主动或应债权人要求，采取电话、函件、上门等方式或运用法律手段对债务人进行催收。②应收账款管理：商业银行根据债权人的要求，定期或不定期向其提供关于应收账款的回收情况、逾期账款情况、对账单等财务和统计报表，协助其进行应收账款管理。③坏账担保：商业银行与债权人签订保理协议后，为债务人核定信用额度，并在核准额度内，对债权人无商业纠纷的应收账款，提供约定的付款担保。④保理融资：以应收账款合法、有效转让为前提的银行融资服务。

可以看出，保理作为一种综合性金融服务，尤其适合满足供应链上游企业的融资与配套服务需求。在当今各国经济系统中买方市场格局已经成为主流，供应商在交货后需要在一定时期后才能收回货款，在这期间需要承担资金成本、买方风险及管理支出。同时，资金的占压还会进一步制约供应商的生产与销售策略，从而影响整个供应链的产出与绩效水平。因此，保理商的服务实际上是通过解决供应商的一系列问题为供应链提供了有效的融资方案。根据国际FCI的统计，自1996年以来，全球保理业务经历了稳步增长，平均年增长率维持在9%，2017年全球保理交易额达到2.6万亿欧元。我国各大银行从2000年左右开始引入保理业务，基本形成了银行为主的发展业态。2012年，商务部出台《关于商业保理试点有关工作的通知》以来，商业保理公司的数量、业务量和融资额也迅速增长，2017年全国商业保理业务量已达1万亿元人民币。

（二）保理的常见分类及辨析意义

随着金融机构提供保理服务内容不断丰富、保理相关产品不断创新，在实践中，保理业务已经分化出越来越多的种类以满足不同企业的需求。目前，国内对于保理的分类尚未有明确和统一的界定，根据理论和实践两方面的成果，保理至少有十多种分类方法。本小节重点介绍其中的四种分类方法，并结合本书的研究内容分析了不同分类的意义，以便为后文构建供应链保理融资模型提供支撑。

1. **正向保理与反向保理**

正向保理，也称为传统保理，是指由应收账款的债权人（供应商）作为申请人向保理商发起的保理业务。这种保理的特点是保理商在审核和评估业务风险时将债权人的资信水平作为重点考核的内容之一，同时保理的费率、期限等条款也与债权人资质密切相关。因此，中小型供应商因自身规模较小、信用评级不高，往往需要承担较高的保理费率。然而，中小供应商的下游客户（应收账款的债务人）却可能是资信水平较高的大型企业，向此类供应商提供资金支持时保理商的风险明显降低。基于此，一种由应收账款的债务人发起的反向保理模式在近年来得以发展起来。在反向保理中，下游客户在向保理商申请为供应商提供资金支持的同时承诺到期偿还应收账款，使得保理商能够基于下游客户的高信用水平向供应商提供低利率融资，从而缓解供应商的资金压力。当提供反向保理融资时，除了供应商的融资费用减少、保理商的放款风险降低外，下游客户往往能够要求供应商适当延长付款期限，从而，反向保理通过信用增级作用实现了交易各方的共赢。

虽然反向保理不失为一种合理的供应链融资安排，并且从表面上看，供应链交易各方均会受益，但在实践中要形成一套各方都愿意接受的收益分配合约并不容易。尤其是当这种收益分配不是直接以资金转让的形式进行，而是通过付款期限延长、价格折扣等形式实现时，交易方的决策需要考虑对订货、定价策略的影响，从而构成复杂的博弈问题。因此，反向保理在实践中的应用还相当有限。从全球的保理实践上看，关于反向保理的探索还主要集中在理论上。2017 年全球国内保理业务中，正向保理超过 7 000 亿欧元，而反向保理仅约为 500 亿欧元。因此，本书重点研究正向保理模式。

2. **有追索权保理与无追索权保理**

有追索权保理，是指债务人在到期日未能履行付款义务时，保理商可以要求转让人（供应商）归还已支付的预付款及相关费用的保理。相反，无追索权保理下，保理商在受让应收账款之后，不具有向转让人追索已支付款项的权利，即保理商将承担全部或部分债务人违约风险，充当应收账款付款担保人的角色。从保理的起源可知，保理商的主要功能之一是降低买方信用风险，因此，无追索权保理更能体现保理的宗旨，是早期保理的主要形式，也是发达国家金融机构开展保理业务的主要形式。发展中国家由于缺乏完善的信用评级体系，金融业务的风险较大，因此还以有追索权保理为主。近年来，随着发展中国家（尤其是我国）保理业务量的增加，全球保理中有追索权与无追索权保理的业务量已相当接近。

保理商是否具备对前期预付款的追索权直接影响供应商赊销的风险与收益，导致供应商通过调整批发价格实现最大利润，并进一步引起零售商选择不同的订货策略作为应对。本书在第三章中将对有追索权和无追索权保理合同下供应链企业的定价、订货策略进行对比分析，并进一步研究供应商选择这两类保理合同的条件。

3. 明保理和暗保理

按照保理业务是否通知应收账款的债务人，保理分为明保理和暗保理。顾名思义，明保理指的是应收账款债权人在向保理商进行债权转让的时候立即将保理情况告知债务人的情况。暗保理则将债务人排除在保理业务之外，由保理商和供应商单独进行保理业务，债务到期后由供应商出面进行款项的催讨。通常，供应商开展暗保理的目的是隐瞒自己资金状况不佳的状况，在实践中对明保理与暗保理进行辨析的意义在于判别发生债务纠纷时保理商的权益。在暗保理的操作中，由于债务人对债权转让并不知晓，更未确认债务，有可能在一些特定的情况下拒绝承担对保理商的偿债义务。

本书之所以区分明保理与暗保理并不是基于法律责任的考虑，而是两种保理下企业的运营策略是存在差异的。在采取暗保理的情况下，下游零售商不知道保理商的存在，因此其订购决策与供应商是否保理无关。而采取明保理的情况下，零售商知道其债权人已由供应商变更为保理商。由于保理商作为专业的金融机构，在账户监控、信用信息收集与扩散方面相对于供应商具有比较优势，零售商基于声誉等因素的考虑往往主动约束自身的行为。本书以更加普遍的明保理为研究基础，因此在第三章存在零售商主观违约概率的模型中，假设保理情况下的违约概率低于不保理的情形。

4. 完全保理与部分保理

完全保理是指保理商以债权人转让应收账款为前提，提供贸易融资以及销售分账户管理、应收账款管理与催收、信用风险担保等全部服务，而部分保理则是提供上述服务中的至少一项。完全保理相对于部分保理的特点是服务范围更广，综合性更强。考虑到金融服务的灵活性，企业与金融机构进行保理服务磋商时一般是根据双方的实际需求灵活选择服务内容，因此部分保理的适用性更强。

前已述及，关于供应链融资已经产生了大量的文献。事实上，许多融资方式在名称和流程上存在差异，但其中金融机构与成员企业之间的风险分担机制存在很大的相似性。而保理融资与其他融资方式最大的区别在于除融资外，金融机构同时提供应收账款管理、风险担保等服务，综合这些因素，供应链的保理融资才更具有实践意义。因此，本书选择综合了应收账款管理、融资和担保的部分保理作为研究对象。

（三）保理同其他供应链融资方式的比较

厘清保理融资与其他融资方式相比具有哪些特征是对其进行深入研究的前提和基础。表 2-1 总结了已有文献在研究过程中对不同融资方式的界定。

表 2-1　常见供应链融资方式及核心内容

融资方式	核心内容
银行融资	由银行直接向供应链成员企业提供信贷支持。
延期付款融资	供应链上游企业允许下游企业在完成交货一段时间以后支付货款。
预付款融资	供应链下游企业在上游企业交货之前预先支付部分货款。
3PL 直接融资	第三方物流公司凭借着掌握供应链上全部物流活动的优势，直接向供应链成员企业提供资金融通。

续表

融资方式	核心内容
存货质押融资	借款企业以其拥有的存货作为担保，向银行出质，同时将质物转交给具有合法保管动产资格的物流企业进行保管以获得银行贷款。
保兑仓融资	上游企业承诺回购未售出商品的前提下，将商品存放于银行指定的仓储公司的同时将物权转让给银行换取银行承兑汇票，银行通过允许下游企业以支付部分保证金的形式、根据实际销售情况分批提取货物，从而对下游企业提供资金融通。
融资加担保	由供应链中资质较高的核心企业替上下游中小企业提供担保，帮助后者从银行获得资金支持。
融资加保险	借款企业通过购买保险提高未来还款能力并据此从银行获得融资。
供应商投资	供应链上游企业作为投资人参与下游企业的运营活动，在出资额内与下游企业共担经营风险。

从表2-1中可见，供应链融资操作已经相当灵活，主要表现在两个方面：一是除银行外，物流公司、仓储公司以及保险公司等机构也参与进来，并凭借自身的专业优势将成熟的金融类服务引入供应链系统。二是各方成员之间的权利与义务分配机制更加多样化。以供应链企业之间的合作为例，一方除了以货款预付或延付的形式向另一方提供融资，还可以采取提供担保、甚至直接投资的形式。上述理论成果在展现供应链融资丰富内涵的同时也意味着采取更多、更灵活的融资与服务形式的可能性。保理融资能够成为当前重要的供应链融资方式之一，恰恰是因为它在一定程度上填补了上述融资方式的空白点。

表2-2从多个角度考量了保理融资与其他重要供应链融资方式的区别，包括资金的供需方情况、融资过程中是否包含风险对冲手段、融资合同是否灵活等。

表2-2 保理融资同其他供应链融资方式的对比

融资方式	资金约束方	提供融资方	抵押物	担保	保险	多条款	多模式	多服务
银行融资	DM 或 UM	B						
延期付款融资	DM	UM						
预付款融资	UM	DM						
3PL 直接融资	DM 或 UM	3PL	√					
存货质押融资	DM 或 UM	B	√				√	
保兑仓融资	DM	B	√	√				
融资加担保	DM 或 UM	B		√		√		
融资加保险	DM	B			√	√		
供应商投资	DM	UM						
保理融资	DM 和 UM	UM 和 B	√			√	√	√

注：DM 代表供应链上游企业；UM 代表供应链下游企业；B 代表银行等金融机构。

从表2-2中可总结出保理融资同其他融资方式相比所具有的典型特征。

（1）保理融资同时考虑供应链上下游企业的资金约束。早期的研究一般关注供应链下游企业的资金约束，认为供应链的产出水平由下游买方的资金水平决定。然而，在跨国行业巨头、大型商超、综合型电商平台盛行的背景下，供应链系统中上游企业具有资金约束的现象已经十分普遍，以至于越来越多的学者开始考虑上游企业的融资问题，例如，比较典型的预付款融资。事实上，无论是从2008年金融危机后各国金融机构普遍惜贷的态势上，还是从国内各大行近年来房地产贷款增速远高于实体产业贷款增速的实际情况上来看，几乎所有供应链成员企业的流动资金都是相对不足的。保理融资的特征之一就是同时关注供应链上下游的资金约束问题。具体来讲，上游企业首先向下游资金约束企业提供延期付款融资，然后再通过债权的全部或部分转让从保理商处获得资金支持。因此，保理融资的背景更符合当前经济中企业的资金需求情况。

（2）保理商充当多角色可提供多种服务。除了资金的提供者，在无追索权保理合同中，保理商还充当了买方信用风险的担保人。在现有融资加担保的融资方式下，担保方通常为供应链的成员企业，金融机构充当担保人角色的研究并不多见。二者的区别体现在企业作为担保人时，会通过订货或定价策略间接补偿额外风险带来的或有损失；而保理商作为担保人时，将通过融资费率或信贷配额应对额外风险。除此之外，保理商还会采取其他风险控制措施以提高回款率，这就使得保理融资下的融资与交易活动涉及更多的内容。提供多种服务也是保理区别于其他融资方式的主要特征之一，除融资服务外，本书重点考虑保理商的应收账款管理服务。前已述及，实证研究已经表明保理商在提高应收账款管理效率方面具有明显的比较优势，把这一因素加入供应链融资模型可获得许多不同于现有研究的新结论。

（3）保理融资具有模式的多样性及操作的灵活性。操作模式的多样性是新型供应链融资方式的特点，例如存货质押融资在实践操作中就有两种常见的模式。一种是委托监管模式：借款企业将质押存货交给银行获取贷款，银行委托物流企业对质押存货甚至借款企业进行相应的业务控制；另一种是统一授信模式：银行将一定的贷款额度拨给物流企业，由物流企业根据实际情况自行开发存货质押融资业务，设立合乎实际的契约，而银行只收取事先协商的资本收益。然而，对于多数传统的融资方式来说，如银行融资、延期付款融资等，操作模式一般比较单一。从前述保理众多种类的分析可见，金融机构在开展保理业务时具有相当大的灵活性，可以通过不同保理条款的设计实现供应链风险与收益在各方当事人之间更具弹性的分配方案。本书就关注了保理的两种不同模式，即折扣转让模式和额度授信模式。另外，可对保理商的权利、债务人的义务等方面进行约定也体现了保理操作的灵活性。

二、两种主要保理融资模式下的赊销交易特征分析

尽管对保理融资本质的认识并不存在差异，但从金融机构保理产品的介绍中可以看到，为满足不同客户的需要，金融机构在提供保理服务时拟定的合同条款各不相同、设计的操作流程也不尽相同，这就直接导致了相关主体

权责关系的差异。本节在现有实践的基础上，依据保理商与供应链成员企业决策顺序的不同归纳了保理融资的两种主要模式，并从业务流程和主体间的博弈关系两个方面分析了每种模式下赊销交易的特征，为构建决策模型奠定基础。需要注意的是，本书参照现有文献的做法，重点以由单个供应商和单个零售商构成的二级供应链为例展开相关研究。

（一）保理融资的两种主要模式

1. 折扣转让模式

在常见的保理业务中，供应商在向下游零售商赊销商品后将应收账款转让给保理商，作为对价，保理商立即向供应商提供一定比例的预付款并在应收账款到期后支付余款。考虑到资金的时间价值以及债务持有期间的管理支出和信用风险，保理商要在提供预付款或者支付余款时扣除利息及其他费用，这就相当于供应商以一定的折扣向保理商转让债权以换取当下的现金收入。因此，本书将上述保理融资模式称为折扣转让模式，这种模式在实践中的应用最为广泛。

以下是折扣转让保理在实践中的两个典型应用情景。①国内保理。在基于跨国贸易的现代保理兴起之前，美国已有专业保理商依据国内贸易的应收账款向企业提供综合性金融服务，这种业务即为国内保理，在当前全球保理业务总量中占80%左右。以我国为例，企业在叙做国内保理业务时，通常凭借已经形成的应收账款向金融机构提出保理申请，后者则在交易真实性审核基础上根据应收账款质量、期限等将不高于发票金额80%的预付款支付给企业。②池保理。不同于普通保理根据单笔发票金额和期限设定融资条款的做法，在池保理业务下，供应商将来自特定买方或所有买方的应收账款整体转让给金融机构，以换取一定比例的资金融通。叙做池保理时，供应商需保证转让给保理公司的所有合格应收账款余额在任何时点按融资比例进行折扣后，均足够覆盖其在保理公司的保理融资余额。

2. 额度授信模式

在有些情况下，供应商出于对流动资金周转或买方信用风险的考虑，在签订赊销买卖合同之前先向保理商提出融资申请，保理商则根据对拟进行交易未来回款情况的估计，向供应商提供一定数额的授信。除了单纯的融资，保理商通常在授信额度内提供买方信用担保，为了降低风险，授信的总额度会被严格控制在某一水平之下。因此，本书将上述保理融资模式称为额度授信模式。

以下是额度授信保理在实践中的两个典型应用情景。①国际保理。同国外陌生买家进行交易通常意味较大的风险，此时，供应商可以借助金融机构在全球范围内设置的网点，对国外买家及市场情况进行深入的了解。而除了风险评估报告，金融机构还在一定额度内向供应商提供资金融通和买方信用担保，为国内供应商的赊销交易提供依据和保障。②循环保理。当卖方因提供货物、服务或设施而在一定周期内循环产生应收账款时，如果每次都重复保理的申请、审批与放款过程，必然耗费大量的人力、物力和财力。在这种情况下，保理商会针对供应商的交易特征批准一个授信额度允许后者在一定期限内循环使用。从而便产生了授信行为与实际交易之间的时间差，使得供应商的赊销行为可在给定的授信额度下进行。

（二）折扣转让保理模式下的赊销交易特征分析

1. 赊销交易的业务流程

在折扣转让保理模式下，因为存在保理商的融资行为及其他配套服务，供应商与零售商之间的赊销交易不再仅包含二者之间的资金与货物流动，而是在资金流转中增加了保理商放款与收款等中间环节。具体的交易流程如图 2-1 所示。

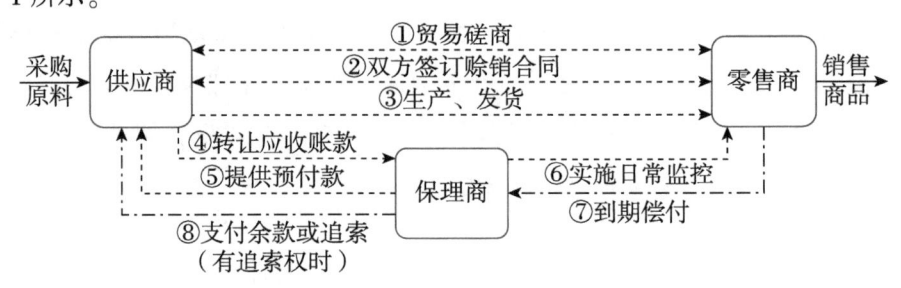

图 2-1 折扣转让模式下保理业务流程示意

在图 2-1 中，如果仅仅把保理作为赊销交易完成后供应商变现应收账款的手段，那么保理融资对赊销交易的影响将仅表现为资金的时间价值，从而无法深入研究供应链进行保理与赊销联合决策的意义。相反，如果将供应商的生产提前期设为 0，或假设供应商在上游原料提供商那里享受一定的付款宽限期，那么保理融资的预付款就可以用来支付供应商的生产成本。此时，保理的融资比例高低、融资费率水平等都会直接影响供应商的单位赊销成本，并进一步影响供应商的赊销定价及零售商的订货行为。因而，折扣转让保理融资下的赊销交易要求决策者对运营活动和融资活动进行权衡。

2. 赊销交易下各方的博弈关系分析

在折扣转让模式下，保理商以买入已形成应收账款的形式提供融资，因此供应商须在保理业务开展之前确定发票金额，即完成与零售商之间的讨价还价。在零售商的市场地位没有高到足以决定供应商定价的情况下，二者之间实际上存在着供应商作为领导者制定赊销价格、零售商作为追随者决定订货量的斯塔克伯格博弈。当供应商凭发票向保理商申请融资时，除定性的资质评估外，保理商通常根据应收账款的规模判断其风险水平，进而决定融资的比例。此时，供应商与保理商之间的交互行为也可视为供应商作为领导者决策赊销总额，保理商作为追随者确定融资比例的主从博弈。将上述两个过程合并在一起，折扣转让保理模式下赊销交易各方的博弈顺序应为：供应商确定赊销价格→零售商决定订货量→保理商确定融资比例，即构成一个三层博弈问题。然而，三层博弈问题的求解相当困难，尤其是在市场需求不确定的情况下，很难获得均衡解。为了充分反映研究的目的并尽量简化研究过程，本书在该模式下对保理商的决策进行了外生化处理，将保理商的决策变量作为外生变量（或将保理商作为非战略决策者，应用风险中性的原则确定费率），重点研究供应商与零售商之间的博弈，并讨论保理参数对双方决策的影响。这样的简化在相关研究中比较普遍，并且基本符合客观现实，因为在金融市场高度竞争的大背景下，银行融资产品费率的调整空间其实很小，从而导致市场上存在唯一的费率。

（三）额度授信保理模式下的赊销交易特征分析

1. 赊销交易的业务流程

相比于折扣转让模式，额度授信模式下保理商不但参与了供应商与零售商之间的资金流动过程，而且保理融资是赊销交易开展的前提。具体的交易流程如图 2-2 所示。

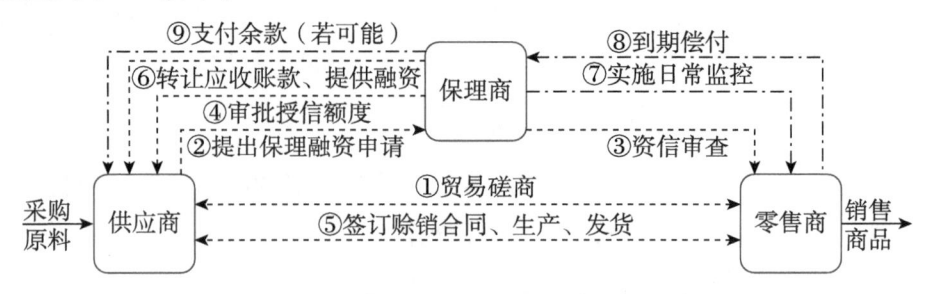

图 2-2　额度授信模式下保理业务流程示意

由图 2-2 可以看到，因供应商使用保理商的授信融资支付成本，授信额度直接影响赊销交易的规模。当授信额度较高时，供应商就能够达到较高的生产能力，因而能够确定较高的赊销规模。另外，保理商在授信额度内提供买方信用担保的情形下（本书主要针对这种情形进行分析），授信额度与赊销规模的对比情况也决定了保理商与供应商之间的风险与收益分配状况。因此，在额度授信保理下进行赊销交易也要求供应链成员企业进行融资与赊销的联合决策以实现收益与风险的平衡。

2. 赊销交易下各方的博弈关系分析

在额度授信模式下，由于供应商会根据保理商的授信额度调整赊销规模，二者之间存在保理商为领导者、供应商为追随者的斯塔克伯格博弈。进一步地，供应商为了实现特定额度下的最优赊销规模需要通过合理制定批发价格引导下游零售商的订货行为，即进行供应商为领导者零售商为追随者的主从博弈。综上，额度授信保理融资下赊销交易中的博弈顺序应为：保理商确定授信额度→供应商制定赊销价格→零售商确定订货量。同样，考虑到包含批发价格契约的三层博弈问题均衡解的存在性无法保证，本书对额度授信模式下的博弈也做了相应简化，即通过批发价格外生化合并零售商与供应商的决策，将上述问题描述为供应商如何根据保理商的授信额度确定最优的赊销数量。批发价格外生假定也具有一定的理论及现实意义，特别是在竞争程度较高的市场上，供应商提出高于市场价格的批发价格将意味着失去市场份额，故只能接受当前市场价格。

三、保理商的风险控制措施对赊销交易的影响

（一）供应链赊销交易中的决策与风险

金融机构在提供不同性质融资时风险的来源往往是不同的，例如信用贷款风险体现在客户的资信等级上，动产抵押贷款的风险与抵押物的价值密切相关。当下游零售商的自有资金有限时，保理融资的风险主要来自市场需求的随机性。当市场需求状况好时，零售商能够用销售收入偿还应付账款；市场需求差时则可能因无力偿还到期债务而破产、违约。因此，可参照现有文献，应用拉利维尔和波特斯提出的"Selling to the Newsvendor"模型[44]刻画保理融资过程中的风险及决策。现将该模型的基本内容简述如下。

假设商品的零售价格为1，市场需求为随机变量 ξ，其概率密度函数和分布函数分别为 $f(\xi)$ 和 $F(\xi)$。供应商首先确定批发价格 w，零售商随之决定赊销数量 q，双方约定批发价款于销售期末支付。另外，假设零售商自有资金为0，且对应付账款承担有限责任。当销售期末市场需求的实现值为不同水平时，供应商与零售商的期望收益如表2-3所示。

表2-3 不同市场需求水平下各参与方的收益情况

市场需求	供应商收益	零售商收益
$0<\xi\leq wq$	ξ	0
$wq<\xi\leq q$	wq	$\xi-wq$
$\xi>q$	wq	$q-wq$

由表 2-3，容易得到供应商的期望利润函数：

$$\Pi = \int_0^{wq} \xi \mathrm{d}F(\xi) + \int_{wq}^{\infty} wq \mathrm{d}F(\xi) - cq \qquad (2\text{-}1)$$

零售商的期望利润函数为：

$$\pi = \int_{wq}^{q} (\xi - wq) \mathrm{d}F(\xi) + \int_{q}^{\infty} (q - wq) \mathrm{d}F(\xi) \qquad (2\text{-}2)$$

从而，供应商与零售商的最优赊销决策可以表示为如下优化问题：

$$\max_{w} \Pi \left[w, q(w) \right]$$
$$s.t. \, q(w) = \mathrm{argmax} \left[\pi(q, w) \right] \qquad (2\text{-}3)$$

该问题可以应用逆向归纳法求解，首先求出零售商在任一给定批发价格下的最优订货策略，然后将该最优策略作为供应商决策变量的函数代入供应商的目标函数并求解其最优策略。

类似于基本模型，在不同保理融资模式下，通过分析市场需求实现值处于不同水平时保理商、供应商以及零售商的收益情况，即可得到各方的期望利润函数。结合本章第二节中关于各方博弈关系的分析，即可构建两种保理融资模式的优化模型。另外，本书考虑的保理商追索权、破产成本等因素将会体现在决定各交易方收益分配情况的临界需求上，而不影响模型的基本思路。

（二）折扣转让模式下风险控制措施对赊销的影响

采取折扣转让保理时，保理商在向供应商提供预付款、买入应收账款的同时即参与到了供应链风险分配与收益共享的运作机制中，此时，赊销交易风险的形成、转移与控制过程如图 2-3 所示。

由图 2-3 可知，折扣转让保理下，由于保理商介入时应收账款已经形成，为了尽量降低风险水平，保理商只能采取"事后风险控制措施"。最直接的方法是通过加强债务人监控、提高应收账款管理强度来降低零售商违约概率及违约损失。显然，零售商在受到更加严格的监控后，有可能通过约束自身的订货行为来降低未来的还款压力，即在相同的批发价格下降低订货数量，这就会影响供应商的赊销定价策略及收益水平。

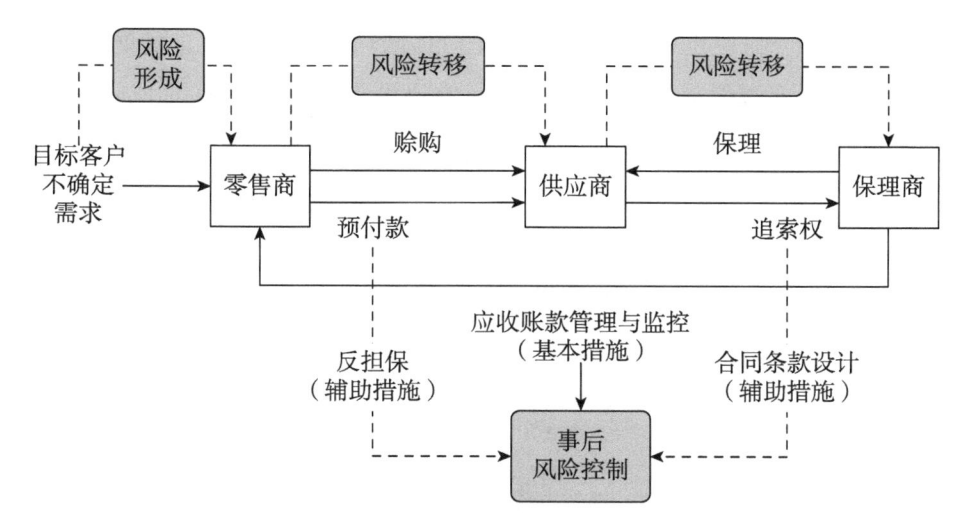

第二章 供应链保理融资与赊销决策中的关键问题

图 2-3 折扣转让模式下供应链赊销风险的形成、转移与控制

与此同时，保理商也可通过一些其他的辅助措施降低风险水平。比较典型的，保理商可以在保理合同中对追索权进行约定，并对无追索权合同收取高于有追索权合同的保理费率。这样，有追索权合同下供应商独自承担冒险性赊销策略的风险，但可以利用低息的保理融资实现高产能；而在无追索权合同下则可以通过支付较高融资费用的方式换取保理商的风险共担。另外，保理商还可要求供应商在交货时向零售商收取部分预付款，作为保理商担保付款的反担保。此时，保理商即使无权要求供应商返还自己作为应收账款的对价向其支付的预付款，也可以从零售商的预付款中得到部分补偿。预付款水平的高低直接决定了零售商在赊销交易中承担付款责任的多寡，从而影响供应商在赊销交易中的风险与收益。总之，无论保理商采取哪种风险控制措施，都会影响供应链成员企业的最优赊销策略的选择。

（三）额度授信模式下风险控制措施对赊销的影响

采取额度授信保理时，保理商通过授信额度引导供应商的赊销策略，该模式下供应链融资与运作风险的形成、转移与控制过程如图 2-4 所示。由于额度高低直接影响赊销规模的大小，因此核定授信额度本身即可视为保理商的一种"事前风险控制措施"。根据直觉容易推断，数额较高、费用较低的保理授信对赊销交易在相对低风险、高产出的情形下实现具有一定的促进作用。相反，授信额度过低或利率过高都可能导致供应链赊销交易的高风险和低产出。

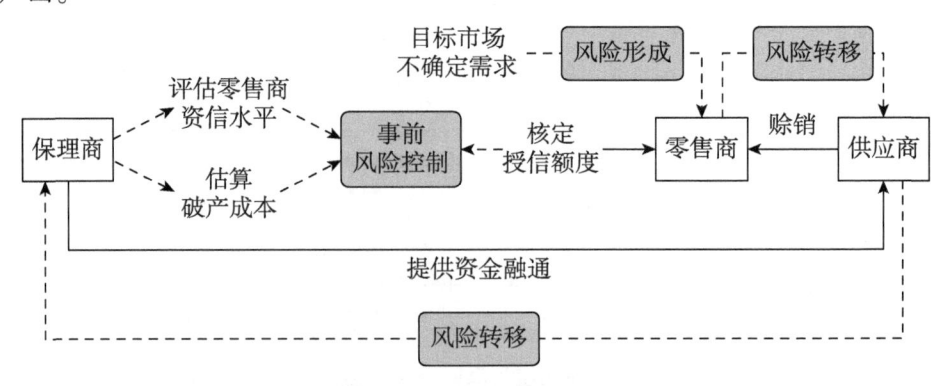

图 2-4　额度授信模式下供应链赊销风险的形成、转移与控制

根据图 2-4，类似于折扣转让模式，额度授信模式下除额度核定外，保理商也可以综合其他内外部因素、采取一定的辅助风险控制措施来降低风险水平，其中依据下游零售商的不同资信水平提供差异化的授信方案便是典型措施之一。根据实践经验，同样是在市场需求不足以抵偿应付账款的情况下，不同资信水平零售商的还款意愿和还款能力是不相同的。高资信水平的债务人可能通过其他渠道融资偿债，以避免声誉损失或维持长期合作；低资信水平的债务人则有更大概率选择违约，因此保理商会在债务人资信水平评估的基础上确定最终的授信策略。由于赊销生产成本中的一部分需要用保理商授信来支付，保理商依据零售商资信水平确定授信额度时，将导致供应商的赊销决策与零售商的资信水平密切相关。同时，零售商资信水平的不同还导致决定其违约与否的随机市场需求临界点的不同，从而影响供应商在特定赊销策略下的收益函数。另外，当不考虑零售商的主观偿付意愿与能力时，期末销售收入就成了决定保理商或供应商的债权是否能够得到保障的关键因素。在简单的理论模型中，通常假定所有已实现的销售收入都可以在各方当事人之间分配，但这一假定被越来越多的学者所质疑。这是因为，实践中一旦企业因无法偿还应付账款而选择破产时，通常需要将一部分销售收入用于支付破产成本，从而导致实际可用于偿还债权人的部分大大缩水。类似于零售商的资信水平，保理商在授信过程中考虑破产成本也会通过直接和间接两条途径对供应商的赊销行为产生影响。

四、供应链竞争背景下的保理与赊销决策问题

著名的供应链管理专家克里斯托弗曾明确指出：21世纪的竞争不再是企业与企业之间的竞争，而是供应链与供应链之间的竞争，这一观点早已被企业界和学术界广泛接受。因此，尽管单条供应链情形下保理机构与供应链成员企业的融资与赊销策略的研究能够为交易各方在不同情景下的决策提供一定依据，但从理论上看却是不全面的，有必要在供应链竞争的情景下对企业的保理与赊销策略进行进一步探讨。考虑链间竞争时，各参与方的最优决策需要统筹以下要素。

（1）供应链成员之间的水平竞争与垂直竞争。由于多条供应链共同分割目标市场，一条供应链上的零售商如果降低零售价格通常将获得高于竞争对手的市场份额、如果提高产出水平则通常会拉低整个市场的零售价格，因此，不同供应链上零售商之间的水平竞争直接影响各条链上企业的收益情况。同时，每条供应链内部供应商通过赊销批发价格影响零售商订货策略的行为本质上是二者之间的垂直竞争，这种竞争关系决定了供应链收益在双方之间的分配格局。进一步地，垂直关联又将零售商之间的水平竞争传导至供应商之间的水平竞争。综上，供应链竞争情景下的优化问题需要将上述竞争关系统一到一个分析框架下。

（2）供应链企业的保理融资策略与赊销策略。为了在竞争中获得比较优势，供应链企业需要将对手的应对措施作为约束条件来确定最优赊销策略。然而，当供应商存在资金约束时可能无力支付最优赊销量对应的生产成本，从而需要通过保理融通生产资金。此时，保理融资与赊销策略将同时作为供应链上企业与对手竞争的手段和工具，只有两类策略互相协调才能够保证联合策略的最佳效果。

（3）引入保理融资的积极效应与消极效应。保理融资能够解决供应商的

资金约束问题，使得供应商的赊销生产能力达到较高的水平，从而有助于提高供应链的竞争优势。然而，保理商要求的融资费用需要从供应链的总收益中扣除，故供应链的融资决策需要权衡保理带来的额外收益及产生的相关成本。

综上，本书在第五章中将基于供应链竞争理论的一般方法，融入供应链融资与运营联合决策的思想，构建包含赊销交易与保理融资的供应链竞争模型，研究一条供应链的保理融资与赊销策略对其他供应链的影响。

五、不完全竞争金融市场中的供应链保理融资决策

当金融市场处于完全竞争状态时，所有金融机构本质上都是价格的接受者，在进行供应链融资时，都只能够获得与将资金投入到无风险项目时相等的收益。任何一家金融机构擅自提高利息率，将立刻失去客户。然而，考虑到我国保理市场上银行保理机构与商业保理机构并存的现状，参照大多数研究假设金融市场完全竞争显然是缺乏合理性的。金融市场不完全竞争时，需要考虑以下问题。

（1）策略型金融机构的利率决策受到哪些因素的影响。不完全竞争金融市场中，保理商通过自由调整利率水平能够影响上游供应商的融资成本，进而影响其生产策略。下游零售商预测到保理商与供应商的融资与生产行为，会通过调整定价策略使自身收益最大化。因此，各方当事人之间会形成复杂的交互行为，只有厘清其背后的原理才能得到各种因素如何影响金融机构的利率决策。

（2）金融市场的不完全竞争性是否必然导致低效率。按照人们对客观经济规律的普遍认识，市场的不完全竞争性通常会导致低效率。事实是否如此？将金融机构与供应链成员构成的系统视为一个整体时，金融市场的不完全竞争是否可能使整个系统的总绩效超过金融市场完全竞争的情况？如果可能的话，什么前提条件会导致上述结果？这些问题都值得进一步探讨。

六、本章小结

本章是全书的理论基础，目的在于明确所要研究的对象、解决的问题及使用的方法。首先，通过起源与发展的概述，总结出保理融资的本质在于解决从事赊销交易的供应商的资金周转与信用风险问题。在常见分类及与其他融资方式对比的基础上，进一步阐述保理融资操作中涉及的应收账款管理服务、保理商追索权、零售商违约概率等一系列概念。其次，重点分析了两类常见保理融资模式下赊销交易的主要特征，为构建优化模型提供依据。再次，详细分析了两种模式下保理商的风险控制机制对赊销的影响，从而提炼出本书需要解决的主要问题。最后，分析了供应链竞争以及金融市场不完全竞争背景下的企业保理融资与运营策略。

第三章
折扣转让模式下供应链保理融资与赊销策略

本章在考虑保理商追索权、零售商预付款两种情景下,通过构建供应商与零售商的斯塔克伯格博弈模型,研究供应商的最优赊销批发价格决策以及零售商的最优订货策略,并在同不保理时基准策略进行比较的基础上,得出供应商选择保理融资的条件及保理融资对供应链整体绩效的影响。

一、问题描述与模型假设

考虑由单个供应商和单个零售商构成的两级供应链,其中,供应商和零售商都是风险中性的,并且双方约定以赊销的方式从事商品买卖。在销售期开始前,供应商首先宣布批发价格 w,零售商随之确定最优的订货量 q。供应商在交货后将应收账款 wq 转让给保理商,后者则向其提供数额为 λwq 的融资预付款,其中 λ 为保理融资比例。为提高应收账款的回款率,保理商负责对零售商的账户进行管理与监控。保理费由融资利息和管理费用构成,可在拨付预付款时或在期末收回应收账款时收取,费率为 r_F(或 r_f)。销售期结束后,零售商如果无法偿还到期债务并选择违约,将用已实现销售收入的全部或部分依次向保理商和供应商偿还应付账款。保理商的资金注入及管理活动决定了供应商及零售商在采取具体赊销策略时的期望利润,本章将分别在考虑保理商追索权和零售商预付款两种情景下,研究供应商的最优定价及零售商的最优订货策略。

在下文的模型中,用下角标 B、F、f 分别表示不保理、无追索权保理及有追索权保理三种情况下供应链企业的相关决策变量。为了保证模型的简洁性及均衡解的存在性,本章在以下假设条件下进行研究。

(1) 随机市场需求为公共信息,并且决策者之间不存在信息不对称。

(2) 市场需求分布函数的失效率 $h(\xi) = f(\xi)/\overline{F}(\xi)$ 为凸的增函数[104],其中,$\overline{F}(\xi) = 1-F(\xi)$。

(3) 供应商在为零售商提供交易信用的同时自身也可能存在资金约束,如果不选择保理融资,则需要通过银行信贷弥补生产资金缺口,贷款利息率为 r_B。

(4) 商品的生产提前期为0,供应商可以用保理融资预付款支付原材料价款。

(5) 为便于同相关文献的结论进行比较,本章中将零售价格一般化为1。

二、考虑保理商追索权时供应链保理融资与赊销策略

在保理合同中,附有向供应商追索前期预付款的权利是保理商控制和降低风险的主要措施之一。我国在20世纪90年代初期引入保理之初,银行为了规避风险全部开展有追索权的保理业务。国内中资银行最早引入无追索权保理是在2001年,以南京爱立信"倒戈"事件为标志。南京爱立信公司为了降低应收账款在总资产中的比例、增加现金回流,向中资银行提出了无追索权保理融资申请,但由于中资银行没有开展无追索保理的经验,未能达成协议。在这种情况下,南京爱立信大幅减少了从中资银行的贷款,并与汇丰银行上海分行、渣打银行上海分行共签署了8.27亿元的无追索权保理业务协议。吸取本次事件的教训,中资银行也开始逐步开发无追索权保理业务。

在保理通过融资成本影响供应商赊销定价决策的同时,不同追索权的约定则通过风险担保机制对供应商及其下游零售商的赊销策略产生进一步的影响,本节的目标是研究有/无追索权保理下供应商的定价与零售商的订货策略。可以推断,无追索权保理下供应商更倾向于采取扩张的赊销策略,从而有机会获得更高的运营收益,然而,由于无追索权保理费率(记为 r_F)高于有追索权保理费率(记为 r_f),供应商必须在运营收益与融资成本之间进行权衡。因此,如何选择合适的保理合同也是本节需要解决的问题之一。另外,

本节还将通过与不保理的基准情形对比，挖掘保理可能带给供应链企业的利益，从而得出供应商接受保理合同的条件。在构建优化模型解决上述问题之前，图 3-1 描述了两种追索权约定下供应链保理融资过程中的主要事件。

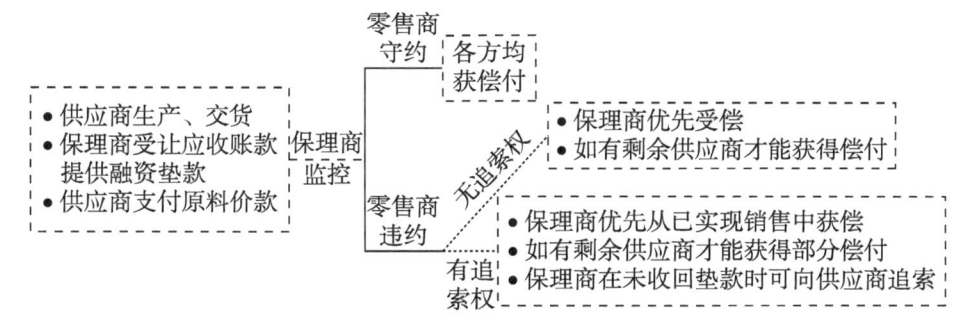

图 3-1　有/无追索权保理融资的事件顺序

前已述及，保理融资与其他供应链融资方式的典型区别之一是保理商能够提供应收账款管理服务，通过对零售商进行严格监控来降低回款风险。本节用零售商的主观违约概率差异来刻画保理商在应收账款管理方面的比较优势。假设在供应商管理应收账款情况下，当商品销售收入低于应收账款总额时，零售商以 m 的概率选择履行付款义务（以 $1-m$ 的概率选择违约）；而在保理商管理应收账款的情况下，零售商履约和违约的概率分别为 M 和 $1-M$。显然，$M>m$。另外，本小节假设 $r_B>r_F>r_f$，其中，无追索权保理的费率高于有追索权保理归因于保理商的高风险，从银行贷款的融资费更高是为了说明供应商的资金约束表现为融资成本较高。

（一）零售商的最优订货策略

按照斯塔克伯格博弈的基本求解方法——逆向归纳法，首先分析零售商在给定批发价格下的订货策略。由于无论供应商保理还是不保理，零售商在不同市场需求实现值下的收益情况本质上是相同的，唯一区别体现在违约概率的不同，因此，以供应商不保理的情形为例研究零售商的最优策略。

因采取赊销的方式进行交易，零售商在期初不需要支付任何货款。在销售期末，当销售收入不足以支付应付账款，即 $\xi<w_B q_B$ 时，零售商以 m 的概率履行付款义务，承担 $w_B q_B-\xi$ 的损失；以 $1-m$ 的概率违约，实际损失值为 0。

而当销售收入足够偿还债务时，零售商会在 $w_B q_B \leq \xi < q_B$ 时获得 $\xi - w_B q_B$；在 $\xi \geq q_B$ 时获得 $q_B - w_B q_B$。从而，零售商的期望利润可以表示为：

$$\pi_B = \int_0^{w_B q_B} m(\xi - w_B q_B) dF(\xi) + \int_{w_B q_B}^{q_B} (\xi - w_B q_B) dF(\xi) + \int_{q_B}^{\infty} (q_B - w_B q_B) dF(\xi) \tag{3-1}$$

并可进一步整理为：

$$\pi_B = \int_{w_B q_B}^{q_B} \overline{F}(\xi) d\xi - \int_0^{w_B q_B} mF(\xi) d\xi \tag{3-2}$$

由式（3-2）可知，主观守约概率 m 可视为销售收入不足以偿还所有应付账款时，零售商承担损失的比例。当 $m=1$ 时，零售商需要承担全部损失，此时供应商虽然提供了融资，但不承担任何风险，问题转化为标准报童模型。当 $m=0$ 时，相当于零售商仅以已实现的销售收入承担有限责任，而由供应商承担全部的市场风险。根据文献[98]，在这种情况下，供应商会将批发价格定为市场零售价格并占有全部收益。因此，$0<m<1$ 意味着零售商承担了部分风险并有权利要求一定的回报。命题 3.1 给出了零售商的最优订货策略。

命题 3.1 在供应商不保理情形下，对于任意给定的批发价格 w_B，零售商的最优订货量 q_B^* 满足以下一阶条件：

$$\overline{F}(q_B^*) = (1-m) w_B \overline{F}(w_B q_B^*) + m w_B \tag{3-3}$$

并且，（ⅰ）q_B^* 关于 w_B 单调递减；（ⅱ）存在满足 $q_B^*(\widetilde{w}_B) = \widetilde{q}$ 的唯一 $\widetilde{w}_B$ 使得：当 $w_B < \widetilde{w}_B$ 时，$q_B^* > \widetilde{q}$ 且 $w_B q_B^*$ 随 w_B 单调递增；否则，$q_B^* \leq \widetilde{q}$ 且 $w_B q_B^*$ 随 w_B 单调递减，其中，$\widetilde{q}$ 满足 $H(\widetilde{q}) = 1$。

证明：（a）通过对 π_B 关于 q_B 求一阶导数并整理，可得局部极值点 q_B^* 满足一阶条件 $\overline{F}(q_B^*) = (1-m) w_B \overline{F}(w_B q_B^*) + m w_B$，容易得 π_B 在点 q_B^* 的二阶导数 $\left. \dfrac{d^2 \pi_B}{d(q_B)^2} \right|_{q_B = q_B^*} = -f(q_B^*) + (1-m) w_B f(w_B q_B^*) w_B \leq \overline{F}(q_B^*) [-h(q_B^*) + w_B h(w_B q_B^*)] < 0$。

其中，最后一个不等号的成立依据了失效率递增假设。从而，q_B^* 为零售商的唯一最优订货量。

(b) 对零售商的一阶条件应用隐函数求导法则容易算出，$\dfrac{dq_B^*}{dm} = \dfrac{w_B \overline{F}(w_B q_B^*)}{-f(q_B^*) + (1-m) w_B f(w_B q_B^*) w_B} < 0$，故 q_B^* 随 m 的增大而减小。当 $m=0$ 时，零售商的一阶条件可以表示为 $\overline{F}(q_B^*) = w_B \overline{F}(w_B q_B^*)$。由于 $\xi \overline{F}(\xi)$ 是关于 ξ 的凹函数且顶点满足 $H(\xi) = 1$，不妨令 $\tilde{q}$ 满足 $H(\tilde{q}) = 1$，显然对于任一批发价格 $w_B \in [c, 1]$ 恒有 $q_B^* \geq \tilde{q}$ 且 $w_B q_B^* \leq \tilde{q}$。特别地，当 $w_B = 1$ 时，$q_B^* = \tilde{q}$。因此，当 $m \in (0, 1)$ 时，$w_B q_B^* < \tilde{q}$，从而 $\dfrac{dq_B^*}{dw_B} = \dfrac{(1-m)\overline{F}(w_B q_B^*)[1-H(w_B q_B^*)] + m}{-f(q_B^*) + (1-m) w_B f(w_B q_B^*) w_B} < 0$。

(c) 由 q_B^* 随 m 单调递减可知，对于任意 $m \in (0, 1)$ 恒有 $q_B^*|_{w_B=1} < \tilde{q}$。另外，根据 q_B^* 是关于 w_B 的减函数，至多存在一个 $\widetilde{w}_B$ 使得 $q_B^*(\widetilde{w}_B) = \tilde{q}$。结合 $\dfrac{d(w_B q_B^*)}{dw_B} = \dfrac{\overline{F}(q_B^*)[1-H(q_B^*)]}{-f(q_B^*) + (1-m) w_B f(w_B q_B^*) w_B}$，易得命题中 $w_B q_B^*$ 关于 w_B 变化情况的相关结论。证毕。

由式 (3-3)，零售商的期望边际收益不仅取决于交易信用数量以及市场需求情况，同时也依赖于其履行付款义务的概率。另外，同相关文献的研究结果一致，零售商会在批发价格升高时降低订货数量。然而，应收账款规模随批发价格的变化情况取决于订货量是否超出 $\tilde{q}$，即广义失效率是否大于 1。根据文献[44]，失效率可以近似视为存货增加 1% 时，发生缺货的概率降低的百分率。因而，从某种程度上讲，广义失效率反映了供应链成员面临的风险程度。当 $w_B < \widetilde{w}_B$ 时，$q_B^* > \tilde{q}$ 意味着零售商在批发价格较低的时候愿意承担较大的风险，从而导致应收账款规模随批发价格增大。然而，当批发价格达到一定水平时应收账款规模 $w_B q_B^*$ 将达到上限，这表明零售商会保证总债务处于可接受水平。

(二) 供应商的最优赊销定价与保理融资策略

1. 基准定价策略

如果不采取保理策略，供应商可通过银行信贷融资解决资金短缺问题并自己管理应收账款，只有保理融资下的期望利润高于不保理时，供应商才会选择保理融资。因此，可将银行信贷融资作为供应商保理决策的判断基准，本部分首先研究供应商在这种情况下的定价策略。

前已述及，供应商不保理时需要接受较低的零售商守约概率 m。预见到零售商对供应商批发价格的反应，供应商将通过确定 w_B 来使得期望利润最大化。由于当市场需求低于 $w_B q_B$ 时供应商收入为 $(1-m)\xi + m w_B q_B$；市场需求高于 $w_B q_B$ 时其收益为 $w_B q_B$，其期望利润如下：

$$\Pi_B = \int_0^{w_B q_B} (1-m)\overline{F}(\xi)\mathrm{d}\xi + m w_B q_B - c q_B (1+r_B) \quad (3-4)$$

命题 3.2 当供应商不采用保理融资，以银行信贷融通资金时，其最优订价策略 w_B^* 满足 (3-5) 式。

$$\frac{1}{c(1+r_B)} \frac{[(1-m)\overline{F}(w_B^* q_B^*) + m]\overline{F}(q_B^*)[1-H(q_B^*)]}{(1-m)\overline{F}(w_B^* q_B^*)[1-H(w_B^* q_B^*)] + m} = 1 \quad (3-5)$$

证明：对 Π_B 关于 w_B 求一阶导数，可得：

$$\frac{\mathrm{d}\Pi_B}{\mathrm{d}w_B} = -\frac{c(1+r_B)\{(1-m)\overline{F}(w_B q_B^*)[1-H(w_B q_B^*)] + m\}}{-f(q_B^*) + (1-m)w_B f(w_B q_B^*) w_B}[1-\eta_B(w_B)]$$

其中，$\eta_B(w_B) = \dfrac{1}{c(1+r_B)} \dfrac{[(1-m)\overline{F}(w_B q_B^*) + m]\overline{F}(q_B^*)[1-H(q_B^*)]}{(1-m)\overline{F}(w_B q_B^*)[1-H(w_B q_B^*)] + m}$。

证明 Π_B 为单峰函数，并在一阶条件点处取得极大值等价于证明 $\eta(w_B)$ 关于 w_B 单调递增，即最优批发价格 w_B^* 使得 $\eta(w_B^*) = 1$ 恒成立。

定义 $K^1 = (1-m)\overline{F}(w_B q_B^*) + m$，$K^2 = \overline{F}(q_B^*)[1-H(q_B^*)]$，$K^3 = (1-m)\overline{F}(w_B q_B^*)[1-H(w_0 q_B^*)] + m$，则 $\dfrac{\mathrm{d}\eta(w_B)}{\mathrm{d}w_B} = K^1_{w_B} K^2 K^3 + K^1 K^2_{w_B} K^3 - K^1 K^2 K^3_{w_B}$,

其中：$K_{w_B}^1 = [-(1-m)f(w_B q_B^*)] \dfrac{\mathrm{d}(w_B q_B^*)}{\mathrm{d}w_B}$；

$K_{w_B}^2 = \{-f(q_B^*)[1-H(q_B^*)] - \overline{F}(q_B^*) H'(q_B^*)\} \dfrac{\mathrm{d}q_B^*}{\mathrm{d}w_B}$；

$K_{w_B}^3 = \{-f(w_B q_B^*)[1-H(w_B q_B^*)] - \overline{F}(w_B q_B^*) H'(w_B q_B^*)\} \dfrac{\mathrm{d}(w_B q_B^*)}{\mathrm{d}w_B}$。

显然，$K_{w_B}^1 K^2 K^3 > 0$。由于 $\left|\dfrac{\mathrm{d}q_B^*}{\mathrm{d}w_B}\right| > \left|\dfrac{\mathrm{d}(w_B q_B^*)}{\mathrm{d}w_B}\right|$ 且 $K^3 > K^2$，通过分别从 $K_{w_B}^2$ 和 $K_{w_B}^3$ 中提取公因子 $\overline{F}(q_B^*)[1-H(q_B^*)]$ 和 $\overline{F}(w_B q_B^*)[1-H(w_B q_B^*)]$，容易得到 $K^1 K_{w_B}^2 K^3 - K^1 K^2 K_{w_B}^3 > 0$。从而 $\eta(w_B)$ 关于 w_B 单调递增。

根据供应商的均衡条件，$H(q_B^*) < 1$ 恒成立，意味着供应商确定的批发价格会引导零售商的订货量不高于 $\tilde{q}$。也就是说，即使零售商想要采取激进的订货策略，也会被供应商阻止。不妨令 $\Delta_1 = \overline{F}(q_B^*)[1-H(q_B^*)]$，$\Delta_2 = \dfrac{(1-m)\overline{F}(w_B^* q_B^*) + m}{(1-m)\overline{F}(w_B^* q_B^*)[1-H(w_B^* q_B^*)] + m}$，则供应商的均衡条件等价于 $c(1+r_B) = \Delta_1 \cdot \Delta_2$，其中左边代表供应商的边际成本，右边可视为调整后的边际收益，项 Δ_1 反映了市场风险，Δ_2 则同时包含了零售商的利润诉求及信用风险。

性质 3.1 q_B^* 随 m 递减，随 r_B 递减。

证明：对零售商和供应商的一阶条件应用隐函数求导定理，可得 $\dfrac{\mathrm{d}q_B^*}{\mathrm{d}m} = \dfrac{K^3}{K^2} \dfrac{\mathrm{d}(w_B^* q_B^*)}{\mathrm{d}m} + \dfrac{w_B^* q_B^* F(w_B^* q_B^*)}{K^2}$ 以及 $-(1-m)f(w_B^* q_B^*) \dfrac{\mathrm{d}(w_B^* q_B^*)}{\mathrm{d}m} + F(w_B^* q_B^*) = c(1+r_B) \left\{ \dfrac{K^3_{w_B^* q_B^*} \mathrm{d}(w_B^* q_B^*)}{K^2 \mathrm{d}m} - \dfrac{K^3 K^2_{q_B^*}}{(K^2)^2} \dfrac{\mathrm{d}q_B^*}{\mathrm{d}m} + \dfrac{1-\overline{F}(w_B^* q_B^*)[1-H(w_B^* q_B^*)]}{K^2} \right\}$。

通过移项整理并参照命题 3.2 的证明易得 $\dfrac{\mathrm{d}q_B^*}{\mathrm{d}m} < 0$。同理，可得 $\dfrac{\mathrm{d}q_B^*}{\mathrm{d}r_B} < 0$。证毕。

性质 3.1 说明守约概率 m 的增大意味着零售商承担更多的责任，在一定的批发价格下零售商将缩减订货量，从而供应链的产出水平降低。当 r_B 增大时，供应商的边际成本随之增大，进而抑制供应链的产出水平。

2. 保理融资下的最优定价策略

参照式（3-3）在有追索权和无追索权保理下零售商的最优订货策略分别为式（3-6）和式（3-7）。

$$\overline{F}(q_f) = (1-M) w_f \overline{F}(w_f q_f) + M w_f \qquad (3\text{-}6)$$

$$\overline{F}(q_F) = (1-M) w_F \overline{F}(w_F q_F) + M w_F \qquad (3\text{-}7)$$

（1）有追索权保理融资的情形。采用有追索权保理融资时，供应商在期初收入融资预付款。期末时，在保理商之后获得零售商偿付，并在保理商无法收回前期预付款的情况下承担返还责任。另外，供应商用保理预付款支付生产成本，若有不足将通过其他渠道融通资金，资金成本率为 r_B；若超出则获得相应的利息收益。从而，供应商的期望利润函数可以整理为：

$$\Pi_f = \int_0^{w_f q_f}(1-M)\overline{F}(\xi)\mathrm{d}\xi + M w_f q_f - c q_f(1+r_B) + \left(\frac{1+r_B}{1+r_f}-1\right)\lambda w_f q_f$$

$$(3\text{-}8)$$

将式（3-8）与式（3-4）进行对比可以发现，除零售商的违约概率不同之外，供应商的期望利润多出 $\left(\frac{1+r_B}{1+r_f}-1\right)\lambda w_f q_f$ 项，反映了供应商通过保理融资节约的资金成本。参照命题 3.2 易得供应商的最优批发价格满足：

$$\frac{\left[(1-M)\overline{F}(w_f^* q_f^*) + M + \lambda\left(\frac{1+r_B}{1+r_f}-1\right)\right]\overline{F}(q_f^*)[1-H(q_f^*)]}{(1-M)\overline{F}(w_f^* q_f^*)[1-H(w_f^* q_f^*)] + M} \cdot \frac{1}{c(1+r_B)} = 1$$

$$(3\text{-}9)$$

与式（3-5）相比，新增项为 $\lambda\left(\frac{1+r_B}{1+r_f}-1\right)$，反映了保理融资对供应链产出水平的促进作用。当供应链产出水平提高时，赊销合同的总额增加，由于保理商按照固定比例提供融资，融资数额会相应增加，从而带来融资成本节约的利益。

性质 3.2 q_f^* 随 M 减小；随 λ 增大；随 r_f 减小；随 r_B 的变化不确定。

类似于性质 3.1，守约概率的增大将导致零售商减少订货量，从而抑制供应链的产出水平。λ 是保理商提供融资的比例，λ 越大，供应商能够获得的融资成本节约利益越大，产出水平越高；相反，r_f 的增大则会削弱融资成本节约效应，抑制供应链的产出水平。值得注意的是，r_B 对供应链产出的影响呈现出不确定性。一方面，r_B 因提高了供应商的边际成本而抑制其赊销行为；另一方面，r_B 越大融资成本节约效应也越突出，因此，r_B 对产出水平的最终影响情况取决于上述两种效应的对比。

（2）无追索权保理融资的情形。在无追索保理合同下，供应商在期初收到保理商的预付款，保理商在任何情况下都不能要求供应商返还该笔预付款。当随机市场需求 $\xi \leq \lambda w_F q_F$ 时，供应商以 M 的概率获得剩余账款 $w_F q_F - \lambda w_F q_F$，以 $1-M$ 的概率无法得到任何收益；当 $\lambda w_F q_F < \xi \leq w_F q_F$ 时，供应商收回全部剩余账款的概率仍为 M，而以 $1-M$ 的概率收回 $\xi - \lambda w_F q_F$；当 $\xi > w_F q_F$ 时，供应商总能够收回全部的剩余账款。综上，供应商的期望利润可整理如下：

$$\Pi_F = \int_{\lambda w_F q_F}^{w_F q_F} (1-M)\overline{F}(\xi)\mathrm{d}\xi + M w_F q_F + (1-M)\lambda w_F q_F$$
$$+ \left(\frac{1+r_B}{1+r_F} - 1\right)\lambda w_F q_F - c q_F (1+r_B) \tag{3-10}$$

将式（3-10）与式（3-8）进行对比可以发现，在有追索权保理的基础上，无追索权保理下供应商期望利润的新增项为 $\int_0^{\lambda w_F q_F}(1-M)F(\xi)\mathrm{d}\xi$，代表在市场需求低于 $\lambda w_F q_F$ 且零售商违约情形下，保理商代替供应商所承担的损失，体现了保理业务的担保职能。相应地，供应商在无追索权保理融资下的最优批发价格策略可表示为如下一阶条件：

$$\frac{(1-M)\overline{F}(w_F^* q_F^*) + M + (1-M)\lambda F(\lambda w_F^* q_F^*) + \lambda\left(\frac{1+r_B}{1+r_F}-1\right)}{\dfrac{\{(1-M)\overline{F}(w_F^* q_F^*)[1-H(w_F^* q_F^*)]+M\}c(1+r_B)}{\overline{F}(q_F^*)[1-H(q_F^*)]}} = 1 \tag{3-11}$$

与式（3-9）对比，供应商的最优策略新增了 $(1-M)\lambda F(\lambda w_F^* q_F^*)$ 项，该项将使得供应链的均衡产出水平有所增加。这是因为保理商的担保行为将会鼓励供应商采取扩张性的赊销策略。

性质 3.3 q_F^* 随 M 减小；随 λ 增大；随 r_F 减小；随 r_B 的变化不确定。并且，当 $q_f^* = q_F^*$ 时，$\dfrac{\mathrm{d}q_F^*}{\mathrm{d}M} < \dfrac{\mathrm{d}q_f^*}{\mathrm{d}M}$，$\dfrac{\mathrm{d}q_F^*}{\mathrm{d}\lambda} > \dfrac{\mathrm{d}q_f^*}{\mathrm{d}\lambda}$。

由性质 3.3，各参数对无追索权保理下供应商赊销水平的影响与有追索权保理的情形基本是一致的。特别地，当 $q_f^* = q_F^*$ 时 $\dfrac{\mathrm{d}q_F^*}{\mathrm{d}M} < \dfrac{\mathrm{d}q_f^*}{\mathrm{d}M}$ 说明保理商的应收账款管理优势增强时，对无追索权保理下赊销产出的抑制作用更强。这是因为，当 M 增大时，除了零售商缩减订货外，担保收益也将减少。类似地，相比于有追索权保理的情形，无追索权保理下 λ 对供应商产出的促进作用也是双重的，既包含融资效益又包含担保效益。

3. 供应商应用保理融资的条件及保理形式的选择

保理融资能够降低供应商的融资成本，在一定情形下分担供应商的风险。但是由于保理商的管理和监控将约束零售商的订货行为，从而使得供应商损失了部分或有收益。因此，只有在一定条件下供应商才会接受保理合同。命题 3.3 以有追索权保理为例给出了这一条件。

命题 3.3 对于任一给定的零售商守约概率 M，总能够找到 λ 和 r_f，使得保理合同对供应商具有吸引力。

证明：事实上，仅需找到满足 $\Pi_f^* > \Pi_B^*$ 的保理条款即可证明该命题。令 $\lambda = 0$，不难得出：$\dfrac{\mathrm{d}\Pi_f^*}{\mathrm{d}M} = -\int_0^{w_f^* q_f^*} \overline{F}(\xi)\mathrm{d}\xi + (1-M)\overline{F}(w_f^* q_f^*)\dfrac{\mathrm{d}(w_f^* q_f^*)}{\mathrm{d}M} + w_f^* q_f^* + M\dfrac{\mathrm{d}(w_f^* q_f^*)}{\mathrm{d}M} - c(1+r_B)\dfrac{\mathrm{d}q_f^*}{\mathrm{d}M}$。通过等式（3-9）可得：$\dfrac{\mathrm{d}q_f^*}{\mathrm{d}M} = \dfrac{w_f^* q_f^* F(w_f^* q_f^*)}{\overline{F}(q_f^*) - q_f^* f(q_f^*)} + \dfrac{(1-M)[\overline{F}(w_f^* q_f^*) - w_f^* q_f^* f(w_f^* q_f^*)] + M\mathrm{d}(w_f^* q_f^*)}{\overline{F}(q_f^*) - q_f^* f(q_f^*)} \cdot \dfrac{1}{\mathrm{d}M}$，

从而易得 $\dfrac{\mathrm{d}\Pi_f^*}{\mathrm{d}M}$ 可整理为 $\int_0^{w_f^* q_f^*} F(\xi)\mathrm{d}\xi - c(1+r_B)\dfrac{w_f^* q_f^* F(w_f^* q_f^*)}{\overline{F}(q_f^*) - q_f^* f(q_f^*)} < 0$。不等式成立的原因是 $\dfrac{c(1+r_B)}{\overline{F}(q_f^*) - q_f^* f(q_f^*)} > 1$ [从等式（3-9）中可以直接获得]。

因此，Π_f^* 随 M 单调递减。这就意味着当 $\lambda = 0$ 时 Π_f^* 不可能超过 Π_B^*。当 $\lambda >$

0 时，采用类似的方法，可以证明 Π_f^* 随着 r_F 的增加而减少、随着 λ 的增加而增加，因此在 $r_f=0$ 和 $\lambda=1$ 时取得极大值。为了集中研究有意义的情形，忽略 $\Pi_f^*|_{r_f=0,\lambda=1} \leq \Pi_B^*$ 的情况，从而，总能找到使保理合同可行的参数值。证毕。

在许多研究供应链金融的相关文献中，供应商或零售商的资金约束都是用有限的自有资金来表示的，因此很多学者提出是否采取某种融资方式取决于供应链企业自有资金的水平。本章用供应商的融资成本较高刻画其资金约束，因此融资条件与融资费率水平密切相关。另外，由于随着保理融资比例的提高，无追索权保理的担保功能不断增强，从而可以推断，融资比例将影响供应商对两种追索权合同的选择。命题 3.4 给出了供应商如何根据保理融资比例选择最优的保理融资形式。

命题 3.4 定义满足 $\Pi_F^*|_{\lambda=1} = \Pi_f^*|_{\lambda=1}$ 的 r_F 为 $\bar{r}_F$，当 $r_F < \bar{r}_F$ 时，存在保理融资比例的阈值 $\bar{\lambda}$，若 $\lambda < \bar{\lambda}$，供应商将选择有追索权保理；若 $\lambda \geq \bar{\lambda}$，供应商将选择无追索权保理。

证明：由 (3-8) 和 (3-10)，$\dfrac{d\Pi_F^*}{d\lambda} = \left[(1-M) F(\lambda w_F^* q_F^*) + \left(\dfrac{1+r_B}{1+r_F} - 1\right)\right] w_F^* q_F^*$ 而

$\dfrac{d\Pi_f^*}{d\lambda} = \left(\dfrac{1+r_B}{1+r_f} - 1\right) w_f^* q_f^*$。定义满足 $(1-M) F(\lambda w_F^* q_F^*) + \left(\dfrac{1+r_B}{1+r_F} - 1\right) = \dfrac{1+r_B}{1+r_f} - 1$ 的 λ 为 $\underline{\lambda}$，由 $(1-M) F(\lambda w_F^* q_F^*)$ 关于 λ 单调递增（通过对有追索保理的两个均衡条件联立可知 $w_F^* q_F^*$ 关于 λ 递增）易知 $\underline{\lambda}$ 是唯一的。另外，当 $\lambda = \underline{\lambda}$ 时，$w_f^* q_f^* = w_F^* q_F^*$（由两个一阶条件可知）。所以，若 $\lambda \leq \underline{\lambda}$，则 $\dfrac{d\Pi_F^*}{d\lambda} < \dfrac{d\Pi_f^*}{d\lambda}$。

注意到 $\Pi_F^*|_{\lambda=0} = \Pi_f^*|_{\lambda=0}$，则在 $\lambda = \underline{\lambda}$ 时 $\Pi_F^* < \Pi_f^*$。而若 $\underline{\lambda} < \lambda \leq 1$，则 $\dfrac{d\Pi_F^*}{d\lambda} > \dfrac{d\Pi_f^*}{d\lambda}$。由于假定无追索保理的费率满足 $\Pi_F^*|_{\lambda=1} > \Pi_f^*|_{\lambda=1}$，必然存在 $\bar{\lambda}$ 使得 $\Pi_F^* = \Pi_f^*$。证毕。

实践中，保理商通常参照银行信贷融资的做法，依据供应商的信用等级确定对其提供融资的比例，信用等级高的供应商更易获得较高的融资比例，因此，倾向于选择无追索权保理。命题 3.4 同时还指出无追索权保理能够被

接受的前提条件是费率需要低于一定的阈值。以上两点共同解释了无追索权保理在发达国家更为普遍、而在发展中国家较少的原因。发展中国家普遍缺乏完善的信用评级体系，无法准确得出供应商的信用等级，一方面，倾向于压低融资比率；另一方面则会提高保理费率，从而抑制了无追索权保理的应用。

命题3.3和命题3.4均显示过高的保理融资费率将导致供应商拒绝保理合同，然而过低的保理费率必然损害保理商的利益。尤其是在采取无追索权保理的时候，高风险和低收费甚至可能导致保理商收不抵支。因此，有必要验证是否存在供应商与保理商都能接受的保理费率。命题3.5指出了保理合同对双方都有利的条件。

命题3.5 当供应商的资金成本高于一定水平时，总存在无追索权保理费率 $r_F < \bar{r}_F$ 使得保理商至少实现收支平衡。

证明：在无追索权保理中，如果市场需求低于 $\lambda w_F q_F$，保理商以 $1-M$ 的概率获得数额为 ξ 的收入，以 M 的概率获得 $\lambda w_F q_F$，否则，必然能收回全部的预付款 $\lambda w_F q_F$。综上，当供应商和零售商均采取各自的最优策略时，保理商的期望利润可以表示为 $\Pi_{FF}^* = \int_0^{\lambda w_F^* q_F^*}(1-M)\bar{F}(\xi)\mathrm{d}\xi + M\lambda w_F^* q_F^* - \dfrac{\lambda w_F^* q_F^*}{1+r_F}$。显然，当 $r_F \geq \dfrac{1}{M}-1$ 时，Π_{FF}^* 恒为非负函数。而当 $r_F < \dfrac{1}{M}-1$ 时，Π_{FF}^* 可以视为 $\lambda w_F^* q_F^*$ 的函数，并且一阶导数和二阶导数分别为 $(1-M)\bar{F}(\lambda w_F^* q_F^*)+M-\dfrac{1}{1+r_F}$ 和 $-(1-M)f(\lambda w_F^* q_F^*)$。这就意味着当 λ 给定时，Π_{FF}^* 可以视为关于 $\lambda w_F^* q_F^*$ 的凹函数，并且，在 $\lambda w_F^* q_F^*=0$ 时 $\Pi_{FF}^*=0$ 且一阶导数为正。这样，如果 $\lambda w_F^* q_F^*$ 不是非常大（小于使得 $\Pi_{FF}^*=0$ 的另外一个 $\lambda w_F^* q_F^*$ 值），则 Π_{FF}^* 始终为正。所以此引理的证明可以转换为证明 $\lambda w_F^* q_F^*$ 随 r_B 而单调递减。事实上，参照性质3.1的证明，$\dfrac{\mathrm{d}(w_F^* q_F^*)}{\mathrm{d}r_B}<0$ 恒成立，既对于给定 r_F，只要 r_B 相对较大，保理商至少能够收支平衡。另外，由于 $\bar{r}_F$ 是 r_B 和 r_f 的函数，从而通过同时调整 r_B 和 r_f 总能够得到供应商和保理商都接受的无追索权保理费率。

证毕。

命题3.5说明当供应商从其他渠道融通资金的成本较高时,更易承担无追索权保理的高费率。而这是因为其他渠道的融资成本高,供应商需要缩减赊销规模,从而降低保理商提供融资的风险、保证其获得正收益。

(三) 保理融资对供应链整体绩效的影响

本章第二节第三小节从供应商的视角出发讨论了保理融资的可接受性条件,然而,如果一种融资方案在促进单个企业利润提高的同时损害了供应链上其他企业的利益,则其应用和推广也必然受到一定的阻碍。因此,有必要进一步讨论保理融资对整条供应链绩效的影响。命题3.6阐述了有追索权保理融资对供应链总绩效的影响随 λ 的变动情况。由于对无追索权保理融资的分析可以采用相同的方法,并得出相似的结论,此处省略。

命题3.6 在有追索权保理融资下,对于既定的 M,当保理融资费率 r_f 处于合适水平时,存在两个 λ 的临界值分别使得零售商和供应商的期望利润与不保理时相等(记为 λ_R 和 λ_S);在 λ_R 和 λ_S 之间总存在唯一的 λ_L 使得供应链的总利润与不保理时相等,并且只要 $\lambda > \lambda_L$ 保理融资就有助于供应链整体绩效的提高。

证明:根据命题3.3及其证明易于得到 λ_S 的存在性。对 π_f^* 关于 λ 求导可得 $\frac{d\pi_f^*}{d\lambda} = \overline{F}(q_f^*) \frac{dq_f^*}{d\lambda} - \overline{F}(w_f^* q_f^*) \frac{d(w_f^* q_f^*)}{d\lambda} - MF(w_f^* q_f^*) \frac{d(w_f^* q_f^*)}{d\lambda} = \overline{F}(q_f^*) \frac{dq_f^*}{d\lambda} * \left\{ 1 - \frac{[M + (1-M)\overline{F}(w_f^* q_f^*)][1 - H(q_f^*)]}{(1-M)\overline{F}(w_f^* q_f^*)[1 - H(w_f^* q_f^*)] + M} \right\} > 0$,而 π_B^* 关于 λ 为常数,故 λ_R 必然存在。综上,保理融资比例提高时供应商和零售商的期望利润同时提高,从而供应链总绩效随 λ 单调递增,即 λ_L 存在且唯一。鉴于保理时供应链的整体期望利润与不保理时的差值为 $\Pi_{Lf}^* - \Pi_{LB}^* = \pi_f^* - \pi_B^* + \Pi_f^* - \Pi_B^*$,当二者相等时, $\pi_f^* - \pi_B^*$ 与 $\Pi_f^* - \Pi_B^*$ 的符号必然相反,意味着 λ_L 介于 λ_R 和 λ_S 之间。证毕。

事实上,命题3.6涵盖了两种可能结果,分别对应 $\lambda_R > \lambda_S$ 和 $\lambda_R < \lambda_S$ 的情况,以 $\lambda_R < \lambda_S$ 为例,图3-2给出了命题3.6的直观含义。

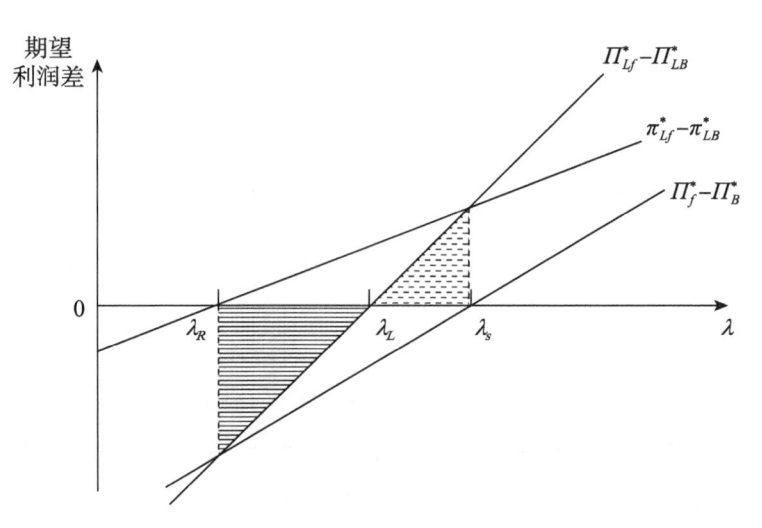

图 3-2 保理融资对供应链成员及整体绩效的影响

从图 3-2 中可以看到,当 $\lambda<\lambda_R$ 时,保理融资既不会改善供应商的绩效也不会改善零售商的绩效。此时,由于保理商的严格监控导致零售商降低赊销订货量,减少了供应链的总收益。当 $\lambda_R<\lambda<\lambda_L$ 时,保理的融资效应首先使零售商获益,但零售商利润的增加不能抵补供应商的利润减少,表现为供应链总收益低于不保理的情形。当 $\lambda_L<\lambda<\lambda_S$ 时,保理融资下的总收益超过了不保理的情形,并随着各成员收益的提高进一步增加。当 $\lambda>\lambda_S$ 时,保理融资对各成员和供应链整体都是有利的。然而,综合考虑各类风险因素,保理商不会无限增大融资比例。

(四) 数值算例

假设随机市场需求服从 [0, 40] 上的均匀分布。供应商的单位生产成本 $c=0.65$,外部融资成本 $r_B=0.65$。图 3-3 通过指定不同的融资比例、违约概率及保理费率,给出了保理融资对供应链的监控、融资及担保三种效应。图 3-4 则在假定无追索权保理费率 $r_F=0.125$ 的前提下,反映了不同的有追索权保理费率和融资比例组合条件下供应商的最优融资策略。

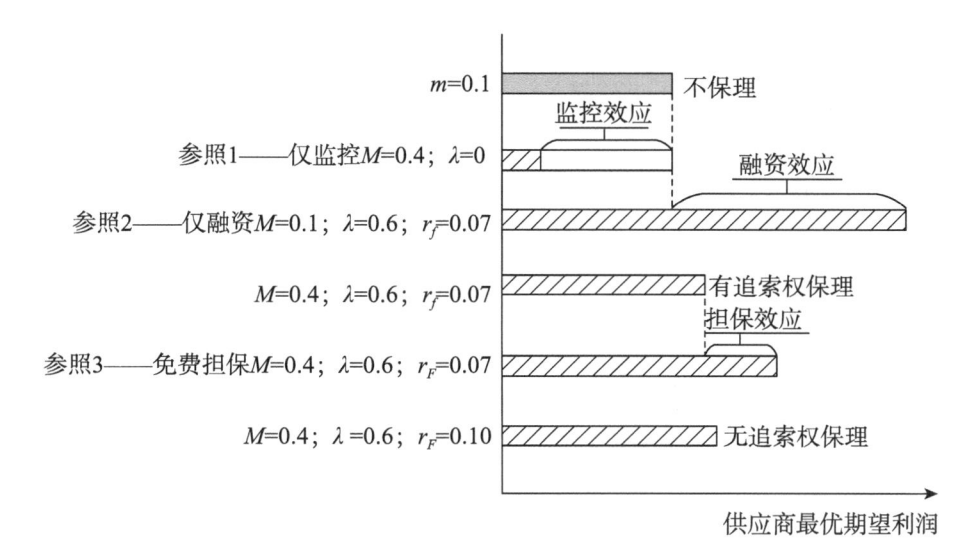

```
                                          不保理
         m=0.1                  监控效应
参照1——仅监控 M=0.4; λ=0              融资效应
参照2——仅融资 M=0.1; λ=0.6; r_f=0.07
         M=0.4; λ=0.6; r_f=0.07      有追索权保理
                                  担保效应
参照3——免费担保 M=0.4; λ=0.6; r_f=0.07
         M=0.4; λ=0.6; r_F=0.10     无追索权保理
                                          供应商最优期望利润
```

图 3-3　保理融资对供应链的三种效应

图 3-3 中，通过不保理情形与参照情形 1 的对比可以发现，提高对债务人的监控水平，即实施更加严格的应收账款管理措施，将会降低供应商的期望利润，即监控效应是负的。这一结论似乎说明实践中保理商的监控是多余的。事实上，本章之所以产生该结论是因为假定了供应商为风险中性的决策者。实践中，企业的经营目标往往并不是单纯的追求期望利润最大化，而是寻求风险与收益的平衡。能够证明，当供应商为风险厌恶决策者时，监控效应的优势将会显现出来。

通过无保理情形与参照情形 2 的对比可以得到保理的融资效应，当然，融资效应大小取决于保理融资利息与其他渠道融资利息的差值。实践中，保理融资能够获得相对优惠的利息是因为该融资以标的货物为担保。而银行信用贷款的利息率与企业的资信水平成反比。因此，由于信用等级较低的中小企业或是新成立企业适用的利率往往较高，此时保理的融资效应就会更加明显。这与实证研究的结果是一致的。

通过有追索权保理与参照情形 3 的对比，可以得到无追索权保理的担保效应。类似于监控效应，担保效应也是在风险中性假设下度量的，对于风险规避型供应商担保效应往往更强，这是因为担保效应不仅能够促进供应链产出提高，而且有助于增强收益的"确定性"。

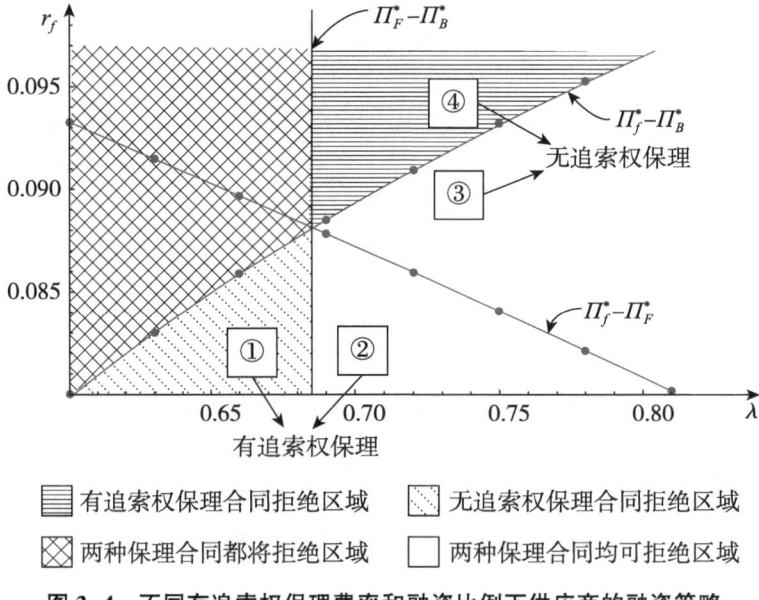

图 3-4 不同有追索权保理费率和融资比例下供应商的融资策略

由图 3-4 可知，当保理融资比例较低且费率相对较高时，两种保理合同都更容易遭到供应商的拒绝，这是因为此时的融资数额过少，对于缓解供应商的资金压力、提高其产出及利润水平的作用有限。当融资条件处于区域①时，有追索权保理因较低的融资费率成为可行方案；而在区域④无追索权保理则因较高的融资额成为可行方案。这两种情况下，有追索权和无追索权保理分别因为另一种方式的不可行成为占优策略。而在区域②和③，即两种方案均可行的情况下，对于任意的有追索权保理费率，无追索权保理总是在融资比例较高的时候成为占优策略，反之亦然。这与前文的证明结果是一致的。

三、存在零售商预付款时供应链保理融资与赊销策略

在实践中，供应商为了保证应收账款的安全，通常会制订一定的收账政策。一般情况下，供应商会根据信用等级将客户分为 A 类、B 类、C 类和 D 类四个类别。其中，只有 A 类客户才能按照一般的赊销合同在交货后的一定时间内支付货款，其他类客户则需要支付一定数量的预付款，且等级越低预

付款比例越高。零售商提供预付款将从两个方面影响供应商的利润水平及最优策略。一方面,预付款将影响供应商的融资决策。因为供应商可在预付款较高时通过提高批发价格抑制零售商订货,将生产成本控制在预付款额度内以避免承担融资成本;在预付款较低的时候通过低价多销实现高收益,抵补融资成本支出。另一方面,预付款的高低还会影响零售商的违约临界值,从而影响供应商的期望利润函数。本节将研究存在零售商预付款时,供应商采取不融资、从金融机构贷款融资但不保理以及采取保理融资策略时如何确定最优的批发价格,零售商如何确定最优的订货量。在此基础上推导出决定供应商进行外部融资的预付款临界值,得到供应商在保理与不保理之间进行选择的条件。

为了突出保理融资的综合性金融服务的本质,本节同样考虑保理商在应收账款管理、债务人监控方面的比较优势。根据求解的需要,用零售商违约时已实现销售收入中能够用于偿债部分的多少来刻画保理与不保理时应收账款管理方面的差异。不失一般性地假定零售商违约的情况下,保理商能够收回全部已实现的销售收入,而供应商仅能收回其中的固定比例 α,$0<\alpha<1$。这一假设能够使得零售商的反应函数在不同融资方式下保持不变,从而大大降低模型求解的难度。另外,为了获得更多具有实践意义的结论,本节假定银行、保理商都采用精算公平的原则确定融资费率,因此 r_B 和 r_F 在本节中分别代表银行和保理商的无风险收益率,由于银行的资金成本率较低,故假设 $r_B < r_F$。另外,考虑供应商只能选择一种融资方式的情况。

(一)零售商的最优订货策略

假设零售商自有资金水平为 y,全部可用来支付货款或预付款。在既定的批发价格 w 下,零售商的订货量 q 决定了应收账款总额 wq,进而决定了其自有资金 y 是否足以支付全部货款。当 $wq \leq y$ 时,零售商有能力支付货款 wq,并独自承担市场需求风险,销售收入为 $\min\{\xi, q\}$。显然,此时问题将转变为标准报童模型,零售商的期望收益为 $\int_0^q \xi \mathrm{d}F(\xi) + \int_q^\infty q \mathrm{d}F(\xi) - wq$,且最优订货数量满足 $\overline{F}(q) = w$。

当 $wq>y$ 时，零售商支付 y 作为预付款，余款 $wq-y$ 在销售期末偿还。当随机市场需求 ξ 小于 $wq-y$ 时应收账款将会违约，定义 $\theta=wq-y$ 为违约临界点，只有 $\xi \geq \theta$ 时，零售商才有机会偿还应收账款并获得收益，因此期末收入为 $[\min\{\xi, q\} - \theta]^+$。经整理得到零售商的期望收益函数如下：

$$\pi = \int_\theta^q (\xi - \theta) \mathrm{d}F(\xi) + \int_q^\infty (q - \theta) \mathrm{d}F(\xi) - y \qquad (3-12)$$

需要说明的是，由于本节假定零售商在订货时以自有资金为限支付预付款，不需要进行外部融资，式 π 中没有考虑零售商的资金成本。参照文献[47]，容易验证 π 是关于 q 的凹函数，从而易得零售商对供应商批发价格 w 的最优反应函数为：

$$\overline{F}(q) = w\overline{F}(wq-y) \qquad (3-13)$$

综上，对于给定的批发价格 w，零售商需要通过比较哪种对策为占优策略来确定最终的订货量。可以推断，当 y 相对于批发价格而言比较大的时候，零售商将采取 $wq \leq y$ 的策略，反之亦然。而 $wq \leq y$ 时，双方交易实际上并不产生应收账款、供应商也就没有融资需求。由于 w 是供应商的决策变量，需要通过供应商策略的分析才能最终得到应收账款形成以及供应商融资的条件。

(二) 供应商的最优赊销定价与保理融资策略

1. 基准策略

类似于本章第二节第二小节的开始部分，本小节通过考虑供应商不保理，而从银行获得信贷资金情形来研究其基准策略。由于存在一定数量的自有资金，零售商的预付款可能会弥补供应商的生产成本缺口，因此，本小节增加了关于供应商融资条件的考虑。

在预知零售商反应函数的前提下，供应商若通过批发价格的制定使得零售商采取 $wq \leq y$ 的策略，就能够在交货时收取全部货款从而获得确定的收益。此时，供应商的确定性利润为 $(wq-cq)(1+r_B)$。将该情况下零售商的反应函数代入供应商利润函数，容易验证供应商的利润是关于 w 的凹函数（根据 w 与 q 的一一对应关系亦为关于 q 的凹函数）。用下角标 N 代表无交易信用时供应商与零售商的最优融资策略，则供应商的赊销数量满足 $\overline{F}(q_N^*) - q_N^* f$

$(q_N^*) = c$。定义 $y_0 = q_N^* \overline{F}(q_N^*)$，则当 $y = y_0$ 时，有 $q_N^* = y_0 / w_N^*$。当 $y > y_0$ 时，最优批发价格及订货量满足 $w_N^* q_N^* \leq y$，w_N^* 有可能成为最优策略，供应商在这种情况下无融资需求。当 $y < y_0$ 时，$w_N^* q_N^* > y$，供应商在 $wq \leq y$ 约束下的最大收益只能在边界点取得，即 $w\overline{F}^{-1}(w) = y$。

供应商若通过批发价格引导零售商采取 $wq > y$ 的策略，则需要提供交易信用、承担未来收益的不确定性。当 $\xi > \theta$ 时，供应商能够收回全部余款 θ；当 $\xi < \theta$ 时，根据假设，仅能收回 $\alpha\xi$。在预付款足以支付生产成本的情况下，供应商将剩余资金存入银行获得利息收入，则期望利润函数如下：

$$\Pi = \int_0^\theta \alpha \overline{F}(\xi) \mathrm{d}\xi + (1 - \alpha)\theta \overline{F}(\theta) - (cq - y)(1 + r_B) \quad (3-14)$$

通过与零售商预付款充裕的情况相对比，不难发现，当 $wq = y$ 时，不但供应商的目标函数相同，而且零售商的反应函数也相同，因此 Π 在 $wq = y$ 处连续。这就意味着，当 $y < y_0$ 时，供应商的最大收益一定在 $y \leq wq$ 条件下取得，即零售商必然采取高出自有资金的订货对策，只有这时供应商才有可能产生融资需求。

式（3-14）是在 $cq < y$ 的前提下给出的，如果给定批发价格下的零售商订货量使得 $cq > y$，则供应商需要融资。考虑供应商通过银行信贷融资而不保理的情形，贷款金额为 $cq_B - y$，到期日应付本息 $(cq_B - y)(1 + \tilde{r}_B)$（注意 $\tilde{r}_B$ 为银行要求的利息率；r_B 为银行追求的无风险收益率）。如果期末随机市场需求 ξ 低于 θ_B，供应商需要将收回的货款 $\alpha\xi$ 优先偿还银行贷款本息，如有剩余才能作为自身收益，其期望利润为：

$$\Pi_B = \int_{\frac{(cq_B - y)(1 + \tilde{r}_B)}{\alpha}}^{\theta_B} [\alpha\xi - (cq_B - y)(1 + \tilde{r}_B)] \mathrm{d}F(\xi)$$
$$+ \int_{\theta_B}^\infty [\theta_B - (cq_B - y)(1 + \tilde{r}_B)] \mathrm{d}F(\xi) \quad (3-15)$$

根据银行定价遵循精算公平原则的假定，$\tilde{r}_B$ 依据下式确定：

$$\int_0^{\frac{(cq_B - y)(1 + \tilde{r}_B)}{\alpha}} \alpha\xi \mathrm{d}F(\xi) + \int_{\frac{(cq_B - y)(1 + \tilde{r}_B)}{\alpha}}^\infty (cq_B - y)(1 + \tilde{r}_B) \mathrm{d}F(\xi) = (cq_B - y)(1 + r_B)$$

$$(3-16)$$

将式（3-16）代入式（3-15）并整理，可得 Π_B 与式（3-14）的形式是相同的，即当 $y<y_0$ 时，供应商的期望利润恒为 $\Pi_B = \int_0^{\theta_B} \alpha \overline{F}(\xi) d\xi + (1-\alpha) \theta_B \overline{F}(\theta_B) - (cq_B - y)(1+r_B)$。

命题3.7 当 $y<y_0$ 时，在给定批发价格下零售商的最优订货策略满足 $\overline{F}(q_B) = w_B \overline{F}(w_B q_B - y)$。此时：（i）订货量随着批发价格的升高而降低；（ii）供应商的最优产量策略 q_B^* 满足以下条件：

$$[\overline{F}(\theta_B^*) - (1-\alpha)\theta_B^* f(\theta_B^*)] \frac{\overline{F}(q_B^*) - q_B^* f(q_B^*)}{\overline{F}(\theta_B^*) - (\theta_B^* + y) f(\theta_B^*)} = c(1+r_B)$$

(3-17)

证明：（a）对零售商的一阶条件（3-13）应用隐函数求导法则可得：$\frac{dq_B}{dw_B} = \frac{\overline{F}(\theta_B) - w_B q_B f(\theta_B)}{-f(q_B) + w_B^2 f(\theta_B)}$。把（3-13）改写为 $q_B \overline{F}(q_B) = (\theta_B + y) \overline{F}(\theta_B)$，可以发现等号左边是关于 q_B 的凹函数。这意味着当等号右边的 θ_B 取任意值时，总是存在两个 q_B 使得等式成立，并且这两个 q_B 分别小于和大于凹函数的顶点（满足 $q_B h(q_B) = 1$ 的点），而根据 Π_B 的表达式，当 θ_B 一定时，取较小 q_B 总能够获得更大的期望收益，故 $q_B h(q_B) \leq 1$ 恒成立。又因为 $w_B<1$ 时，$w_B q_B h(wq_B - y) \leq q_B h(q_B)$，故 $\overline{F}(\theta_B) - w_B q_B f(\theta_B) > 0$。而 $-f(q_B) + w_B^2 f(\theta_B) = \overline{F}(q_B)[-h(q_B) + w_B h(\theta_B)]$，根据失效率递增假设必然小于0。综上，$\frac{dq_B}{dw_B} < 0$。

（b）为简便起见，本部分证明省略下标 B。由于 q 与 w 是一一对应的，供应商的最优决策可以转化为确定最优的生产量。定义 $V=1-qh(q)$，$U=1-(\theta+y)h(\theta)$。由（3-13）易得 $\frac{d\theta}{dq} = \frac{\overline{F}(q) V}{\overline{F}(\theta) U}$，根据（a）部分可直接得出 $\frac{d\theta}{dq} > 0$。对 Π 求导得：$\frac{d\Pi}{dq} = \alpha \overline{F}(\theta) \frac{d\theta}{dq} + (1-\alpha)[\overline{F}(\theta) - \theta f(\theta)] \frac{d\theta}{dq} - c(1+r_B)$；进一步地，有 $\frac{d^2\Pi}{dq^2} = -\alpha f(\theta) \left(\frac{d\theta}{dq}\right)^2 + [\overline{F}(\theta) - (1-\alpha)\theta f(\theta)] \frac{d^2\theta}{dq^2} + (1-\alpha)$

$[-2f(\theta)-\theta f'(\theta)]\left(\dfrac{\mathrm{d}\theta}{\mathrm{d}q}\right)^2$，其中：$\dfrac{\mathrm{d}^2\theta}{\mathrm{d}q^2}=\dfrac{[-2f(q)-qf'(q)][\overline{F}(\theta)U]}{[\overline{F}(\theta)U]^2}$

$-\dfrac{[\overline{F}(q)V][-2f(\theta)-(\theta+y)f'(\theta)]}{[\overline{F}(\theta)U]^2}\dfrac{\mathrm{d}\theta}{\mathrm{d}q}$。因$\dfrac{\mathrm{d}\theta}{\mathrm{d}q}<\dfrac{\overline{F}(q)-qf(q)}{\overline{F}(\theta)[1-qh(q)]}<1$，

$\dfrac{\mathrm{d}^2\theta}{\mathrm{d}q^2}<\dfrac{[-f(q)V+\overline{F}(q)V_q]\overline{F}(\theta)U-\overline{F}(q)V[-f(\theta)U+\overline{F}(\theta)U_\theta]}{[\overline{F}(\theta)]^2U^2}$。由

假设，$U>V$、$-f(q)V\overline{F}(\theta)U+\overline{F}(q)Vf(\theta)U<0$、$\overline{F}(q)V_q\overline{F}(\theta)U-\overline{F}(q)V\overline{F}(\theta)U_\theta<0$，从而$\dfrac{\mathrm{d}^2\theta}{\mathrm{d}q^2}<0$。

根据失效率函数 $h(\theta)$ 单调递增可推出 $\dfrac{2}{\theta}\geq-\dfrac{f'(\theta)}{f(\theta)}$，也即有 $-2f(\theta)-\theta f'(\theta)<0$。从而 $\dfrac{\mathrm{d}^2\Pi_B}{\mathrm{d}q^2}<0$，即供应商的最优策略满足（3-17）所示的一阶条件。证毕。

与不提供交易信用情形下供应商的最优决策 $\overline{F}(q_N^*)-q_N^*f(q_N^*)=c$ 相比，提供交易信用后，供应商的一阶条件除融资成本外，还增加了应收账款管理效率和零售商预付款两个因素。其中，管理效率的相对较低导致应收账款违约时供应商需要承担部分损失，减少了其边际收益水平，对供应链的均衡产量具有抑制作用。相反，预付款 y 是供应商的部分回款保证，相当于减少了供应商在市场需求不好时的损失，从而提高了其边际收益，对供应链的均衡产量具有促进作用。

命题3.7中供应商最优产量可能存在两种情况，即 $cq_B^*<y$ 和 $cq_B^*>y$，在第一种情况下，虽然满足了 $y<y_0$，供应商仍然不存在融资需求。事实上，对于既定的预付款水平，供应商生产、赊销与融资决策同金融市场环境密切相关。命题3.8通过银行无风险利率 r_B 的临界值，给出了供应商进行银行信贷融资的条件。

命题3.8 对于给定的 y，存在 $\overline{r}_B$ 使得 $cq^*=y$，则当 $r_B<\overline{r}_B$ 时，供应商将进行银行信贷融资，即此时的最优生产量为 q_B^*；当 $r_B\geq\overline{r}_B$ 时，供应商则不会进行银行信贷融资。

证明：为简化表述形式，证明过程中将省略角标 * 及下标 B。对供应商最优策略 $[\bar{F}(\theta)-(1-\alpha)\theta f(\theta)][\bar{F}(q)-qf(q)]=c(1+r_B)[\bar{F}(\theta)-(\theta+y)f(\theta)]$ 应用隐函数求导法则，将等式两边同时关于 r_B 求导得：

$$D^1 D^5 \frac{d\theta}{dr_B} + D^3 D^5_q \frac{dq}{dr_B} = \frac{D^3 D^5}{D^4} D^4_\theta \frac{d\theta}{dr_B} + cD^4$$

其中 $D^1=-(2-\alpha)f(\theta)-(1-\alpha)\theta f'(\theta)$；$D^2=2f(\theta)+(\theta+y)f'(\theta)$；$D^3=\bar{F}(\theta)-(1-\alpha)\theta f(\theta)$；$D^4=\bar{F}(\theta)-(\theta+y)f(\theta)$；$D^5=\bar{F}(q)-qf(q)$。上式两端同时除以 $D^3 D^5$ 并移项，可以得到：$\left(\dfrac{D^1}{D^3}-\dfrac{D^4_\theta}{D^4}\right)\dfrac{d\theta}{dr_B}+\dfrac{D^5_q}{D^5}\dfrac{dq}{dr_B}=c\dfrac{D^4}{D^3 D^5}$。而对 $q\bar{F}(q)=(\theta+y)\bar{F}(\theta)$ 应用隐函数求导法则得：$D^5\dfrac{dq}{dr_B}=D^4\dfrac{d\theta}{dr_B}$，从而有 $\left(\dfrac{D^1}{D^3}-\dfrac{D^4_\theta}{D^4}\right)\dfrac{d\theta}{dr_B}+\dfrac{D^5_q D^4}{D^5 D^5}\dfrac{d\theta}{dr_B}=c\dfrac{D^4}{D^3 D^5}$。进一步地，由 $h'(\cdot)=\dfrac{f'(\cdot)}{\bar{F}(\cdot)}+h^2(\cdot)$ 可得：$\dfrac{D^5_q}{D^5}=\dfrac{-qh'(q)-h(q)}{1-H(q)}-h(q)$，$\dfrac{-D^4_\theta}{D^4}=\dfrac{h(\theta)+(\theta+y)h'(\theta)}{1-(\theta+y)h(\theta)}+h(\theta)$，$\dfrac{D^5_q}{D^5}-\dfrac{D^4_\theta}{D^4}<0$。而 $\dfrac{D^4}{D^5}>1$，因此能够得到 $\dfrac{d\theta}{dr_B}<0$，同时 $\dfrac{dq}{dr_B}<0$。从而 $\dfrac{d(cq-y)}{dr_B}<0$，故存在唯一的 $\bar{r}_B$ 使得 $cq=y$。证毕。

实践中，银行无风险收益率受到存款利率的影响通常存在下限，当命题 3.8 求得的 $\bar{r}_B$ 低于该下限时，意味在任何合理的利率下供应商都不会融资，这种情况往往表示零售商的预付款相对于供应商的生产成本而言比较高。

2. 保理时的最优策略

类似于不保理情形下融资条件的分析，容易得出供应商也会在满足一定条件时采用保理融资（此处省略），接下来分析保理融资下供应商的最优策略。

在保理融资下，供应商通过转让应收账款获得数额为 $\lambda w_F q_F$ 的保理预付款，由于只能采用一种融资方式，其在产量决策阶段就需要保证 $\lambda w_F q_F \geq cq_F$，其中，当 $\lambda w_F q_F > cq_F$ 时，剩余资金将存入银行获得利息收益。应收账款到期时，供应商的收益取决于已实现的销售收入是否足以支付保理商前期预付款，根据保理商能够避免应收账款违约损失的假定，供应商的期望收益为 $E[\min\{\xi, w_F q_F - y\} - (\lambda w_F q_F - y)(1+\tilde{r}_F)]^+ + (\lambda w_F q_F - cq_F)(1+r_B)$。上式中保理费率 $\tilde{r}_F$ 由保理商遵循精算公平原则 $E[\min\{\xi, (\lambda w_F q_F - y)(1+\tilde{r}_F)\}] = (\lambda w_F q_F - y)(1+r_F)$ 确定。当保理商的预付款 $\lambda w_F q_F = cq_F$ 时，供应商的生产成本与保理垫资相互抵消。综上，供应商的期望利润可以整理如下。

$$\Pi_F = \begin{cases} \int_0^{\theta_F} \overline{F}(\xi)\mathrm{d}\xi - (\lambda\theta_F + \lambda y)(r_F - r_B) + \\ y(1+r_F) - cq_F(1+r_B), \quad \lambda w_F q_F > cq_F \quad (a) \\ \int_0^{\theta_F} \overline{F}(\xi)\mathrm{d}\xi - (\lambda\theta_F + \lambda y)(1+r_F) + \\ y(1+r_F), \quad \lambda w_F q_F = cq_F \quad (b) \end{cases} \quad (3-18)$$

仿照命题 3.7 的证明容易得出 $\lambda w_F q_F > cq_F$ 时，供应商的目标函数是关于 q_F 的凹函数，极值点满足一阶条件 $[\overline{F}(\theta_F) - \lambda(r_F - r_B)]\dfrac{\mathrm{d}\theta_F}{\mathrm{d}q_F} = c(1+r_B)$。另外，$\Pi_F$ 在 $\lambda w_F q_F = cq_F$ 处显然连续。

命题 3.9 保理融资下，当 $\lambda > \hat{\lambda}$ 时，供应商的最优生产量 q_F^* 满足条件 $[\overline{F}(\theta_F^*) - \lambda(r_F - r_B)]\dfrac{\overline{F}(q_F^*) - q_F^* f(q_F^*)}{\overline{F}(\theta_F^*) - (\theta_F^* + y)f(\theta_F^*)} = c(1+r_B)$；当 $\lambda \leq \hat{\lambda}$ 时，供应商的最优批发价格为 c/λ。其中，$\hat{\lambda}$ 是使得 $\lambda w_F^* q_F^* = cq_F^*$ 的 λ 值。

证明：在供应商收益曲线的极值点 q_F^* 处计算原材料价款与保理融资款的差额，可得 $cq_F^* - \lambda w_F^* q_F^* = q_F^*\left[c - \lambda\dfrac{\overline{F}(q_F^*)}{\overline{F}(\theta_F^*)}\right]$，定义函数 $Z(\lambda) = \lambda\dfrac{\overline{F}(q_F^*)}{\overline{F}(\theta_F^*)}$。

对供应商的一阶条件 $[\overline{F}(\theta_F^*) - \lambda(r_F - r_B)]\dfrac{\mathrm{d}\theta_F^*}{\mathrm{d}q_F^*} = c(1+r_B)$ 两边同时对 λ 求导，得 $\left[-f(\theta^*)\dfrac{\mathrm{d}\theta_F^*}{\mathrm{d}q_F^*}\dfrac{\mathrm{d}q_F^*}{\mathrm{d}\lambda} - (r_F - r_B)\right]\dfrac{\mathrm{d}\theta_F^*}{\mathrm{d}q_F^*} + [\overline{F}(\theta_F^*) - \lambda(r_F - r_B)]$

$$\frac{\mathrm{d}^2\theta_F^*}{\mathrm{d}(q_F^*)^2} - \frac{\mathrm{d}q_F^*}{\mathrm{d}\lambda} = 0，通过移项整可得\frac{\mathrm{d}q_F^*}{\mathrm{d}\lambda} < 0，从而有：$$

$$\frac{\mathrm{d}Z(\lambda)}{\mathrm{d}\lambda} = \frac{\overline{F}(q_F^*)}{\overline{F}(\theta_F^*)} + \lambda \frac{-f(q_F^*)\overline{F}(\theta_F^*) + \overline{F}(q_F^*)f(\theta_F^*)\frac{\mathrm{d}\theta_F^*}{\mathrm{d}q_F^*}\frac{\mathrm{d}q_F^*}{\mathrm{d}\lambda}}{\overline{F}^2(\theta_F^*)} > 0$$

所以，存在唯一的 λ 使得 $cq_F^* = \lambda w_F^* q_F^*$，定义此时的 λ 为 $\hat{\lambda}$，只有当 $\lambda > \hat{\lambda}$ 时，$cq_F^* < \lambda w_F^* q_F^*$ 才成立，当 $\lambda < \hat{\lambda}$，最优产量无法实现，供应商只能通过把批发价格限定在 $w_F^* = c/\lambda$ 方法控制产量以及相应的原料成本。证毕。

命题 3.9 中，当 $\lambda \leq \hat{\lambda}$ 时，供应商的最优批发价格为 c/λ，当融资比例过低时将会造成批发价格过高，导致零售商大幅降低订货量，从而此时的均衡结果失去意义。这是因为，参照命题 3.7，随着供应商批发价格 w_F 的增加零售商的订货量将会下降，从而引起违约临界值 θ_F 的减小，当 w_F 高到一定程度时，θ_F 将为 0，导致零售商根本不会采取 $w_F q_F > y$ 的订货策略，因此批发价格存在上限 $\overline{w_F}$，满足 $\overline{w_F} \overline{F}^{-1}(\overline{w_F}) = y$。这就意味着只有 λ 高于 $c/\overline{w_F}$，批发价格 c/λ 才能成为交易信用下的最优定价策略。基于此，假定供应商将会直接拒绝融资额度过低（$\lambda < c/\overline{w}$）的保理合同。从命题 3.9 可以看到，当 $\lambda > \hat{\lambda}$ 时，保理费率将会对供应商最优产量产生抑制作用，而类似于银行信贷融资的情形，零售商预付款会对最优产量产生促进作用。

λ 高于和低于 $\hat{\lambda}$ 时，q_F^*（以及相应的 θ_F^*）分别满足

$$\frac{[\overline{F}(\theta_F^*) - \lambda(r_F - r_B)][\overline{F}(q_F^*) - q_F^* f(q_F^*)]}{\overline{F}(\theta_F^*) - (\theta_F^* + y)f(\theta_F^*)} = c(1 + \overline{w_F}) \text{ 和 } \overline{F}(q_F^*) =$$

$\frac{c}{\lambda} \overline{F}\left(\frac{c}{\lambda} q_F^* - y\right)$。如性质 3.4 所述，在这两种情况下均能够证明供应商在保理融资下的最优产量 q_F^* 与银行信贷融资下的最优产量 q_B^* 的大小对比取决于生产成本的高低。

性质 3.4 存在唯一生产成本 c 使得 $w_F^* = w_B^*$、$q_F^* = q_B^*$，记该 c 值为 $c^\#$，则：当 $c > c^\#$ 时，恒有 $w_F^* > w_B^*$ 并且 $q_F^* < q_B^*$；当 $c < c^\#$ 时，恒有 $w_F^* < w_B^*$ 并且 $q_F^* > q_B^*$。

证明：(a) 当 $\lambda > \hat{\lambda}$ 时，根据零售商的反应函数，供应商在两种融资方式

下的最优生产量 q_B^* 和 q_F^* 可分别视为违约临界点 θ_B^*、θ_F^* 的函数，故可将 θ 视为供应商的决策变量。定义函数 $G_1(\theta) = \overline{F}(\theta) - \lambda(r_F - r_B)$；$G_2(\theta) = \overline{F}(\theta) - (1-\alpha)\theta f(\theta)$；$G_3(\theta) = \dfrac{c(1+r_B)}{\mathrm{d}\theta/\mathrm{d}q}$，则供应商的最优策略分别为曲线 $G_1(\theta)$ 和 $G_3(\theta)$ 的交点以及 $G_2(\theta)$ 和 $G_3(\theta)$ 的交点。分别对 $G_1(\theta)$ 和 $G_2(\theta)$ 关于 θ 求一阶和二阶导数得，$\dfrac{\mathrm{d}G_1(\theta)}{\mathrm{d}\theta} = -f(\theta)$；$\dfrac{\mathrm{d}G_2(\theta)}{\mathrm{d}\theta} = -f(\theta) + (1-\alpha)\theta h(\theta) f(\theta) - (1-\alpha)\overline{F}(\theta)\theta h'(\theta) - (1-\alpha)f(\theta)$。由于 $\theta h(\theta) \leq 1$，$\dfrac{\mathrm{d}G_2(\theta)}{\mathrm{d}\theta} < \dfrac{\mathrm{d}G_1(\theta)}{\mathrm{d}\theta} < 0$，且 $G_1(0) < G_2(0)$，可知 $G_1(\theta)$、$G_2(\theta)$ 单调递减且有唯一的交点。另外，$\dfrac{\mathrm{d}G_3(\theta)}{\mathrm{d}\theta} = -\dfrac{c(1+r_B)}{(\mathrm{d}\theta/\mathrm{d}q)^2}\dfrac{\mathrm{d}^2\theta}{\mathrm{d}q^2} > 0$，说明曲线 $G_3(\theta)$ 单调递增，与 $G_1(\theta)$、$G_2(\theta)$ 均有唯一交点。由于 $G_3(\theta)$ 随 c 的变化将上下平移，导致其与 $G_1(\theta)$、$G_2(\theta)$ 的交点也发生变化，且存在唯一的 c 使得三条曲线相交于同一点。定义此时的 c 为 $c^{\#}$，借助图形分析易得性质 3.4 的结论。

(b) 当 $\lambda \leq \hat{\lambda}$ 时，供应链在保理融资下的均衡策略满足 $q\overline{F}(q) = (\theta+y)\overline{F}(\theta)$ 以及 $w = c/\lambda$，即 $\dfrac{\overline{F}(q)}{\overline{F}(\theta)}\lambda = c$；而其在银行信贷融资下的均衡策略满足：$[\overline{F}(\theta) - (1-\alpha)\theta f(\theta)]\dfrac{\overline{F}(q) - qf(q)}{\overline{F}(\theta) - (\theta+y)f(\theta)} = c(1+r_B)$、$q\overline{F}(q) = (\theta+y)\overline{F}(\theta)$，即 $\dfrac{\overline{F}(q)}{\overline{F}(\theta)}\dfrac{1-qh(q)}{1-(\theta+y)h(\theta)}\dfrac{\overline{F}(\theta) - (1-\alpha)\theta f(\theta)}{1+r_B} = c$。参照命题 3.9 的证明，容易得出在两种融资方式下均有最优产量 q 随着 c 的增大而减小，而参照命题 3.7 的证明易得 $\dfrac{1-qh(q)}{1-(\theta+y)h(\theta)}$ 和 $\overline{F}(\theta) - (1-\alpha)\theta f(\theta)$ 关于 q 单调递减，从而 $\dfrac{1-qh(q)}{1-(\theta+y)h(\theta)}\dfrac{\overline{F}(\theta) - (1-\alpha)\theta f(\theta)}{1+r_B}$ 关于 c 单调递增，且在 c 取特定值时正好等于 λ，此时供应商在两种融资方式下的产

量相等，如果 c 大于该值，则 $\dfrac{\overline{F}(q_B^*)}{\overline{F}(\theta_B^*)} < \dfrac{\overline{F}(q_F^*)}{\overline{F}(\theta_F^*)}$，根据 $\left[\dfrac{\overline{F}(q)}{\overline{F}(\theta)}\right]' < 0$，易知 $q_B^* > q_F^*$，反之亦然。证毕。

由性质 3.4 及其证明可知，当生产成本较大时，两种融资方式下的均衡产量都处在相对较低的水平，且 $q_B^* > q_F^*$。由于两种均衡下供应商的边际成本相同，故边际收益也相同，说明保理融资能够使供应商在更低的产量水平下实现均衡，相对于信贷融资具有比较优势；反之，当生产成本较小时，两种融资方式下的均衡产量都处在较高水平，且 $q_F^* > q_B^*$，说明信贷融资能够使供应商以更小的产量实现与保理融资相同的边际收益，更具比较优势。

3. 供应商应用保理融资的条件分析

上文得出了供应商不保理及保理时的最优运营策略，从均衡条件的形式上看，采取信贷融资时需要承担管理效率不足的后果，而采取保理融资时则需要负担更高的融资利息率，因此供应商融资策略的选择实际上是融资成本和应收账款管理效率的权衡。根据命题 3.9，当 $\lambda \leq \hat{\lambda}$ 时，$\lambda w_F^* = c$，q_F^* 与 r_F 无关，容易得到 Π_F^* 是 r_F 的减函数；若 $\lambda > \hat{\lambda}$，$\dfrac{\mathrm{d}\Pi_F^*}{\mathrm{d}r_F} = \overline{F}(\theta_F^*)\dfrac{\mathrm{d}\theta_F^*}{\mathrm{d}q_F^*}\dfrac{\mathrm{d}q_F^*}{\mathrm{d}r_F} - \lambda\dfrac{\mathrm{d}\theta_F^*}{\mathrm{d}q_F^*}$ $\dfrac{\mathrm{d}q_F^*}{\mathrm{d}r_F}(r_F - r_B) - \lambda(\theta_F^* + y) - c(1 + r_B)\dfrac{\mathrm{d}q_F^*}{\mathrm{d}r_F} + y$，根据供应商的均衡条件以及 $\lambda w_F q_F > y$ 也可得 $\mathrm{d}\Pi_F^*/\mathrm{d}r_F < 0$。说明供应商在保理下的期望收益会随着保理商无风险收益率的提高而降低。同时，$\mathrm{d}\Pi_B^*/\mathrm{d}\alpha = \int_0^{\theta_B^*} \overline{F}(\xi)\mathrm{d}\xi - \theta_B^* \overline{F}(\theta_B^*) + \alpha\overline{F}(\theta_B^*)\dfrac{\mathrm{d}\theta_B^*}{\mathrm{d}q_B^*}\dfrac{\mathrm{d}q_B^*}{\mathrm{d}\alpha} + (1-\alpha)\left[\overline{F}(\theta_B^*) - \theta_B^* f(\theta_B^*)\right]\dfrac{\mathrm{d}\theta_B^*}{\mathrm{d}q_B^*}\dfrac{\mathrm{d}q_B^*}{\mathrm{d}\alpha} - c(1 + r_B)\mathrm{d}q_B^*/\mathrm{d}\alpha > 0$，说明供应商在信贷融资下收益水平随应收账款管理效率的提高而提高。这样，当适当的保理商无风险收益率使得供应商在保理融资下的收益高于信贷融资下收益的最低水平（$\alpha = 0$）时，如命题 3.10 所述，均衡策略将由供应商的应收账款管理效率决定。

命题 3.10 保理商无风险收益率存在阈值 $\overline{\overline{r}}_F$，使得 $r_F = \overline{\overline{r}}_F$ 时，$\Pi_F^{S*}(q_F^*, \theta_F^*) = \Pi_B^{S*}(q_B^*, \theta_B^* \mid \alpha = 0)$，从而有：（ⅰ）当 $r_F > \overline{\overline{r}}_F$ 时，供应商不会选择保

理融资；（ⅱ）当 $r_B<r_F<\bar{r}_F$ 时，如果 $\alpha>\hat{\alpha}$，则供应商选择银行信贷融资，否则选择保理融资。其中 $\hat{\alpha}$ 使得 $\Pi_F^{S*}(q_F^*,\theta_F^*)=\Pi_B^{S*}(q_B^*,\theta_B^*)$。

命题3.10给出了判断保理融资费率与供应商应收账款管理效率相对高低的量化准则，明确了供应商为了减少应收账款回收损失所愿意承担的费用，两种融资策略的临界条件由 $\hat{\alpha}$ 给出。理论上，保理合同条款、金融市场竞争程度以及生产成本都会引起 $\hat{\alpha}$ 的变化，性质3.5和性质3.6给出了 $\hat{\alpha}$ 随这些因素的变动情况。

性质3.5 当 $\lambda>\hat{\lambda}$ 时，对于给定的 r_F，$\hat{\alpha}$ 随 λ 增大而减小、随 r_B 的增大而增大；$\hat{\alpha}$ 随 c 的变化取决于 q_F^* 与 q_B^* 的相对大小，当 $q_F^*>q_B^*$ 时，$\hat{\alpha}$ 随 c 的增大而减小，否则，$\hat{\alpha}$ 随 c 的增大而增大。

证明：由于 $\dfrac{d\Pi_F^*-d\Pi_B^*}{d\lambda}=[\bar{F}(\theta_F^*)-\lambda(r_F-r_B)]\dfrac{d\theta_F^*}{dq_F^*}\dfrac{dq_F^*}{d\lambda}-(\theta_F^*+y)(r_F-r_B)-c(1+r_B)\dfrac{dq_F^*}{d\lambda}-0=-(\theta_F^*+y)(r_F-r_B)<0$。当 λ 增大时，$\Pi_F^{S*}<\Pi_B^{S*}$，从而 $\hat{\alpha}$ 将会减小。类似地，$\dfrac{d\Pi_F^*-d\Pi_B^*}{dr_B}=(\lambda w_F^*q_F^*-cq_F^*)+(cq_B^*-y)>0$，当 r_B 增大时，$\Pi_F^*>\Pi_B^*$，从而 $\hat{\alpha}$ 将会增大。由于 $\dfrac{d\Pi_F^*-d\Pi_B^*}{dc}=(-q_F^*+q_B^*)(1+r_B)$ 的符号取决于 q_F^* 和 q_B^* 的相对大小，$\hat{\alpha}$ 会在 $q_F^*>q_B^*$ 时随 c 的增大而减小，会在 $q_F^*<q_B^*$ 时随 c 的增大而增大。证毕。

当保理融资比例 λ 增大时 $\hat{\alpha}$ 减小，说明融资额度增多反而会降低保理融资对供应商的吸引力，这一结论似乎有悖于常理。事实上，融资比例高对供应链选择保理融资确实是有促进作用的，因为只有融资额度达到一定水平时供应商才能实现最优的生产量。然而，当保理融资额度超出所需，供应商就要为此承担额外成本，并且超出越多承担的成本越大，反而不利于供应商选择保理融资。r_B 增大时，供应商进行银行信贷融资的成本提高，进行保理融资的利息收益增加，从而有利于保理融资成为均衡融资策略。当 $q_F^*>q_B^*$ 时，c 增大将导致 $\hat{\alpha}$ 减小，直观的解释是由于保理融资下的产量更高，导致总成本更大，削弱了其相对于银行信贷融资的竞争力。如果结合性质3.4，$q_F^* > q_B^*$ 意味着均衡策略处于银行信贷融资具有比较优势的产量区间，虽然成本的增大会同时减少两种融资方式下的供应商的期望收益，但受影响较大的必然是处于相对劣势的保理融资。同理，可以解释 $q_F^* < q_B^*$ 的情形。

性质 3.6 当 $\lambda \leq \hat{\lambda}$ 时，对于给定的 r_F，$\hat{\alpha}$ 随 λ 以及 r_B 的增大而增大。$\hat{\alpha}$ 随 c 的变化与 q_F^* 与 q_B^* 的相对大小有关，当 $q_F^* > q_B^*$ 时，$\hat{\alpha}$ 随 c 的增大而减小；当 $q_F^* < q_B^*$ 时，$\hat{\alpha}$ 随 c 的变化情况由多因素共同决定。

证明：在 $\lambda w_F q_F = c q_F$ 处，$\Pi_F = \int_0^{\theta_F} \overline{F}(\xi) \mathrm{d}\xi - (\lambda \theta_F + \lambda y)(r_F - r_B) + y(1 + r_F) - c q_F(1 + r_B) = \int_0^{\theta_F} \overline{F}(\xi) \mathrm{d}\xi - c q_F(1 + r_F)$，从而得 $\mathrm{d}\Pi_F/\mathrm{d}q_F = -c(1 + r_B) + [\overline{F}(\theta_F) - \lambda(r_F - r_B)] \dfrac{\mathrm{d}\theta_F}{\mathrm{d}q_F} = \overline{F}(\theta_F) \dfrac{\mathrm{d}\theta_F}{\mathrm{d}q_F} - c q_F(1 + r_F)$。根据命题3.9的证明，当 $\lambda > \hat{\lambda}$ 时，满足均衡条件的 q_F^* 小于边界点（即 $w_F^* = c/\lambda$ 对应的最优产量），而 $\lambda \leq \hat{\lambda}$ 时，q_F^* 大于边界点，说明在边界点处 $\mathrm{d}\Pi_F/\mathrm{d}q_F > 0$。

计算两种融资方式下供应商期望收益差关于 λ 的导数，有 $\dfrac{\mathrm{d}\Pi_F^* - \mathrm{d}\Pi_B^*}{\mathrm{d}\lambda} = \overline{F}(\theta_F^*) \dfrac{\mathrm{d}\theta_F^*}{\mathrm{d}q_F^*} \dfrac{\mathrm{d}q_F^*}{\mathrm{d}\lambda} - c(1 + r_F) \dfrac{\mathrm{d}q_F^*}{\mathrm{d}\lambda}$，其中，由 $w_F^* = \dfrac{c}{\lambda}$ 和 $\dfrac{\mathrm{d}q_F^*}{\mathrm{d}w_F^*} < 0$ 可知 $\dfrac{\mathrm{d}q_F^*}{\mathrm{d}\lambda} > 0$，因而 $\dfrac{\mathrm{d}\Pi_F^{S*} - \mathrm{d}\Pi_B^{S*}}{\mathrm{d}\lambda} > 0$。另外，易知 $\dfrac{\mathrm{d}\Pi_F^{S*} - \mathrm{d}\Pi_B^{S*}}{\mathrm{d}r_B} = 0 + (c q_B^* - y) > 0$。$\dfrac{\mathrm{d}\Pi_F^{S*} - \mathrm{d}\Pi_B^{S*}}{\mathrm{d}c} = \underbrace{\left\{[\overline{F}(\theta_F^*) - \lambda(r_F - r_B)] \dfrac{\mathrm{d}\theta_F^*}{\mathrm{d}q_F^*} - c(1 + r_B)\right\} \dfrac{\mathrm{d}q_F^*}{\mathrm{d}c}}_{②} - q_F^*(1 + r_B) + q_B^*(1 + r_B)$，其中，由 $w_F^* = \dfrac{c}{\lambda}$ 和 $\dfrac{\mathrm{d}q_F^*}{\mathrm{d}w_F^*} < 0$ 可知 $\dfrac{\mathrm{d}q_F^*}{\mathrm{d}c} < 0$，从而有 ② < 0，因此，当 $q_F^* > q_B^*$ 时，$\dfrac{\mathrm{d}\Pi_F^{S*} - \mathrm{d}\Pi_B^{S*}}{\mathrm{d}c} < 0$，即 $\hat{\alpha}$ 将会减小；而当 $q_F^* < q_B^*$ 时，$\hat{\alpha}$ 的变化由影响②的众多因素共同确定。证毕。

当 $\lambda \leq \hat{\lambda}$ 时，供应商能够实现对保理融资的完全利用，不存在为超量融资承担额外费用的现象,因此随着 λ 增大,保理融资相对于信贷融资的优势增强,从而 $\hat{\alpha}$ 增大。r_B 增大时,供应商进行信贷融资的成本提高,虽然保理融资下的收益不变,$\hat{\alpha}$ 仍需要增大,且可以判定此时 $\hat{\alpha}$ 提高的幅度小于 $\lambda > \bar{\lambda}$ 的情形。类似于 $\lambda > \bar{\lambda}$ 时,若 $q_F^* > q_B^*$,c 增大将导致 $\hat{\alpha}$ 减小。然而 $q_F^* < q_B^*$ 时,两种融资方式对供应商收益的影响呈现出不确定性。从证明中可以看到,引起这种不确定性的因素为②项,该项体现了生产成本提高后,由于订货量减少而引起的边际收益高出边际成本部分 $\{$即 $[\overline{F}(\theta_F^*) - \lambda(r_F - r_B)] \mathrm{d}\theta_F^*/\mathrm{d}q_F^* - c(1+r_B)\}$的损失。所以,尽管信贷融资处于比较劣势,但保理融资所承担的额外损失会使其竞争力减弱,从而导致供应商对两种融资方式的选择要依据多因素的权衡。

(三) 保理融资对供应链整体绩效的影响

类似于本章第三节第二小节考虑保理商追索权的情形,在存在零售商预付款的情景下,容易验证不保理时零售商的期望利润随着供应商应收账款管理效率的提高而提高。结合命题3.10可以得到保理融资对供应链整体绩效的影响,命题3.11以 $\lambda > \bar{\lambda}$ 的情况为例阐述了相关结论。

命题3.11 当保理商要求的无风险收益率处于合适水平时,定义使得零售商在保理下的期望利润与信贷融资相等的 α 为 $\tilde{\alpha}$,则有,在 $\tilde{\alpha}$ 和 $\hat{\alpha}$ 之间存在唯一的 α_L 使得供应链的总利润与不保理时相等,且只有 $\alpha < \alpha_L$ 时保理融资才能促进供应链整体绩效的提高。

显然,命题3.11的经济含义可类比于命题3.6加以分析,故此处不再赘述。值得注意的是,由于本节在建模过程中假定零售商的付款行为不受供应商不同融资方式的影响,因此,零售商在信贷融资与保理融资下获得相同利润的情况必然发生在两种融资方式下供应链的产出水平相同的时候。这就意味着,当 $\alpha_L < \tilde{\alpha}$ 时,只要供应商管理应收账款的能力相对较强,信贷融资就有机会在较低的总产出水平下获得与保理融资相当的总绩效,此时保理融资的竞争力大大降低。相应地,当 $\alpha_L > \tilde{\alpha}$ 时,即便供应商的应收账款管理能力较强使得信贷融资成为占优策略,在与保理融资获得相同总绩效时,信贷融资实际上消耗了更多的资源。

(四) 数值算例

假设某商品市场需求服从 $[0, 50]$ 上的均匀分布,零售商的预付款为 $y=5$,图 3-5 分别基于三种情形:(a) $\lambda=0.8$、$c=0.6$;(b) $r_B=0.1$、$c=0.6$;(c) $\lambda=0.8$、$r_B=0.1$,给出了供应商采取两种融资策略的分界线 $\hat{\alpha}(r_F)$ 随 r_B、λ 和 c 的移动情况。

根据图 3-5 中曲线 $\hat{\alpha}(r_F)$ 是供应商选择两种融资方式的分界线,曲线上方选择信贷融资,曲线下方选择保理融资。由于所有 $\hat{\alpha}(r_F)$ 均向下倾斜,说明保理融资成本增加时,供应商能够选择这种融资方式的前提是其应收账款管理效率非常低。

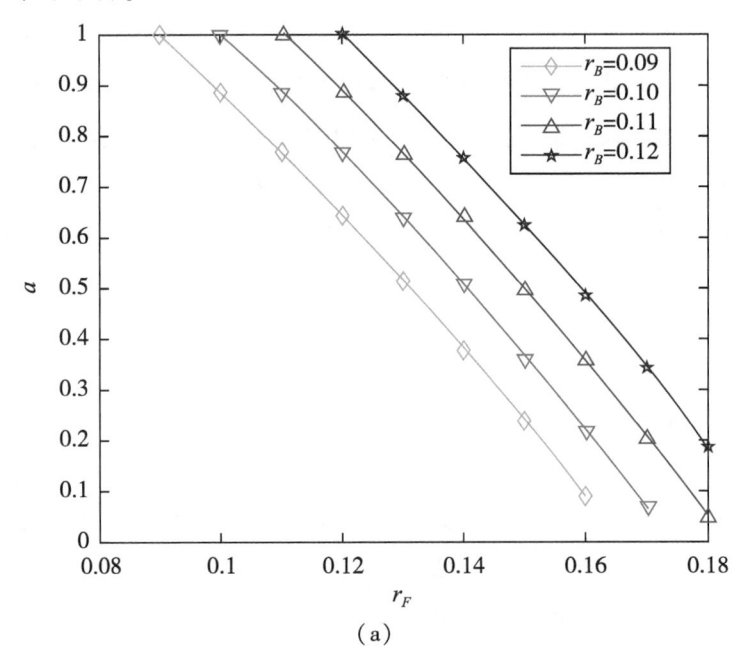

(a)

(b)

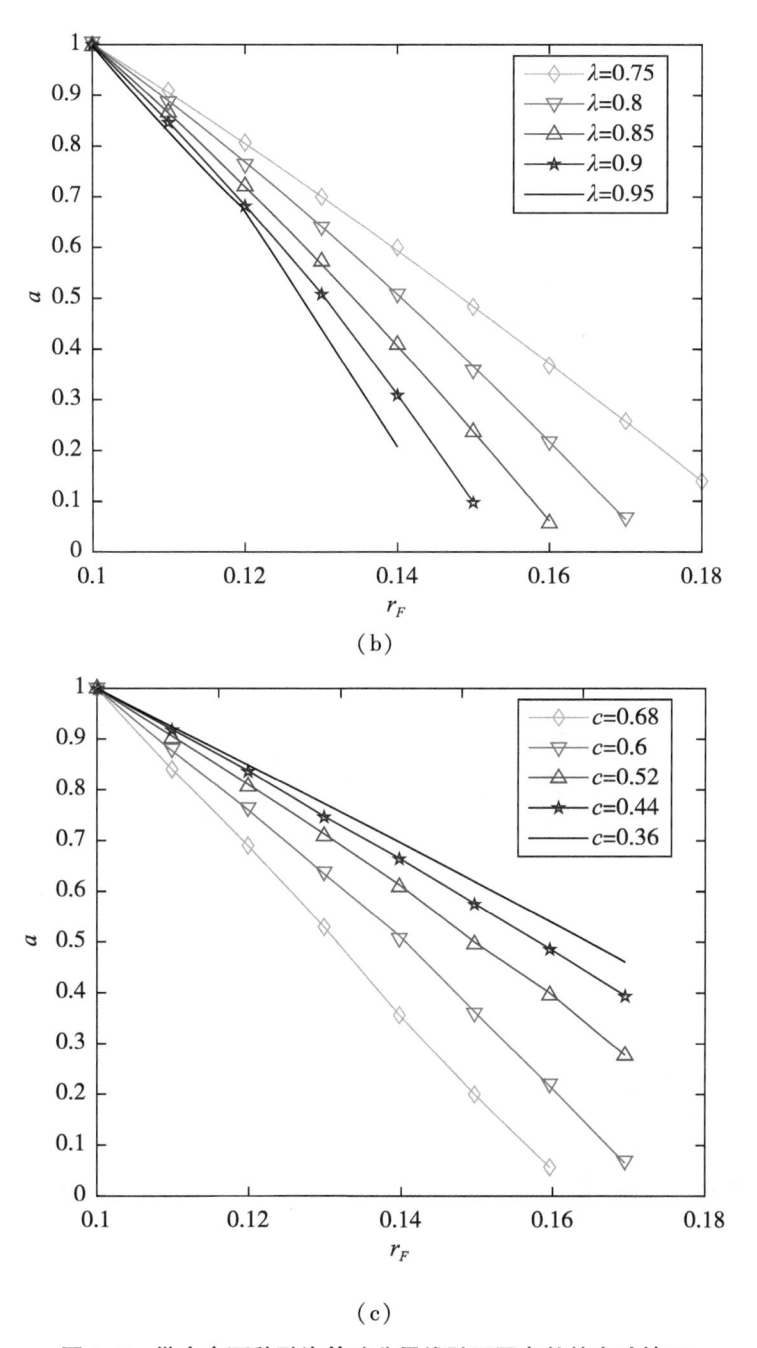

(c)

图 3-5 供应商两种融资策略分界线随不同参数的变动情况

由图 3-5（a）可知，随着银行无风险收益率 r_B 的提高，$\hat{\alpha}(r_F)$ 平行向右上方移动,说明供应商选择信贷融资的概率降低,且在 r_F 取不同水平时,$\hat{\alpha}(r_F)$ 对 r_B 的灵敏度几乎是相同的。根据图3-5(b),λ 的增大总会降低保理融资的优势,$\hat{\alpha}(r_F)$ 对 λ 的灵敏度在 r_F 较小时弱而在 r_F 较大时强,且 r_F 较大时 λ 越小 $\hat{\alpha}(r_F)$ 对变动越敏感。这就意味着当保理费较高且融资比例较低时,保理商通过适当降低融资比例能够给供应商带来更大的利益增长,使得保理更有机会成为占优的融资方式。如图3-5(c)所示,说明 c 的变化对供应商融资策略的总体影响与 λ 相同,而除个别情况外,$\hat{\alpha}(r_F)$ 在 r_F 较大时对 c 变化的灵敏度与 λ 正好相反,意味着当保理费率较高且生产成本较高时,供应商如果适当压低生产成本则更易使保理融资成为占优策略。

四、本章小结

基于保理商采取不同事后风险控制措施时形成的两个典型情景,本章重点研究折扣转让保理下供应链成员企业的最优赊销策略。首先,在保理商相对于供应商更具应收账款管理优势的前提下,分别构建了不保理、有追索权保理、无追索权保理三种融资安排下供应商与零售商之间的斯塔克伯格博弈模型。通过三者对比,分析了保理融资对供应链的监控效应、融资效应和担保效应,并在此基础上得到了供应商选择保理融资与否以及保理形式的条件。其次,建立了包含零售商预付款的批发价格契约模型,在供应商最优批发价格策略与零售商最优订货量策略的基础上,得出只有当预付款的数额低于一定水平并且融资成本相对较低时,供应商才会有融资需求。进一步证明了供应商会在自身的应收账款管理效率相对较低或保理费率相对不高时选择保理融资,否则将会选择信贷融资途径。最后,讨论了影响供应商均衡融资策略的主要因素。

第四章
额度授信模式下供应链保理融资与赊销策略

本章在考虑买方资信水平、破产成本两种情景下，通过构建保理商与供应商之间的斯塔克伯格博弈模型，研究保理商的最优授信额度以及相应的供应商的最优赊销数量策略。从而探讨了双方如何根据不同的买方资信、破产成本水平以及保理费率选择不同的最优策略。

一、问题描述及模型假设

考虑一条由单个供应商、单个零售商和单个保理商构成的广义供应链。供应商选定目标客户（零售商）以后，向保理商提交保理授信申请。保理商在充分考虑风险与收益的前提下，核定针对该零售商的授信额度 L，并承诺在额度内提供买方信用担保。供应商进而在 L 下确定赊销量 q_F。至销售期末时，零售商的销售收入依次偿还保理商和供应商，如有剩余则作为自身收益。

在批发价格 w_F 外生的情况下，由 q_F 决定的应收账款规模 $w_F q_F$ 与 L 的对比情况实际上决定了供应商策略的风险性。例如，当 $w_F q_F < L$ 时，供应商在授信额度内进行赊销，能够获得确定性收益；反之，当 $w_F q_F > L$ 时，由于赊销规模超出了保理商的担保限度，供应商需要对超出部分自行承担风险。实践中，不同风险性的策略在不同情景下会表现出各自的优势，需要供应商结合具体背景选择最合适的策略。本章将分别在考虑买方资信水平及破产成本两种典型情景下，研究供应商的最优策略，以及保理商如何根据对供应商策略的预测合理的确定授信额度。

在下文的优化模型中，仍用下角标 F 表示保理融资，用下角标 1，2，3 分别表示供应商采取保守型、稳健型和冒险型的赊销策略。为了保证优化模型的简洁性和可求解性，获得具有实践意义的研究结论，本章在如下假设下进行研究。

（1）保理商提前收取保理费率，实际的授信额度为$\frac{L}{1+r_F}$。

（2）随机需求具有 log-concave 性质，即 $\ln f(\xi)$ 为关于 ξ 的凹函数。巴尼奥利（2005）对满足这一性质的分布进行了验证，得出正态分布、对数分布、均匀分布等常见分布均符合这一性质，而其他的典型分布，如韦伯分布，如果参数在某个区间取值也满足该性质[138]。邓布根等（2017）对具有 log-concave 性质的随机分布及其性质进行了深入研究，如果随机变量 ξ 的分布满足 log-concave 条件，则 $\left[\frac{f'(\xi)}{f(\xi)}\right]' \leq 0$ 且 $\frac{f'(\xi)}{f(\xi)} \leq \frac{f(\xi)}{F(\xi)}$ [139]。

二、考虑买方资信水平时供应链保理融资与赊销策略

零售商的资信水平是决定其是否能够履行付款义务的核心要素，因此各大金融机构都十分重视对客户资信水平的评估。特别是 20 世纪 80 年代以后，金融理论及计量技术的发展促进了现代信用风险量化模型的不断发展，国际上一些大的金融机构均已开发出各自的信用风险评估体系，如 KMV 公司的预期违约率模型、JP 摩根的信用度量术模型（credit metrics）、瑞士信贷银行的信用风险附加模型（creditrisk+）。通过这些模型可以推算债务人的偿债能力和偿债意愿。基于以上先进的技术手段，保理商得以准确评估特定零售商的资信水平为授信决策提供依据。为了将零售商的资信水平作为参量加入保理商的目标函数，本章用能够承受的最大损失（记为 A）来刻画零售商的资信水平。具体内涵是：当市场需求状况较差、销售收入不足以抵偿应付账款时，零售商根据损失值（销售收入低于应付账款的数量）的大小决定是否违约，即只有损失值超过某一阈值（A）时才会选择违约。A 越大，则零售商还款可能性越大，表示零售商的资信水平越高，反之亦然。

本节在考虑零售商资信水平的前提下，研究保理商如何确定最优的授信额度，供应商如何在授信额度下确定最优的赊销数量。为了保证模型均衡解

的存在性并避免重复工作，本节另外加入两个假设条件：①供应商的成本加成率高于保理商 $\left[\dfrac{w}{c(1+r_B)}>\dfrac{1+r_F}{1+r_{F0}}\right.$，其中 r_{F0} 为保理商的资金成本$]$。②供应商自有资金 V 大于零售商能够承担的最大损失 A。在模型求解中这两个数值的大小直接影响供应商及保理商期望利润函数的表达式，从而影响均衡解的形式，V 过低将导致双方博弈结果中出现融资比例为 100% 或 0 的极端情况，不具有代表性，因此仅考虑 V 较大的情形。

（一）供应商的最优赊销量决策

作为斯塔克伯格博弈的追随者，供应商在了解保理商为特定零售商核定的授信额度 L 后决策赊销量。由于零售商以 A 为限承担损失，供应商能够采取的赊销策略可划分为三种类型——保守型（$w_F q_F \leq L$）、稳健型（$L \leq w_F q_F \leq L+A$）、冒险型（$w_F q_F \geq L+A$ 且 $cq_F \leq \dfrac{L}{1+r_F}+V$）。显然，采取保守型策略时，应收账款的总额度低于授信额度，由于保理商在授信额度内对应收账款进行担保，相当于供应商在销售期尚未开始时就已经实现了确定的销售收入，其中要扣除支付给保理商的融资费用。在稳健型和冒险型策略下供应商的期末收益都是不确定的，二者的根本区别在于 $\dfrac{w_F q_F - A}{p}$ 与 $\dfrac{L}{p}$ 的比较，含义为零售商被迫违约时销售收入是否足以偿还保理商的前期授信。冒险型策略对应的违约阈值更高、风险也更大。用 Π_{F1}、Π_{F2}、Π_{F3} 分别表示供应商采取保守型、稳健型和冒险型策略时的期望利润。则有：

$$\Pi_{F1} = \left(\dfrac{w_F q_F}{1+r_F} - cq_F\right)(1+r_B), \quad q_F \leq \dfrac{L}{w_F} \qquad (4-1)$$

$$\Pi_{F2} = \int_{\frac{w_F q_F - A}{p}}^{\infty} (w_F q_F - L) \mathrm{d}F(\xi) - (1+r_B)\left(cq_F - \dfrac{L}{1+r_F}\right), \quad \dfrac{L}{w_F} \leq q_F \leq \dfrac{L+A}{w_F} \qquad (4-2)$$

$$\Pi_{F3} = \int_{\frac{L}{p}}^{\frac{w_F q_F - A}{p}} (p\xi - L) \mathrm{d}F(\xi) + \int_{\frac{w_F q_F - A}{p}}^{\infty} (w_F q_F - L) \mathrm{d}F(\xi) - (1+r_B)\left(cq_F - \dfrac{L}{1+r_F}\right), \quad \dfrac{L+A}{w} \leq q \leq \dfrac{L+V(1+r_F)}{c(1+r_F)} \qquad (4-3)$$

命题 4.1 供应商采取稳健型及冒险型策略时,期望利润都是单峰函数,最优赊销数量 q_{F2}^* 和 q_{F3}^* 分别满足 $\overline{F}\left(\frac{w_F q_{F2}^*-A}{p}\right)\left[1-\frac{w_F q_{F2}^*-L}{p}h\left(\frac{w_F q_{F2}^*-A}{p}\right)\right]=\frac{c(1+r_B)}{w_F}$ 和 $\overline{F}\left(\frac{w_F q_{F3}^*-A}{p}\right)\left[1-\frac{A}{p}h\left(\frac{w_F q_{F3}^*-A}{p}\right)\right]=\frac{c(1+r_B)}{w_F}$;$q_{F2}^*$ 随授信额度 L 和最大损失 A 的增大而增大;q_{F3}^* 不随授信额度 L 变化,但随着最大损失 A 的增大而增大、减小或保持不变,具体变化由 $f'\left(\frac{w_F q_{F3}^*-A}{p}\right)$ 大于、小于或等于 0 决定。

证明:(1) 当供应商采取稳健型策略时,易于计算:$\frac{d\Pi_{F2}}{dq_F}=-c(1+r_B)+w_F\overline{F}\left(\frac{w_F q_F-A}{p}\right)\left[1-\frac{w_F q_F-L}{p}h\left(\frac{w_F q_F-A}{p}\right)\right]$;$\frac{d^2(\Pi_{F2})}{d(q_F)^2}=-f\left(\frac{w_F q_F-A}{p}\right)\times\frac{w_F^2}{p}\left[1-\frac{w_F q_F-L}{p}h\left(\frac{w_F q_F-A}{p}\right)\right]-w_F\overline{F}\left(\frac{w_F q_F-A}{p}\right)\frac{w_F q_F-L}{p}h'\left(\frac{w_F q_F-A}{p}\right)\frac{w_F}{p}$。

对于任意给定的 A 和 L,定义 $\tilde{q}_F$ 满足 $\frac{w_F\tilde{q}_F-L}{p}h\left(\frac{w\tilde{q}_F-A}{p}\right)=1$。当 $q_F<\tilde{q}_F$ 时,$1-\frac{w_F q_F-L}{p}h\left(\frac{w_F q_F-A}{p}\right)>0$,于是 $\frac{d^2(\Pi_{F2})}{d(q_F)^2}<0$,故 Π_{F2} 为关于 q_F 的凹函数;当 $q_F\geq\tilde{q}_F$ 时,$\frac{d\Pi_{F2}}{dq_F}\leq 0$,$\Pi_{F2}$ 单调递减。定义 q_{F2}^* 满足 $w\overline{F}\left(\frac{w_F q_{F2}^*-A}{p}\right)\left[1-\frac{w_F q_{F2}^*-L}{p}h\left(\frac{w_F q_{F2}^*-A}{p}\right)\right]-c(1+r_B)=0$,显然,$q_{F2}^*\leq\tilde{q}_F$,所以供应商的期望收益为单峰函数,峰值点为 q_{F2}^*。

类似地,q_{F3}^* 满足条件 $w_F\overline{F}\left(\frac{w_F q_{F3}^*-A}{p}\right)\left[1-\frac{A}{p}h\left(\frac{w_F q_{F3}^*-A}{p}\right)\right]-c(1+r_B)=0$。

(2) 由隐函数求导法则:$\frac{dq_{F2}^*}{dL}=1/\left[w_F\frac{w_F q_{F2}^*-L}{p}\frac{h'\left(\frac{w_F q_{F2}^*-A}{p}\right)}{h\left(\frac{w_F q_{F2}^*-A}{p}\right)}+w_F+\right.$

$$\left. \frac{c(1+r_B)}{\overline{F}\left(\frac{w_F q_{F2}^*-A}{p}\right)}\right]>0;\ \frac{\mathrm{d}q_m^*}{\mathrm{d}A}=\frac{1}{w_F}\frac{f\left(\frac{w_F q_{F2}^*-A}{p}\right)+\frac{w_F q_{F2}^*-L}{p}f'\left(\frac{w_F q_{F2}^*-A}{p}\right)}{2f\left(\frac{w_F q_{F2}^*-A}{p}\right)+\frac{w_F q_{F2}^*-L}{p}f'\left(\frac{w_F q_{F2}^*-A}{p}\right)}>0\ \frac{\mathrm{d}q_{F3}^*}{\mathrm{d}A}=\frac{1}{w_F}$$

$$\frac{\frac{A}{p}f'\left(\frac{w_F q_{F3}^*-A}{p}\right)}{f\left(\frac{w_F q_{F3}^*-A}{p}\right)+\frac{A}{p}f'\left(\frac{w_F q_{F3}^*-A}{p}\right)}。\ 其中,\ \frac{w_F q_{F2}^*-L}{p}f'\left(\frac{w_F q_{F2}^*-A}{p}\right)+f\left(\frac{w_F q_{F2}^*-A}{p}\right)>0\ 的原$$

因是：由一阶条件可知 $1>\frac{w_F q_{F2}^*-L}{p}h\left(\frac{w_F q_{F2}^*-A}{p}\right)$，而 $h(\cdot)+\frac{f'(\cdot)}{f(\cdot)}>0$。同

理，$f\left(\frac{w_F q_{F3}^*-A}{p}\right)+\frac{A}{p}f'\left(\frac{w_F q_{F3}^*-A}{p}\right)>0$。所以，$q_{F2}^*$ 随着授信额度 L、最大损失 A

的增大而增大；q_{F3}^* 随 A 的变化取决于 $f'\left(\frac{w_F q_{F3}^*-A}{p}\right)$ 的符号。证毕。

从 q_{F2}^* 与 q_{F3}^* 的形式上不难发现，两种策略对应的极值点的主要区别在于均衡条件中 $h\left(\frac{w_F q_F-A}{p}\right)$ 的系数不同，说明供应商采取稳健型策略时，边际收益随着赊销数量递减的速度小于冒险型，收益曲线的形态更加平滑。这是因为冒险型策略大大提高了零售商的违约阈值，虽然会使得供应商有机会获得高收益，但同时债务人违约的概率也随之增大，导致期望收益的波动幅度更大，该结果恰恰反映了冒险型策略的投机性特征。另外，采取稳健型策略时供应商的赊销决策同授信额度正向相关，反映了供应商对融入资金的充分利用；而在供应商的冒险型策略占优的前提下，应收账款的规模不受授信额度的影响，这是因为此时违约阈值 $\frac{w_F q_F-A}{p}\geqslant\frac{L}{p}$，保理商的期望收益仅与 L 有关且存在唯一的均衡策略，作为下层的供应商也没有随 L 调整策略的可能。

对于采取稳健型策略的供应商，零售商的资信水平越高则赊销数量越大，这与常理相符。然而，当采取冒险型策略时，随着零售商资信水平的提高，供应商的最优反应则与市场需求的分布特征相关。假设 q_{F3}^* 不变，如果 A 增大，若 $f'\left(\frac{w_F q_{F3}^*-A}{p}\right)>0$，边际收益 $w_F \overline{F}\left(\frac{w_F q_{F3}^*-A}{p}\right)-w_F \frac{A}{p}f\left(\frac{w_F q_{F3}^*-A}{p}\right)$ 随之增大，

而边际成本不变，为了重新获得均衡 q_{F3}^* 必然增大；相反，当 $f'\left(\dfrac{w_F q_{F3}^* - A}{p}\right) < 0$ 时，边际收益随着 A 的增大而减小，为了重新获得均衡，q_{F3}^* 需要减小。事实上，以单峰分布为例，$f'\left(\dfrac{w_F q_{F3}^* - A}{p}\right) > 0$ 通常意味着 $\overline{F}\left(\dfrac{w_F q_{F3}^* - A}{p}\right)$ 较大，违约的风险相对较小，供应商为追求效益最大化，在根据零售商资信水平调整策略时必须结合市场风险情况做出决策。

q_{F2}^* 和 q_{F3}^* 分别对应供应商期望收益曲线的极值点，然而，受到每种策略定义域的限制，供应商的最优决策取决于保理商的授信额度。当给定授信额度时，供应商采取某种策略时的实际行动将随之确定，即可判断某一策略相较于其他策略的优劣。

首先，通过式（4-1）知 $\dfrac{\mathrm{d}\Pi_{F1}}{\mathrm{d}q_F} > 0$，即采取保守型策略时，供应商的期望利润关于 q_F 单调递增，且在整个定义域内供应商的期望利润是关于 q_F 的连续函数，因此对供应商而言保守型策略总是劣于稳健型策略。

另外，由命题 4.1 可知，供应商采取稳健型策略时，期望收益曲线的峰值点满足一阶条件 $\overline{F}\left(\dfrac{w_F q_{F2}^* - A}{p}\right)\left[1 - \dfrac{w_F q_{F2}^* - L}{p} h\left(\dfrac{w_F q_{F2}^* - A}{p}\right)\right] = \dfrac{c(1+r_B)}{w_F}$，因此在 $\dfrac{L}{w_F} \leq q_F \leq \dfrac{L+A}{w_F}$ 的约束下，供应商的最优赊销数量为 $\min\left[\max\left(\dfrac{L}{w_F}, q_{F2}^*\right), \dfrac{L+A}{w_F}\right]$。定义 L_2^-、L_2^+ 分别满足 $\overline{F}\left(\dfrac{L_2^-}{p}\right)\left[1 - \dfrac{A}{p} h\left(\dfrac{L_2^-}{p}\right)\right] = \dfrac{c(1+r_B)}{w_F}$ 及 $\overline{F}\left(\dfrac{L_2^+ - A}{p}\right) = \dfrac{c(1+r_B)}{w_F}$，显然 $L_2^- \leq L_2^+$。当 $L \leq L_2^-$ 时，恒有 $\dfrac{\mathrm{d}\Pi_{F2}}{\mathrm{d}q_F} \geq 0$；当 $L \geq L_2^+$ 时，恒有 $\dfrac{\mathrm{d}\Pi_{F2}}{\mathrm{d}q_F} \leq 0$。因此，根据保理商提供的授信额度 L，供应商采取稳健型策略时最佳的赊销量可以表示为式（4-4）。

$$\mathrm{argmax}\left(\Pi_{F2}\big|_{\frac{L}{w_F} \leq q_F \leq \frac{L+A}{w_F}}\right) = \begin{cases} \dfrac{L+A}{w_F} & L \leq L_2^- \\ q_{F2}^* & L_2^- \leq L \leq L_2^+ \\ \dfrac{L}{w_F} & L_2^+ \leq L \end{cases} \quad (4\text{-}4)$$

同样，冒险型策略对应的临界授信额度 L_3^-、L_3^+ 分别满足 $\frac{c(1+r_B)}{w_F}=$
$\overline{F}\left\{\frac{w_F[L_3^-+V(1+r_F)]-Ac(1+r_F)}{pc(1+r_F)}\right\}\left\{1-\frac{A}{p}h\left(\frac{w_F[L_3^-+V(1+r_F)]-Ac(1+r_F)}{pc(1+r_F)}\right)\right\}$ 以及 $\overline{F}$
$\left(\frac{L_3^+}{p}\right)\left[1-\frac{A}{p}h\left(\frac{L_3^+}{p}\right)\right]=\frac{c(1+r_B)}{w_F}$。易知，各个临界点满足 $L_3^-<L_3^+=L_2^-<L_2^+$。类似于对稳健型策略的分析，使得 Π_{F3} 最大的赊销数量可能为 $\frac{L+A}{w_F}$、q_{F3}^* 或 $\frac{L+V(1+r_F)}{c(1+r_F)}$，由于供应商期望利润在 $q_F=\frac{L+A}{w_F}$ 处连续，易得如下结论。

命题 4.2 对于供应商而言：（ⅰ）无论保理授信额度如何，保守型策略总是劣策略；（ⅱ）当 $L\leqslant L_3^+$ 时冒险型策略占优，当 $L\geqslant L_3^+$ 时稳健型策略占优，其中 L_3^+ 满足 $\overline{F}\left(\frac{L_3^+}{p}\right)\left[1-\frac{A}{p}h\left(\frac{L_3^+}{p}\right)\right]=\frac{c(1+r_B)}{w_F}$。

前文从函数连续性角度说明了保守型策略不占优的原因，事实上，供应商追求期望利润最大化的前提暗含了其风险态度是中性的，如果供应商是风险厌恶的，则保守型策略因为能够保证收益的确定性而有可能成为占优策略。另外，针对资信水平一定的零售商，保理商授信额度越大，意味着分担的风险就越大，即使供应商选择了较高的赊销量，其风险敞口（市场需求不好时的最大损失）仍然是有限的，从而能够在稳健型策略下实现目标最大化。相反，授信额度越小，保理商分担的风险越小，供应商如果控制风险敞口，会导致赊销量过低，以至于不能充分利用零售商付款担保的利益，这时即使供应商独自承担可能的损失，增加赊销量仍然是有利可图的，冒险策略将成为占优决策。最后，从定义知 L_3^+ 与 A 呈反向关系，也就是说零售商的资信水平很高时，只有授信额度很低时供应商才会采取冒险型策略。

（二）保理商的最优授信策略

已知供应商决策信息的情况下，保理商需要通过制定合理的授信额度引导供应商执行有利于自身利益的策略。对应于供应商的稳健型策略和冒险型策略，保理商的期望利润分别为 Φ_{F2} 和 Φ_{F3}。

$$\Phi_{F2} = \int_0^{\frac{w_F q_F - A}{p}} p\xi \mathrm{d}F(\xi) + \int_{\frac{w_F q_F - A}{p}}^{\infty} L \mathrm{d}F(\xi) - \frac{L}{1+r_F}(1+r_{F0}) \quad (4-5)$$

$$\Phi_{F3} = \int_0^{\frac{L}{p}} p\xi \mathrm{d}F(\xi) + \int_{\frac{L}{p}}^{\infty} L \mathrm{d}F(\xi) - \frac{L}{1+r_F}(1+r_{F0}) \quad (4-6)$$

对比 Φ_{F2} 与 Φ_{F3}，保理商的期望利润总是由前期授信支出及后期不确定收益共同决定，收回期初授信的临界市场需求为 $\min\left(\frac{w_F q_F - A}{p}, \frac{L}{p}\right)$，意味着保理商控制风险的策略是确保资金全部回收的概率控制在 $\overline{F}\left(\frac{L}{p}\right)$ 以上，采取冒险策略的供应商对任何过于激进的决策都必须单独承担额外的风险。

引理 4.1 当 $L \leqslant L_3^+$ 时，保理商应对供应商冒险行为的最优策略为 $\min[L_3^*, L_3^+]$，其中 L_3^* 满足 $\overline{F}\left(\frac{L_3^*}{p}\right) = \frac{1+r_{F0}}{1+r_F}$；当 $L \geqslant L_3^+$ 时，供应商采取稳健型策略，定义 L_2^*、q_{F2}^* 满足 $\overline{F}\left(\frac{w_F q_{F2}^* - A}{p}\right)\left[1 - \frac{w_F q_{F2}^* - L_2^*}{p} h\left(\frac{w_F q_{F2}^* - A}{p}\right)\right] = \frac{c(1+r_B)}{w_F}$ 及

$$\left[2 + \frac{w_F q_{F2}^* - L_2^*}{p} \frac{f'\left(\frac{w_F q_{F2}^* - A}{p}\right)}{f\left(\frac{w_F q_{F2}^* - A}{p}\right)}\right] \frac{\left[\overline{F}\left(\frac{w_F q_{F2}^* - A}{p}\right) - \frac{1+r_{F0}}{1+r_F}\right]}{f\left(\frac{w_F q_{F2}^* - A}{p}\right)} + \frac{w_F q_{F2}^* - L_2^*}{p} = \frac{A}{p}$$，则保理商的最优授信额度为 $\max[L_2^*, L_3^+]$。

证明：不妨令 $T = \frac{w_F q_F - A}{p}$，$\delta = \frac{1+r_{F0}}{1+r_F}$，$\varepsilon = \frac{c(1+r_B)}{w_F}$，$\chi = \frac{\overline{F}(T) - \delta}{\overline{F}(T) - \varepsilon}$，根据企业成本加成率大于保理商的假设，知 $\varepsilon \leqslant \delta$，所以 $\chi \leqslant 1$。

（1）当 $L \leqslant L_3^+$ 时，由命题 4.2，供应商将采取冒险型策略，由式（4-6）可知，保理商的利润函数 Φ_{F3} 与 q_F 无关，且可化简为报童模型的基本形式，即 $\Phi_{F3} = -\frac{L}{1+r_F}(1+r_{F0}) + \int_0^{\frac{L}{p}} p\overline{F}(\xi)d\xi$，全局极大值点在 L_3^* 处取得，其中 L_3^* 满足 $\overline{F}\left(\frac{L_3^*}{p}\right) = \frac{1+r_{F0}}{1+r_F}$。考虑到定义域限制，保理商应对供应商冒险行为的最优策略为 $\min(L_3^*, L_3^+)$。

(2) 当 $L \geq L_3^+$ 时，由命题 4.2，供应商将采取稳健型策略，因此保理商的期望利润函数根据式（4-5）可以表示为 $\Phi_{F2} = \int_0^{\frac{w_F q_F - A}{p}} p\overline{F}(\xi)\mathrm{d}\xi + (L - w_F q_F + A)\overline{F}\left(\frac{w_F q_F - A}{p}\right) - \frac{L}{1+r_F}(1+r_{F0})$，然而随着 L 取值的变动，供应商将采取不同的对策，需要对 Φ_{F2} 进行分情况讨论。

① 当 $L_2^- \leq L \leq L_2^+$ 时，$q = q_{F2}^*$。命题 4.1 已经证明了供应商的最优订货量与授信额度存在一一对应关系，保理商决策最优授信额度的过程实际是间接决定 q_F 的过程，可通过对 Φ_{F2} 关于 q_F 求导确定其极值点。简化 Φ_{F2} 的表达式，并关于 q_F 求一阶导数得：$\frac{\mathrm{d}\Phi_{F2}}{\mathrm{d}q_F} = \frac{\mathrm{d}L}{\mathrm{d}q_F}[\overline{F}(T)-\delta] - (L-w_F q_F + A)f(T)\frac{w_F}{p} = f(T)\left\{\frac{\mathrm{d}L}{\mathrm{d}q_F}\frac{[\overline{F}(T)-\delta]}{f(T)} + (w_F q_F - L)\frac{w_F}{p} - A\frac{w_F}{p}\right\}$。因为 $f(T)$ 恒正，所以 $\frac{\mathrm{d}\Phi_{F2}}{\mathrm{d}q_F}$ 的符号由大括号内部的三项决定，其中 $A\frac{w_F}{p}$ 为常数。定义 $q_2^\#$ 满足 $\overline{F}(T)=\delta$，当 $q_F \geq q_2^\#$ 时，$\frac{\mathrm{d}\Phi_{F2}}{\mathrm{d}q_F} < 0$，故 Φ_{F2} 单调递减；当 $q_F \leq q_2^\#$ 时，只要证明前两项的和关于 q_F 单调递减，则 $\frac{\mathrm{d}\Phi_{F2}}{\mathrm{d}q_F}$ 只能存在恒为正、由正转负或恒为负三种情况，即保理商存在最优授信策略。

令 $G(q_F) = \frac{\mathrm{d}L}{\mathrm{d}q_F}\frac{[\overline{F}(T)-\delta]}{f(T)} + (w_F q_F - L)\frac{w_F}{p}$，则 $\frac{\mathrm{d}G}{\mathrm{d}q_F} = \frac{\mathrm{d}^2 L}{\mathrm{d}(q_F)^2}\frac{\overline{F}(T)-\delta}{f(T)} + \frac{\mathrm{d}L}{\mathrm{d}q_F}\frac{-[f(T)]^2-[\overline{F}(T)-\delta]f'(T)}{[f(T)]^2}\frac{w_F}{p} + \frac{w_F}{p}\left(w_F - \frac{\mathrm{d}L}{\mathrm{d}q_F}\right)$。由命题 4.1 容易得到 $\frac{w_F q_F - L}{p} = \frac{\overline{F}(T)-\varepsilon}{f(T)}$，考虑到 $\frac{h'(\cdot)}{h(\cdot)} = \frac{f'(\cdot)}{f(\cdot)} + h(\cdot)$，对命题 4.1 证明过程中得出的 $\frac{\mathrm{d}L}{\mathrm{d}q_F}$ 进行变形，整理出 $\frac{\mathrm{d}L}{\mathrm{d}q_F} = 2w_F + w_F \frac{w_F q_F - L}{p}\frac{f'(T)}{f(T)}$，进而得出 $\frac{\mathrm{d}^2 L}{\mathrm{d}(q_F)^2} = \frac{w_F}{p}\left(w_F - \frac{\mathrm{d}L}{\mathrm{d}q_F}\right)\frac{f'(T)}{f(T)} + \frac{w_F}{p}(w_F q_F - L)\left[\frac{f'(T)}{f(T)}\right]'\frac{w_F}{p}$。充分利用上述结

论,即可判断$\dfrac{\mathrm{d}G(q_F)}{\mathrm{d}q_F}$的符号。

$$\dfrac{\mathrm{d}G}{\mathrm{d}q_F} \leq \dfrac{w_F}{p}\left(w_F-\dfrac{\mathrm{d}L}{\mathrm{d}q_F}\right)\dfrac{f'(T)\overline{F}(T)-\delta}{f(T)}-2\dfrac{w_F}{p}\dfrac{\mathrm{d}L}{\mathrm{d}q_F}-\dfrac{[\overline{F}(T)-\delta]f'(T)}{[f(T)]^2}\dfrac{w_F}{p}+\dfrac{w_F^2}{p}=$$

$$w_F\dfrac{f'(T)\overline{F}(T)-\delta w_F}{f(T)}-2\dfrac{w_F}{p}\dfrac{\mathrm{d}L}{\mathrm{d}q_F}\left[\dfrac{f'(T)\overline{F}(T)-\delta}{f(T)}+1\right]+w_F\dfrac{w_F}{p}=w_F\dfrac{\dfrac{\mathrm{d}L}{\mathrm{d}q_F}-2w_F}{w_F}\chi\dfrac{w_F}{p}-2\dfrac{w_F}{p}$$

$$\dfrac{\mathrm{d}L}{\mathrm{d}q_F}\left(\dfrac{\dfrac{\mathrm{d}L}{\mathrm{d}q_F}-2w_F}{w_F}\chi+1\right)+w_F\dfrac{w_F}{p}=\dfrac{1}{p}\left\{\left[4\dfrac{\mathrm{d}L}{\mathrm{d}q_F}w_F-2w_F^2-2\left(\dfrac{\mathrm{d}L}{\mathrm{d}q_F}\right)^2\right]\theta+w_F\left(\dfrac{\mathrm{d}L}{\mathrm{d}q_F}\theta-\dfrac{\mathrm{d}L}{\mathrm{d}q_F}\right)+\left(w_F^2-\dfrac{\mathrm{d}L}{\mathrm{d}q_F}w_F\right)\right\}<$$

0。其中,第一行不等式依据了市场需求的 log-concave 假设,即$\left[\dfrac{f'(T)}{f(T)}\right]' \leq$ 0;第三行的等式应用了恒等变形$-\dfrac{f'(T)}{f(T)}\dfrac{\overline{F}(T)-\varepsilon}{f(T)}=2-\dfrac{\mathrm{d}L}{\mathrm{d}q}/w_F$。从而证明了$\Phi_{F2}$关于$q_F$(及$L$)为单峰函数,极值点满足引理 4.1 中的条件。

同时,由q_{F2}^*及L_2^*的定义知$L_2^* \leq w_F q_{F2}^* \leq L_2^+$,所以,除非$L_2^+$与$L_2^*$相等,否则,保理商永远不会选择$L_2^+$。

②当$L \geq L_2^+$时,$q_F=\dfrac{L}{w_F}$,得到$\dfrac{\mathrm{d}\Phi_{F2}}{\mathrm{d}L}=\overline{F}\left(\dfrac{L-A}{p}\right)-\dfrac{A}{p}f\left(\dfrac{L-A}{p}\right)-\dfrac{1+r_{F0}}{1+r_F} \leq 0$。不等号成立的原因是:根据定义$\overline{F}\left(\dfrac{L_2^+-A}{p}\right)=\dfrac{c(1+r_B)}{w_F}$且$\dfrac{c(1+r_B)}{w_F} \leq \dfrac{1+r_{F0}}{1+r_F}$。所以保理商的授信额度不会大于$L_2^+$。

综上,当$L \geq L_3^+$时,Φ_{F2}的最优解为 max(L_3^+, L_2^*)。证毕。

如前所述,当供应商采取冒险型策略时,保理商能否收回全部授信金额与零售商是否违约无关,故既不能分享零售商付款担保带来的利益、也不承担零售商违约时担保利益的损失,从而其均衡策略类似于传统报童模型的形式。当供应商采取稳健型策略时,如果直接对Φ_{F2}关于L求导,可以得出$\dfrac{\mathrm{d}\Phi_{F2}}{\mathrm{d}L}=\overline{F}\left(\dfrac{w_F q_F-A}{p}\right)-(L-w_F q_F+A)f\left(\dfrac{w_F q_F-A}{p}\right)\dfrac{w_F}{p}\dfrac{\mathrm{d}q}{\mathrm{d}L}-\dfrac{1+r_{F0}}{1+r_F}$,即增加单位授信后,保理商期望收益的变动由三部分组成:市场需求好时带来的收入、需求不好时与供应商共同承担的零售商付款担保利益损失、需要负担的资金成本。引理4.1证明中验证的边际收益递减性质保证了此时保理商均衡策略的存在性与唯一性。将 L_2^*、q_{F2}^* 满足的条件联立,可得 $\bar{F}\left(\dfrac{w_F q_{F2}^* - A}{p}\right)\left[1 - \dfrac{A}{p} h\left(\dfrac{w_F q_{F2}^* - A}{p}\right)\right] < \dfrac{c(1+r_B)}{w_F}$,说明库存风险向边际成本更低的保理商转移同样具有降低供应链双重边际效应的作用。

由引理4.1可以得到两个结论,一方面,保理商知道过低的授信额度将导致供应商的冒险行为,因此会在采取低授信的同时实行上限控制,保理商的这种"自我保护"机制虽然抑制了供应链总产量的提升,但能有效避免信用风险过高对各方的潜在威胁;另一方面,保理商如果决定采取高授信策略,就会根据提高授信后供应商的应对策略及其对自身收益和风险的影响选择唯一的最优授信额度。

命题4.3 存在唯一的最大损失 $\bar{A}$,使得(ⅰ)当 $A \geqslant \bar{A}$ 时,保理商将提供授信 L_2^*,供应商的最优赊销数量为 q_{F2}^*;(ⅱ)当 $A \leqslant \bar{A}$ 时,保理商的授信为 L_3^*,若 $L_3^* \leqslant L_3^-$ 则供应商的最优赊销数量为 $\dfrac{L_3^* + V(1+r_F)}{c(1+r_F)}$;若 $L_3^* \geqslant L_3^-$ 则供应商的最优赊销数量为 q_{F3}^*。其中 $\bar{A}$ 使得 $L_3^* = L_3^+ = L_2^*$。

证明:沿用引理4.1中的符号。首先证明 $\bar{A}$ 的存在性和唯一性。

(1)当 $L \leqslant L_3^+$ 时,保理商策略为 $\min(L_3^*, L_3^+)$,且 L_3^* 与 A 无关,可视为常数。由 L_3^+ 定义,$\dfrac{\mathrm{d} L_3^+}{\mathrm{d} A} = (-1) \dfrac{f\left(\dfrac{L_3^+}{p}\right)}{f\left(\dfrac{L_3^+}{p}\right) + \left[\bar{F}\left(\dfrac{L_3^+}{p}\right) - \varepsilon\right]\left[f'\left(\dfrac{L_3^+}{p}\right)/f\left(\dfrac{L_3^+}{p}\right)\right]} < 0$,因此存在唯一 $\bar{A}$,使得当 $A = \bar{A}$ 时,$L_3^* = L_3^+$;当 $A > \bar{A}$ 时,$L_3^* > L_3^+$;当 $A < \bar{A}$ 时,$L_3^* < L_3^+$。

(2)当 $L \geqslant L_3^+$ 时,根据引理4.1,保理商策略为 $\max(L_3^+, L_2^*)$,证明存在唯一的 A 使得 $L_3^+ = L_2^*$ 等同于证明存在唯一的 A 使得 $\left.\dfrac{\mathrm{d}\Phi_{F2}}{\mathrm{d}q_F}\right|_{L_3^+} = 0$,即使得 $C_1 = G(q_F) - A\dfrac{w_F}{p}\Big|_{L_r^+} = 0$ 且 $\bar{F}\left(\dfrac{w_F q_F - A}{p}\right)\left[1 - \dfrac{w_F q_F - L}{p} h\left(\dfrac{w_F q_F - A}{p}\right)\right] = \dfrac{c(1+r_B)}{w_F}$。$\dfrac{\mathrm{d} C_1}{\mathrm{d} A} =$

$$\left[w_F\left\{\frac{-f^2(T)-[\overline{F}(T)-\varepsilon]f'(T)}{f^2(T)}\frac{f'(T)}{f(T)}+\frac{\overline{F}(T)-\varepsilon}{f(T)}\left[\frac{f'(T)}{f(T)}\right]'\right\}\frac{[\overline{F}(T)-\delta]}{f(T)}+\right.$$

$$\left.\frac{\mathrm{d}L}{\mathrm{d}q_F}\frac{-f^2(T)-[\overline{F}(T)-\delta]f'(T)}{f^2(T)}+w_F\frac{-f^2(T)-[\overline{F}(T)-\varepsilon]f'(T)}{f^2(T)}\right]\frac{\mathrm{d}T}{\mathrm{d}A}-\frac{w_F}{p}\,\mathrm{。}$$

因无论 $f'(T)\geqslant 0$ 还是 $f'(T)<0$，均可证明 $\dfrac{\mathrm{d}C_1}{\mathrm{d}A}>0$，$\left.\dfrac{\mathrm{d}\Phi_{F2}}{\mathrm{d}q_F}\right|_{L_3^+}$，随着 A 的增大而单调递增，所以存在唯一的 $\overline{A}$ 使得当 $A=\overline{A}$ 时，$L_3^+=L_2^*$，当 $A>\overline{A}$ 时，$L_3^+<L_2^*$；当 $A<\overline{A}$ 时，$L_3^+>L_2^*$。将 L_3^+ 代入 $G(q_F)-\overline{A}\dfrac{w_F}{p}=0$，易得 $\overline{A}=\overline{A}$。

所以，当 $A\geqslant \overline{A}$ 时，保理商将选择 L_2^*，又因为引理 4.1 的证明中已经得出 $L_2^*\leqslant L_2^+$，此时供应商必然选择 q_{F2}^*。当 $A<\overline{A}$ 时，保理商将选择 L_3^*，由于 L_3^* 与 L_3^- 的大小关系不唯一，供应商的策略选择也不唯一。与命题 4.1 中 $\mathrm{d}q_{F2}^*/\mathrm{d}A$ 的推导类似，可以证明给定 A 有唯一的 L_3^- 与之对应，同时 L_3^* 不随 A 变动，从而能够判断 L_3^- 与 L_3^* 的大小关系，结合命题 4.2 以及 L_3^- 定义，可直接得出供应商的最优策略。证毕。

当零售商的资信水平较高时，保理商的授信额度很高，供应商的赊销量也能达到较高的水平。当零售商的资信水平较低时，保理商会将风险控制在确定的授信额度 L_r^* 内，而供应商的最优反应除零售商能承担的最大损失外，还取决于市场需求的分布特征。假设随机市场需求的概率密度曲线具有某一形态，使得 $f'\left\{\dfrac{w[L_3^-+B(1+r_F)]-\widetilde{A}c(1+r_F)}{pc(1+r_F)}\right\}>0$，其中 $\widetilde{A}$ 是使得 $L_3^-=L_3^*$ 的最大损失，易证 $\left.\dfrac{\mathrm{d}L_3^-}{\mathrm{d}A}\right|_{\widetilde{A}}>0$。若 $A>\widetilde{A}$ 将有 $L_3^->L_3^*$，意味着供应商将会投入包括保理融资的全部资金用于生产。前已述及，$f'(\cdot)>0$ 通常情况下等价于该产量处的市场风险相对较小，因此可以理解为就当前的市场风险和零售商资信水平而言，保理商的授信额度相对于供应商的资金需求偏低，这时即使投入全部资金仍无法达到无资金约束的产量。若 $A<\widetilde{A}$ 将有 $L_3^-<L_3^*$，供应商的最优反应为 q_{F3}^*，说明授信额度相对于供应商需求偏高，能够达到无资

金约束时的产量。相反地,假设特定的市场需求分布下有 $f'\left\{\dfrac{w[L_3^-+B(1+r_F)]-\widetilde{A}c(1+r_F)}{pc(1+r_F)}\right\}<0$,即供应商投入全部资金的风险较大,此时结论正好相反,这种情况相当于保理商的授信额度在零售商资信高时 ($A>\widetilde{A}$) 与供应商的资金需求更加匹配。

综上,保理商实施授信时以零售商资信水平为主要依据,资质较好的零售商可以使供应商获得更多保理授信,从而有机会实现更高的收益。实践中,企业进行赊销交易时可以通过一定的价格折扣、延长付款期等方式来争取优质客户。然而,对于保理商而言,则要警惕供应商为了骗取高额授信,利用虚假交易等手段对其财务报表进行粉饰,因此,保理商在授信中务必加强对零售商的审查与监督,确保零售商资信水平评估结果的准确性和可靠性。

(三) 数值算例

假设市场需求服从 [0, 40] 上的均匀分布,零售价格 $p=1$,批发价格 $w=0.8$,生产成本 $c=0.6$,保理商的资金成本率 $r_{F0}=0.04$,供应商的资金成本率 $r_B=0.1$,供应商的自有资金 $V=5$。图 4-1 给出了采取保理融资时,供应商的期望收益随着零售商资信水平及保理费率的变动情况。图 4-2 给出了供应商如何在特定保理费率和应收账款条件组合下进行融资决策。

由图 4-1 (a) 可见,无论保理费率高低,随着零售商资信水平的提高,供应商的期望收益总是单调递增的,并且保理费率越高,供应商采取两种策略的临界资信水平越低,稳健型策略被采取的可能性越大。由图 4-1 (b) 可见,当资信水平很高或者很低时,尽管供应商分别选择了不同的赊销策略,但是期望收益均随着保理费率的提高而降低。然而,当资信水平为某些值(例如 $A=3$)时,采取稳健型策略的情况下,供应商的期望收益会随着保理费率的提高出现短暂的提高然后才下降,说明此时保理费率的提高使得保理商愿意提供更多融资,从而允许供应商达到更大的赊销量,且由此带来的供应商收益的增加大于其融资成本的增加,但是随着保理费用继续上涨,融资成本的提高还是会降低供应商的期望利润。

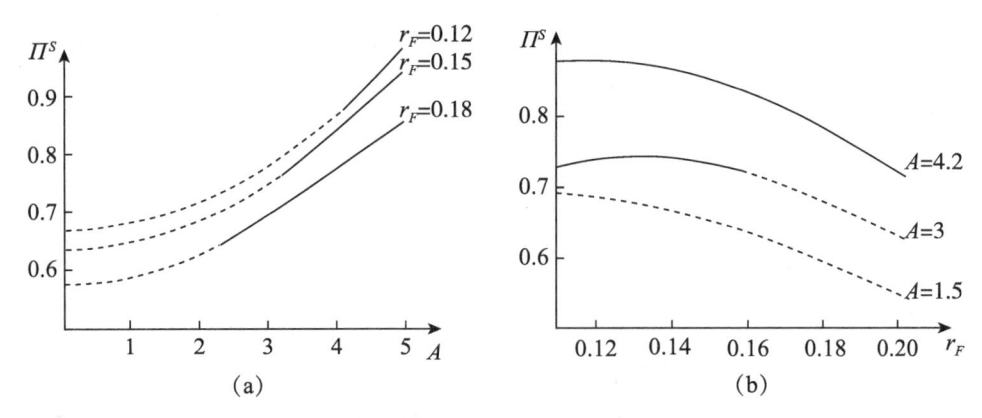

图 4-1 保理融资下供应商的期望利润曲线

注：虚线代表供应商采取冒险型策略、实线代表供应商采取稳健型策略。

由图 4-2 供应商的期望利润会随着保理费率的提高而降低，容易得出保理费率高到一定程度时，供应商将会拒绝保理合同。事实上，如果不进行保理融资，则供应商期望利润为 $\Pi_0 = \int_0^{\frac{w_F q_0 - A}{P}} p\xi dF(\xi) + \int_{\frac{w_F q_0 - A}{P}}^{\infty} w_F q_0 dF(\xi) - cq_0(1 + r_B)$，容易验证，$\Pi_0$ 为关于 q_0 的凹函数，然而在存在资金约束的假设条件下，供应商的最优赊销量仅在 V/c 处取得。从而，可以根据前文的相关结论对供应商的融资策略进行更加深入的分析。

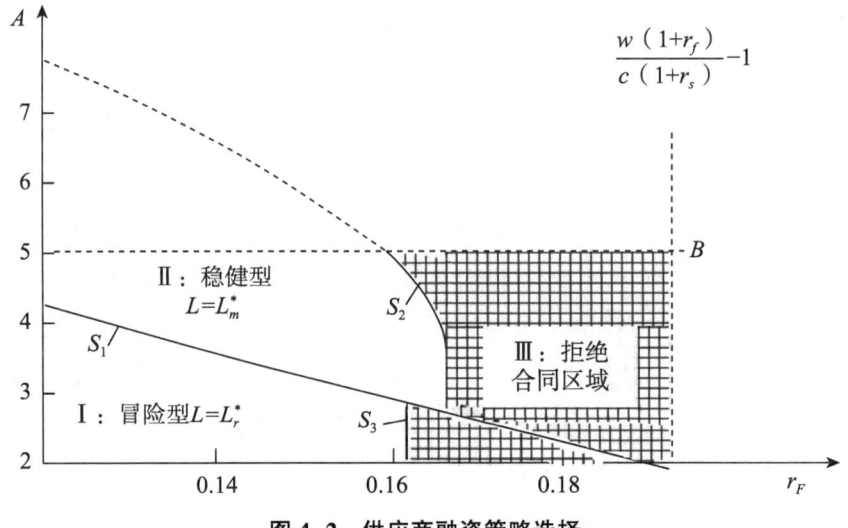

图 4-2 供应商融资策略选择

图 4-2 中的曲线 S_1、S_2、S_3 是从条件 $L_3^* = L_3^+$ 及 $\Pi_{F2} = \Pi_0$、$\Pi_{F3} = \Pi_0$ 推导出来的。计算结果显示，给定条件组合（A、r_F）处于区域 I 时，保理商将限制授信规模（恒为 L_3^*），致使供应商采取冒险型策略；给定条件组合（A、r_F）处于区域 II 时，保理商的授信相对宽松，支持供应商采取稳健型策略。通过区域 I 与 II 的对比可知，以资信较高企业为债务人的应收账款即使支付较低的保理费仍能够获得较多授信，即债务质量和保理费率在决定保理授信额度方面具有显著的替代效应。同时，当保理费率很高时，即使零售商的资信水平非常低，保理商仍旧可能采取高授信策略，体现了无追索权保理合同下隐含着"道德风险"问题。图 4-2 中右侧存在拒绝区域 III，意味着供应商将拒绝要价过高的保理合同，区域 III 的左边界不连续说明零售商的资信水平较高时，供应商对保理商收取的高费率"容忍度"增强。

三、存在破产成本时供应链保理融资与赊销策略

在不完美市场中，保理商提供授信的风险程度除了受市场需求的不确定、零售商的资信水平的影响，还取决于客观存在的破产成本的大小。根据公司财务理论，当企业因无力偿还到期债务被迫选择破产时，现有资产首先需要用来支付破产成本，若有剩余才能按照优先权依次偿还债权人。根据文献[46]，企业破产成本包括数额一定的固定破产成本（用 B 表示）以及占已实现销售收入一定比例（用 γ 表示）的变动破产成本。其中，固定破产成本主要指企业需要承担的破产管理费用，例如，聘请律师、评估师、拍卖商等专业人员产生的费用。贝特克（1997）研究发现按照美国破产法第 11 章重组的 75 家传统企业的平均固定破产成本占到了公司总价值的 3.93%[140]。变动破产成本的产生一般归因于资产处置过程中，由于时间紧迫、经验不足等原因造成的价值损失。

破产成本的高低，决定了保理商在零售商违约情况下能够收回的债款多少，因此详细估算破产成本并将其加入到授信额度模型也是保理商风险控制的重要途径。本节研究不同的破产成本水平下保理商如何确定最优的授信额

度，以及供应商的最优赊销数量。

本节中，为了表述方便，并回避缺乏实践意义的情形另附假设条件如下：（1）考虑到保理商通常隶属于银行等金融机构，融资成本与实体企业相比较低，本节假设保理商的资金成本率低于供应商的 r_B，不失一般性地假设为 0。（2）供应商成本加成率 $\frac{w_F-c(1+r_B)}{c(1+r_B)}$ 和保理费率 r_F 均小于 1。（3）固定破产成本存在上限 B^H，其中 B^H 满足条件 $\overline{F}\left(\frac{B^H}{p(1-\gamma)}\right)=\frac{w_F}{c(1+r_B)}$。在研究过程中发现，当 $B>B^H$ 时，保理商与供应商的策略包含于 $B\leq B^H$ 时的多组策略中，为了避免重复的论述，本章仅针对 $B\leq B^H$ 的情形展开讨论。（4）零售商被要求支付一定预付款 y。

（一）供应商的最优赊销量决策

由于保理商提供无追索权融资，当供应商在授信额度内进行赊销交易时（$w_F q_F \leq L$），相当于将全部风险转移给保理商，因此能够获得确定收益。期初时，供应商收入保理融资 $\frac{L}{1+r_F}$，支付生产成本 cq_F，从而产生净现金流 $\frac{L}{1+r_F}-cq_F$，剩余资金可获得利息收入，并且利息率与供应商的资金成本率相同。因赊销合同金额 $w_F q_F$ 低于授信额度 L，即应收账款总额低于保理商提供的资金总额，供应商在期末时须将 $L-w_F q_F$ 的未用额度返还给保理商，其期望利润为 $w_F q_F - L + \left(\frac{L}{1+r_F}-cq_F\right)(1+r_B)$。

当 $w_F q_F > L$ 时，供应商期末收益取决于市场需求是否会导致零售商破产，以及破产时实现的销售收入是否足以支付破产成本及偿还保理商前期垫资。为此，定义 $b(q_F)=\frac{w_F q_F - y}{p}$，表示零售商破产的需求临界点；$k=\frac{B}{p(1-\gamma)}$ 表示覆盖破产成本的需求临界点；$K(L)=\frac{B+L-y}{p(1-\gamma)}$ 表示偿还保理商垫资的需求临界点。当 $b(q_F) \leq K(L)$ 时，赊销量相对较小，零售商破产临界点低，违约时的收入要么无法支付破产成本、要么支付完破产成本后不够偿还保理商，供应商只有在应收账款不违约时才有收益。当 $b(q_F) > K(L)$ 时，赊销量相对较大，零售商破产临界点高，违约时的收入在支付完破产成本和保理商垫资后还可能有剩余，此时供应商还有机会获得一定收益。

类似于 4.2 的情形，将 $b(q)$ 小于 $\frac{L-y}{p}$，大于 $\frac{L-y}{p}$ 且小于 $K(L)$ 以及大于 $K(L)$，分别用角标 1，2，3 加以表示，由 1 到 3 代表供应商策略的冒险性增强。则供应商的期望利润函数 Π_F 可分为三段：

$$\Pi_{F1} = w_F q_F - L + \left(\frac{L}{1+r_F} - cq_F\right)(1+r_B), \quad b(q_F) \leq \frac{L-y}{p} \quad (4-7)$$

$$\Pi_{F2} = \int_{b(q_F)}^{\infty} (w_F q_F - L) dF(\xi) + \left(\frac{L}{1+r_F} - cq_F\right)(1+r_B),$$

$$\frac{L-y}{p} \leq b(q_F) \leq K(L) \quad (4-8)$$

$$\Pi_{F3} = \int_{K(L)}^{b(q_F)} [p\xi(1-\gamma) - B - L + y] dF(\xi) + \int_{b(q_F)}^{\infty} (wq_F - L) dF(\xi) +$$

$$\left(\frac{L}{1+r_F} - cq_F\right)(1+r_B), \quad b(q_F) \geq K(L) \quad (4-9)$$

显然，随着供应商的赊销量 q 的增大，零售商破产的需求临界点 $b(q)$ 将升高，这意味着供应商赊销行为的冒险性增强。

引理 4.2 Π_{F2} 及 Π_{F3} 均为单峰函数，极值点 q_{F2}^* 和 q_{F3}^* 分别满足下列条件：

$$w_F \overline{F}[b(q_{F2}^*)]\left\{1 - \left[b(q_{F2}^*) - \frac{L-y}{p}\right]h[b(q_{F2}^*)]\right\} = c(1+r_B)$$

$$(4-10)$$

$$w_F \overline{F}[b(q_{F3}^*)]\left\{1 - \left[\gamma b(q_{F3}^*) + \frac{B}{p}\right]h[b(q_{F3}^*)]\right\} = c(1+r_B)$$

$$(4-11)$$

可见，此时供应商的均衡策略仍然是保证边际收益与边际成本相等。同报童模型均衡解的一般形式 $w\overline{F}(q) = c(1+r)$ 相比，破产成本的存在使得供应商的边际收益增加了一个小于 1 的乘数项，导致极值点处的赊销数量减小。不同于式（4-11）的乘数项直接包含固定及变动破产成本，式（4-10）的乘数项与保理授信额度相关，这是因为 $b(q_F) \leq K(L)$ 时，零售商破产情况下所产生成本与收益全部由保理商处置。

引理4.3 定义 $\hat{B}$ 满足 $w_F \overline{F}\left[\dfrac{\hat{B}}{p(1-\gamma)}\right]\left\{1-\dfrac{\hat{B}}{p(1-\gamma)}h\left[\dfrac{\hat{B}}{p(1-\gamma)}\right]\right\}=c(1+r_B)$，当 $B \geqslant \hat{B}$ 时，供应商的最优赊销量总是低于 $\dfrac{Kp+y}{w_F}$；当 $B<\hat{B}$ 时，供应商的最优赊销量总是高于 $\dfrac{kp+y}{w_F}$。

证明：定义 $\overline{L}$ 满足 $w_F \overline{F}(k)\left[1-\left(k-\dfrac{\overline{L}-y}{p}\right)h(k)\right]=c(1+r_B)$，$\overline{\overline{L}}$ 满足 $w_F \overline{F}[K(\overline{\overline{L}})]\left\{1-\left[K(\overline{\overline{L}})-\dfrac{\overline{\overline{L}}-y}{p}\right]h[K(\overline{\overline{L}})]\right\}=c(1+r_B)$，则对于任意 $B \leqslant B^H$，当 $L=\overline{L}$ 时，$\left.\dfrac{\mathrm{d}\Pi_F}{\mathrm{d}q_F}\right|_{b(q_F)=k}=0$。根据隐函数求导法则可得 $\dfrac{\mathrm{d}\overline{L}}{\mathrm{d}B}=\dfrac{\left(k-\dfrac{\overline{L}-y}{p}\right)f'(k)w_F+2f(k)w_F}{w_F f(k)p(1-\gamma)}$。因失效率递增假设下 $\dfrac{f'(\cdot)}{f(\cdot)}+h(\cdot)>0$，而 $\left(k-\dfrac{\overline{L}-y}{p}\right)h(k)<1$，故 $\dfrac{\mathrm{d}\overline{L}}{\mathrm{d}B}>0$，即当 B 给定时，$\overline{L}$ 是唯一的。从而，当 $L>(<)\overline{L}$ 时，$\left.\dfrac{\mathrm{d}\Pi_F}{\mathrm{d}q_F}\right|_{b(q_F)=k}>(<)0$。同理可证，当 $L=\overline{\overline{L}}$ 时，$\left.\dfrac{\mathrm{d}\Pi_F}{\mathrm{d}q_F}\right|_{b(q_F)=K(L)}=0$，且 $\dfrac{\mathrm{d}\overline{\overline{L}}}{\mathrm{d}B}<0$。即有当 $L>(<)\overline{\overline{L}}$ 时，$\left.\dfrac{\mathrm{d}\Pi_F}{\mathrm{d}q_F}\right|_{b(q_F)=K(L)}<(>)0$。

进一步地，不难发现，当 $B=\hat{B}$ 时，$\overline{L}=\overline{\overline{L}}=y$，从而有：当 $B>\hat{B}$ 时，$\overline{\overline{L}}<y<\overline{L}$，即对于任意 $L>y$，恒有 $L \geqslant \overline{\overline{L}}$，即 $\left.\dfrac{\mathrm{d}\Pi_F}{\mathrm{d}q_F}\right|_{b(q_F)=K(L)} \leqslant 0$，从而 $b(q_F^*) \leqslant K(L)$ 恒成立。当 $B<\hat{B}$ 时，$\overline{L}<y<\overline{\overline{L}}$，即对于任意 $L>y$，恒有 $L \geqslant \overline{L}$，即 $\left.\dfrac{\mathrm{d}\Pi_F}{\mathrm{d}q_F}\right|_{b(q_F)=K(L)} \geqslant 0$，从而 $b(q_F^*) \geqslant k$ 恒成立。证毕。

由引理4.3可知，固定破产成本的大小是影响供应商赊销策略选择的主要因素。当固定破产成本较大时，供应商应控制赊销规模，使得破产临界点

$b(q_F) \leq K(L)$，从而确保零售商破产的概率总是低于一定水平，以减少市场需求相对较差时的损失。相应地，当固定破产成本较小时，供应商应扩大生产规模，使得破产临界点 $b(q_F) \geq k$，此时虽然零售商破产的概率较高，但能增大需求相对较好时的收益。

从引理4.3的证明中可知，当固定破产成本一定时，如果授信额度为 $\overline{L}$ 或 $\overline{\overline{L}}$，则供应商收益曲线极值点对应的赊销量，恰好使得破产临界点 $b(q_F)$ 与 k 或 $K(L)$ 相等。除此之外，当授信额度为 $\widetilde{L}$（满足 $w_F \overline{F}\left(\dfrac{\widetilde{L}-y}{p}\right) = c(1+r_B)$）时，供应商收益曲线极值点对应的赊销量使得破产临界点 $b(q_F)$ 与 $\dfrac{\widetilde{L}-y}{p}$ 相等。因此，供应商的最优赊销策略取决于 L 与 $\overline{L}$、$\overline{\overline{L}}$、$\widetilde{L}$ 的对比关系。

命题4.4 当 $\hat{B} < B \leq B^H$ 时，供应商的最优赊销量为：

$$q_F^* = \begin{cases} q_{F2}^* \text{ 且 } b(q_{F2}^*) < k, & y < L \leq \overline{L} \\ q_{F2}^* \text{ 且 } b(q_{F2}^*) > k, & \overline{L} < L \leq \widetilde{L} \\ \dfrac{L}{w_F}, & L > \widetilde{L} \end{cases} \quad (4-12)$$

证明：根据式（4-7）—（4-9），Π_F 为分段函数，且分段点分别满足 $b(q_F) = \dfrac{L-y}{p}$ 以及 $b(q_F) = K(L)$。然而由于保理商的期望利润在 $b(q_F)$ 高于 k 和低于 k 时是不同的，有必要明确 $b(q_F)$ 与 k 的关系，为此，需要将 k 作为另一个分段点对式 Π_F 进行改写。基于 $\dfrac{L-y}{p}$ 与 k 的大小对比关系，供应商期望利润 Π_F 可改写为两种不同的形式。令 $L^\# = \dfrac{B}{1-\gamma} + y$，则有当 $L > L^\#$ 时，

$$\Pi_F = \begin{cases} \Pi_{F1}, & b(q_F) \leq k \\ \Pi_{F1}, & k < b(q_F) \leq (L-y)/p \\ \Pi_{F2}, & (L-y)/p < b(q_F) \leq K(L) \\ \Pi_{F3}, & b(q_F) > K(L) \end{cases}, \text{否则}, \Pi_F = \begin{cases} \Pi_{F1}, & b(q_F) \leq (L-y)/p \\ \Pi_{F2}, & (L-y)/p < b(q_F) \leq k \\ \Pi_{F2}, & k < b(q_F) \leq K(L) \\ \Pi_{F3}, & b(q_F) > K(L) \end{cases}。$$

由于 $L^{\#}$ 关于 B 单调递增，而 $\bar{L}$ 也随 B 单调递增，且通过计算易得 $\dfrac{\mathrm{d}\bar{L}}{\mathrm{d}B}>\dfrac{\mathrm{d}L^{\#}}{\mathrm{d}B}$，结合 $\tilde{L}$、B^{H} 的定义可知，当 $\hat{B}<B\leqslant B^{H}$ 时，恒有 $\tilde{L}>L^{\#}>\bar{L}$。进一步地，参照引理 4.3 的证明，通过对 Π_{F} 在各个分段点的导数的判断，能够得到命题 4.4 的结论。证毕。

由命题 4.4 可知，只有当授信额度大于 $\tilde{L}$ 时，供应商才会在授信额度内进行赊销交易，并获得确定性收益。而当授信额度低于 $\tilde{L}$ 时，供应商的最优策略是超出授信额度进行赊销交易。实践中，许多金融机构在保理合同中都规定，超出授信额度赊销产生的风险由供应商独自承担。即使这样，供应商还是会选择超额的赊销，这是因为此时的授信额度低于供应商实现最优运营安排的资金需求。然而，由于破产成本较大，供应商进行带有风险性的赊销交易会遵循上限约束。随着授信额度的增加，零售商破产临界值升高，表示供应商赊销策略的冒险性增强。

命题 4.5 当 $B^{L}<B\leqslant\hat{B}$ 时，供应商的最优赊销量为：

$$q_{F}^{*}=\begin{cases} q_{F3}^{*}, & y<L\leqslant\bar{\bar{L}} \\ q_{F2}^{*} \text{ 且大于 } k, & \bar{\bar{L}}<L\leqslant\tilde{L} \\ \dfrac{L}{w_{F}}, & L>\tilde{L} \end{cases} \quad (4-13)$$

证明：与命题 4.4 的证明相近，此处省略。另外，B^{L} 是使得 $L^{\#}=\bar{\bar{L}}$ 的固定破产成本值，依据与假设条件相同的原因，本章略去了 $0<B<B^{L}$ 情况的分析。证毕。

类似于命题 4.4，当固定破产成本较小时，供应商否采取带有风险性的赊销策略由授信额度是否高于阈值 $\tilde{L}$ 决定，但此时赊销量总是高于下限。值得注意的是，随着授信额度的增加，供应商赊销策略的保守性增强，这与破产成本较大时的情形是相反的。对此可以理解为，当破产成本较大时，供应商更偏重利用保理的风险分担职能，额度越高，供应商越是敢于采取冒险行为；当破产成本较小时，供应商更偏重利用保理的融资功能，额度提高后，供应商反而可以在相对保守的策略下实现最大收益。

(二) 固定破产成本较大时保理商的最优授信策略

当固定破产成本较大时,针对供应商的最优反应函数,保理商需确定最优的授信额度。由于 $L \leqslant \widetilde{L}$ 时,在供应商的最优赊销量下,破产临界点是否高于 k 决定了保理商是否能够在零售商破产的情况下从销售收入中获得部分补偿,因此两种情况下保理商的收益是不同的。另外,当 $L > \widetilde{L}$ 时,保理商独自承担市场风险,期末收益不需要与供应商分享,且能够获得供应商返还的未动用额度。综上,保理商的期望利润如下:

$$\Phi_F = \begin{cases} \int_{b(q_F)}^{\infty} (L-y)\mathrm{d}F(x) + y - \dfrac{L}{1+r_F}, \ y < L \leqslant \overline{\overline{L}} \\[2mm] \int_{k}^{b(q_F)} [p\xi(1-\gamma) - B]\mathrm{d}F(\xi) + \int_{b(q_F)}^{\infty} (L-y)\mathrm{d}F(\xi) + \\[2mm] y - \dfrac{L}{1+r_F}, \ \overline{\overline{L}} < L \leqslant \widetilde{L} \\[2mm] \int_{k}^{b(q_F)} [p\xi(1-\gamma) - B]\mathrm{d}F(\xi) + \int_{b(q_F)}^{\infty} (w_F q_F - y)\mathrm{d}F(\xi) + \\[2mm] (L - w_F q_F) + y - \dfrac{L}{1+r_F}, \ L > \widetilde{L} \end{cases}$$

(4-14)

引理4.4 $\pi_F(L)$ 在 $\overline{L}$ 和 $\widetilde{L}$ 处连续,在区间 $(y, \overline{L}]$、$(\overline{L}, \widetilde{L}]$ 及 $(\widetilde{L}, +\infty)$ 上均为单峰函数,极值点 L_2^{d*}、L_2^{g*}、L_h^* 分别满足:

$$\left\{2w_F + w_F\left[b(q_{F2}^*) - \dfrac{L_2^{d*} - y}{p}\right]\dfrac{f'[b(q_{F2}^*)]}{f[b(q_{F2}^*)]}\right\}\left\{\overline{F}[b(q_{F2}^*)] - \dfrac{1}{1+r_F}\right\} -$$

$$(L_2^{d*} - y) f[b(q_{F2}^*)] \dfrac{w_F}{p} = 0 \quad (4-15)$$

$$\left\{2w_F + w_F\left[b(q_{F2}^*) - \dfrac{L_2^{g*} - y}{p}\right]\dfrac{f'[b(q_{F2}^*)]}{f[b(q_{F2}^*)]}\right\}\left\{\overline{F}[b(q_{F2}^*)] - \dfrac{1}{1+r_F}\right\} -$$

$$[B+(L_2^{g*}-y)-(w_F q_{F2}^*-y)(1-\gamma)]f[b(q_{F2}^*)]\frac{w_F}{p}=0 \quad (4\text{-}16)$$

$$\overline{F}\left(\frac{L_h^*-y}{p}\right)\left[1-\left(\gamma\frac{L_h^*-y}{p}+\frac{B}{p}\right)h\left(\frac{L_h^*-y}{p}\right)\right]=\frac{1}{1+r_F} \quad (4\text{-}17)$$

证明：为简便起见，此处至文末证明过程中用 b 来表示 $b(q_F)$。由于 L 在三个区间取值时，对 Φ_F 的分析及结论相似，此处仅以 $y<L\leqslant\overline{L}$ 的情形为例，证明保理商期望利润函数的单峰性。

首先，由供应商的一阶条件，可得 $\dfrac{\mathrm{d}L}{\mathrm{d}q_F}=2w_F+w_F\dfrac{w_F q_F-L}{P}\dfrac{f'(b)}{f(b)}$。由 $w_F\overline{F}(b)\left[1-\dfrac{w_F q_F-L}{P}h(b)\right]=c(1+r_B)$ 知 $\dfrac{p}{w_F q_F-L}\geqslant h(b)$，结合 $\dfrac{f'(\cdot)}{f(\cdot)}+h(\cdot)\geqslant 0$，易得 $\dfrac{\mathrm{d}L}{\mathrm{d}w_F}>w_F$。$\dfrac{\mathrm{d}L}{\mathrm{d}w_F}>0$ 说明 L 与 q_F 存在一一对应关系，因此下面将证明 Φ_F 是关于 q_F 的单峰函数。

对 Φ_F 关于 q_F 求一阶导数，有 $\dfrac{\mathrm{d}\Phi_F}{\mathrm{d}q_F}=\dfrac{\mathrm{d}L}{\mathrm{d}q_F}\overline{F}(b)-(L-y)f(b)\dfrac{w_F}{p}-\dfrac{1}{1+r_F}\dfrac{\mathrm{d}L}{\mathrm{d}q}$。可见，当 $\overline{F}(b)<\dfrac{1}{1+r_F}$ 时，$\dfrac{\mathrm{d}\Phi_F}{\mathrm{d}q_F}<0$，即 π_F 单调递减。当 $\overline{F}(b)\geqslant\dfrac{1}{1+r_F}$ 时，能够证明 $\dfrac{\mathrm{d}^2\Phi_F}{\mathrm{d}(q_F)^2}<0$，从而容易验证 Φ_F 关于 q_F 的单峰性。这是因为：

$$\frac{\mathrm{d}^2\Phi_F}{\mathrm{d}(q_F)^2}=\frac{\mathrm{d}^2 L}{\mathrm{d}(q_F)^2}\left[\overline{F}(b)-\frac{1}{1+r_F}\right]-f(b)\frac{w_F}{p}\frac{\mathrm{d}L}{\mathrm{d}q_F}-\frac{\mathrm{d}L}{\mathrm{d}q_F}f(b)\frac{w_F}{p}-(L-y)f'(b)\left(\frac{w_F}{p}\right)^2$$

。其中：$\dfrac{\mathrm{d}^2 L}{\mathrm{d}(q_F)^2}=w_F\left(\dfrac{w_F}{p}-\dfrac{1}{p}\dfrac{\mathrm{d}L}{\mathrm{d}q}\right)\dfrac{f'(b)}{f(b)}+w_F\dfrac{w_F q_F-L}{P}\left[\dfrac{f'(b)}{f(b)}\right]'\dfrac{w_F}{p}$，

由需求函数的 log-concave 性质知 $\left[\dfrac{f'(b)}{f(b)}\right]'\leqslant 0$，因此，$\dfrac{\mathrm{d}^2\Phi_F}{\mathrm{d}(q_F)^2}\leqslant -(L-y)f'(b)\left(\dfrac{w_F}{p}\right)^2-2f(b)\dfrac{w_F}{p}\dfrac{\mathrm{d}L}{\mathrm{d}q_F}+w_F\left(\dfrac{w_F}{p}-\dfrac{1}{p}\dfrac{\mathrm{d}L}{\mathrm{d}q_F}\right)\dfrac{f'(b)}{f(b)}\left(\overline{F}(b)-\dfrac{1}{1+r_F}\right)$。

当 $f'(b) \geq 0$ 时，易知 $\dfrac{d^2\Phi_F}{d(q_F)^2}$ 恒小于 0。当 $f'(b) < 0$ 时，可进行如下

变形：$\dfrac{d^2\Phi_F}{d(q_F)^2} = w_F\left[-\dfrac{w_F}{p} - \dfrac{w_F q_F - L}{P}\dfrac{f'(b)}{f(b)}\right]\dfrac{f'(b)}{f(b)}\left[\overline{F}(b) - \dfrac{1}{1+r_F}\right] - 4w_F f(b)\dfrac{w_F}{p} - 2w_F$

$\dfrac{w_F q_F - L}{P}\dfrac{f'(b)}{f(b)}f(b)\dfrac{w_F}{p} - (L-y)f'(b)\left(\dfrac{w_F}{p}\right)^2 \leq -w_F\dfrac{f'(b)}{p\,f(b)}\overline{F}(b) + w_F\dfrac{f'(b)}{p\,f(b)}$

$\left[\dfrac{1}{1+r_F} - \dfrac{w_F q_F - L}{P}f(b)\right] - 4w_F f(b)\dfrac{w_F}{p} - w_F\dfrac{w_F q_F - L}{P}\dfrac{f'(b)}{f(b)}f(b)\dfrac{w_F}{p} - (L-y)f'(b)$

$\left(\dfrac{w_F}{p}\right)^2 = \underbrace{-w_F\dfrac{f'(b)}{p\,f(b)}\overline{F}(b) - w_F f(b)\dfrac{w_F}{p}}_{①} + \underbrace{w_F\dfrac{f'(b)}{p\,f(b)}\left\{\dfrac{1}{1+r_F} - \left[\overline{F}(b) - \dfrac{c(1+r_B)}{w_F}\right]\right\}}_{②}$

$\underbrace{-w_F f(b)\dfrac{w_F}{p} - w_F\dfrac{w_F q_F - L}{P}\dfrac{f'(b)}{f(b)}f(b)\dfrac{w_F}{p}}_{③} \underbrace{-2w_F f(b)\dfrac{w_F}{p} - (L-y)f'(b)\left(\dfrac{w_F}{p}\right)^2}_{④} < 0。$

最后一行等号后面的式子是通过将上一行整理并代入供应商的一阶条件得到的。其中：①、③、④均小于 0，应用了 $\dfrac{f'(\xi)}{f(\xi)} + h(\xi) \geq 0$、$\dfrac{f'(\xi)}{f(\xi)} + \dfrac{2}{\xi}$

≥ 0，以及 $\dfrac{p}{w_F q_F - L} \geq h(b)$、$\dfrac{2}{(L-y)/p} \geq \dfrac{2}{(w_F q_F - y)/p} = \dfrac{2}{b}$。② < 0 是因为由假

设条件，$\dfrac{1}{1+r_F} - \left[\overline{F}(b) - \dfrac{c(1+r_B)}{w}\right]$ 总是大于 $1 - \overline{F}(b)$，即大于 0。综上，Φ_F

关于 q_F 为单峰函数。证毕。

为了简化证明过程，保理商决策的一阶条件是通过对 q 求导得出的，实际上，如果直接对 Φ_F 关于 L 求导，可以另一种表达方式。以 $L \leq \overline{L}$ 为例，保理商的一阶条件为 $\overline{F}(b) - (L-y)f(b)\dfrac{w_F dq}{p\,dL} = \dfrac{1}{1+r_F}$。这说明保理商在增加授信额度时同样需要考虑可能由销售增加带来的收入、可能产生的违约损失及边际资金成本，并寻求边际收益与边际成本的平衡。

命题 4.6 存在保理费率 r_F^1，r_F^2，r_F^3，r_F^4 分别满足，$\overline{F}\left(\dfrac{\hat{B}}{p(1-\gamma)}\right) = \dfrac{1}{1+r_F^1}$；

$\left[2 + \left(k - \dfrac{\overline{L}-y}{p}\right)\dfrac{f'(k)}{f(k)}\right]\left[\overline{F}(k) - \dfrac{1}{1+r_F^2}\right] = (\overline{L}-y)\dfrac{f(k)}{p}$；$2\left[\overline{F}\left(\dfrac{\widetilde{L}-y}{p}\right) - \dfrac{1}{1+r_F^3}\right] -$

$\left(\dfrac{B}{p}+\gamma\dfrac{\widetilde{L}-y}{p}\right)f\left(\dfrac{\widetilde{L}-y}{p}\right)=0$；$\overline{F}\left(\dfrac{\widetilde{L}-y}{p}\right)\left[1-\left(\gamma\dfrac{\widetilde{L}-y}{p}+\dfrac{B}{p}\right)h\left(\dfrac{\widetilde{L}-y}{p}\right)\right]=\dfrac{1}{1+r_F^4}$，使得保理商的最优授信额度为：

$$L^* = \begin{cases} L_2^{d*}, & r_F^1 < r_F \leq r_F^2 \\ L_2^{g*}, & r_F^2 < r_F \leq r_F^3 \\ \widetilde{L}, & r_F^3 < r_F \leq r_F^4 \\ L_h^*, & r_F > r_F^4 \end{cases} \quad (4-18)$$

证明：由 (4-14)，Φ_F 在分段点连续，且 $\Phi_F'(y) = \overline{F}(b) - \dfrac{1}{1+r_F}$；

$\Phi_F'(\overline{L}) = \overline{F}\left(\dfrac{B}{p(1-\gamma)}\right) - (L-y)f(b)\dfrac{w}{p}\dfrac{dq}{dL} - \dfrac{1}{1+r_F}$；

$\Phi_{F-}'(\widetilde{L}) = \left[\overline{F}\left(\dfrac{\widetilde{L}-y}{p}\right) - \dfrac{1}{1+r_F}\right] - \dfrac{1}{2}\left(\dfrac{B}{p}+\gamma\dfrac{\widetilde{L}-y}{p}\right)f\left(\dfrac{\widetilde{L}-y}{p}\right)$；

$\Phi_{F+}'(\widetilde{L}) = \overline{F}\left(\dfrac{\widetilde{L}-y}{p}\right) - \dfrac{1}{1+r_F} - \left(\dfrac{B}{p}+\gamma\dfrac{\widetilde{L}-y}{p}\right)f\left(\dfrac{\widetilde{L}-y}{p}\right)$。由 $\Phi_F(L)$ 在各个区间上的具体形式及单峰性可知，对于任意给定的 r_F，恒有 $\Phi_F'(y) > \Phi_F'(\overline{L}) > \Phi_{F-}'(\widetilde{L}) > \Phi_{F+}'(\widetilde{L})$。进一步地，根据 r_F^1、r_F^2、r_F^3 和 r_F^4 的定义，易得：当 $r_F < r_F^1$ 时，$\Phi_F'(y) < 0$、$\Pi_F'(\overline{L}) < 0$，且 $\Phi_{F+}'(\widetilde{L}) < 0$，故保理商的最优授信额度为 $L^* = y$，这样的保理合同是不合理的，也就是说只有保理费率高于一定水平时，保理商才会提供高于零售商预付款的授信额度。当 $r_F^1 < r_F \leq r_F^2$ 时，$\Phi_F'(y) > 0$ 且 $\Phi_{F+}'(\widetilde{L}) < \Phi_{F-}'(\widetilde{L}) < \Phi_F'(\overline{L}) < 0$。最优解恒为 L_2^{d*}。类似地，可得到 r_F 其他区间取值时 $\Phi_F(L)$ 的极值点，从而命题 4.6 得证。证毕。

由命题 4.6 可知，当固定破产成本较大时，保理商总体上会随着保理费率的增加调高授信额度，但在保理费率处于不同水平时其最优授信策略又表现出不同的特征。当保理费率很低时（低于 r_F^2），授信额度最小，引导供应商采取保守性较强的策略，此时双方共同的目标是降低零售商违约概率，相当于把固定破产成本视为无穷大量，所以最优授信额度及相应的赊销量与破产成本无关。当保理费率增大后,保理商提高授信额度、供应商得以采取更加冒险的赊销决策,以至于破产成本相对"变小",成为影响保理商和供应商决策的重要影响因素。比较有趣的是,当授信额度达到 $\widetilde{L}$ 以后,继续增大费率时,保理商也不愿意提高授信额度,除非费率提高到一个非常高的水平 r_F^4。这是因为一旦授信额度高于 $\widetilde{L}$,意味着保理商要承担供应链的全部风险,如果没有足够高的融资费率,保理商就无法实现风险与收益的平衡。

(三) 固定破产成本较小时保理商的最优授信策略

当固定破产成本较小时,根据命题4.5中供应商的反应函数,通过分析应收账款可能发生的违约情况,以及违约时已实现销售收入在支付破产成本后在债权人之间的分配。可以得到保理商的期望利润函数如下:

$$\Phi_F = \begin{cases} \int_k^{K(L)} [p\xi(1-\gamma)-B]\mathrm{d}F(\xi) + \int_{K(L)}^{\infty}(L-y)\mathrm{d}F(\xi) + \\ y - \dfrac{L}{1+r_F},\ y < L \leqslant \overline{\overline{L}} \\ \int_k^{b(q_F)} [p\xi(1-\gamma)-B]\mathrm{d}F(\xi) + \int_{b(q_F)}^{\infty}(L-y)\mathrm{d}F(\xi) + \\ y - \dfrac{L}{1+r_F},\ \overline{\overline{L}} < L \leqslant \widetilde{L} \\ \int_{\frac{B}{p(1-\alpha)}}^{b(q_F)} [p\xi(1-\gamma)-B]\mathrm{d}F(\xi) + \int_{b(q_F)}^{\infty}(wq_F-y)\mathrm{d}F(\xi) + \\ (L-wq_F) + y - \dfrac{L}{1+r_F},\ L > \widetilde{L} \end{cases}$$

(4-19)

当 $L \geqslant \overline{\overline{L}}$ 时,保理商期望利润函数的形式与式(4-14)相同,因此容易得到保理商的最优策略。当 $y < L < \overline{\overline{L}}$ 时,可得保理商的一阶条件为 $\overline{F}(K(L)) = \dfrac{1}{1+r_F}$,满足该条件的最优授信额度为 L_3^*,可见,L_3^* 与 q_{F3}^* 无关,即保理商在授信时不考虑供应商的反应。

命题 4.7 存在保理费率 r_F^5、r_F^6 分别满足 $\overline{F}(k) = \dfrac{1}{1+r_F^5}$ 和 $\overline{F}(K(\overline{\widetilde{L}})) = \dfrac{1}{1+r_F^6}$，使得保理商的最优授信额度为：

$$L^* = \begin{cases} L_3^*, & r_F^5 \leq r_F < r_F^6 \\ L_2^{g*}, & r_F^6 \leq r_F < r_F^3 \\ \widetilde{L}, & r_F^3 \leq r_F < r_F^4 \\ L_h^*, & r_F > r_F^4 \end{cases} \quad (4-20)$$

由命题 4.7 可见，当固定破产成本较小时，保理商同样会提出最低保理费率要求，且可以判断此时保理费率的下限 $r_F^5 < r_F^1$，意味着保理商在破产成本低时更容易接受低费率。当保理费率高于一定水平（r_F^6）后，保理商的授信策略与破产成本较大的情形基本相同，即保理商会提供相对充足的授信、供应商可获得确定收益的同时需付出高昂的融资成本。但是，当保理费率介于 r_F^5 与 r_F^6 时，由于破产成本较低，供应商并不介意零售商破产后独自承担破产成本，因此会在授信额度小的时候采取最冒险的赊销策略。此时，因为保理费率较低，保理商不愿过多参与供应商的冒险行为，故保理商的授信额度与供应商的反应无关。

（四）数值算例

本小节通过数值算例，对不同内外部条件下，保理商与供应商的均衡策略及其效果进行进一步分析。假设市场需求服从 [0, 50] 上的均匀分布，零售价格 $p=1$，批发价格 $w=0.9$，生产成本 $c=0.65$，供应商的资金成本率 $r_B=0.2$，变动破产成本率 $\gamma=0.1$，零售商的前期支付 $y=4$，图 4-3 所示给出了保理商和供应商在不同的保理费率和固定破产成本下的均衡决策。如图 4-4 所示以 $B=2$ 为例，给出了供应商的最优赊销量以及最大期望利润随着保理费率的变动情况。

图 4-3 中，依据授信额度大于、等于及小于 $\widetilde{L}$ 将保理商的策略划分为高授信、中授信和低授信三种；依据破产临界点 $b(q^*)$ 小于 k、介于 k 与 K 之

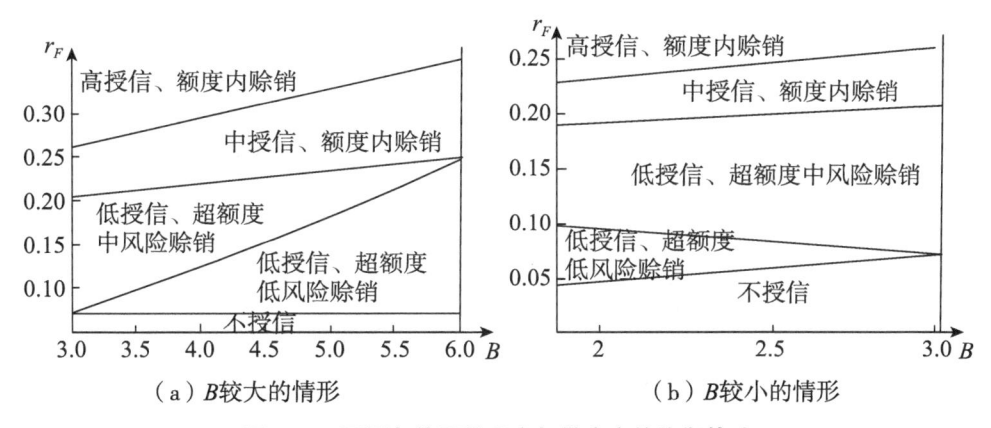

图 4-3　不同条件下保理商与供应商的均衡策略

间以及高于 K 将供应商超出授信额度的赊销策略划分为低风险、中风险和高风险三种。通过对比 4-3（a）和 4-3（b），有三点值得注意。（1）当 B 较大时，保理商提供高授信时所要求的费率明显高于 B 较小的情形，意味着保理商虽然通过提供授信代替供应商承担了市场风险，但又通过高额的费用将部分或有损失转移到了供应商身上。（2）当 B 较大时，只要费率低于确定水平，保理商就不会授信，而 B 较小时，保理商对费率低的判断标准是与 B 相关联的，此时，供应商通过选择破产成本低的交易能够从保理商处获得低费率融资。（3）当保理商提供低授信时，随着 B 的增大，供应商采取低风险策略的区间增大；采取高风险策略的区间缩小。进一步印证了供应商需要结合破产成本的高低调整赊销战略。

由图 4-4（a），随着保理费率的增加供应商的赊销量总是单调不减的，并且在保理费率超过一定临界值的时候供应商赊销量显著提高，说明保理商在高费率的刺激下会提高授信额度，使得供应商赊销量过大。因此，金融监管机构对保理费率的上限约束能够在一定程度上避免供应链的生产过剩。由图 4-4（b），适当提高保理费率时，由于保理授信融资能够更好匹配供应商的资金需求，因此有利于促进其期望利润的提升，然而当保理费率提高到一定程度后，尽管供应商可获得更高融资，但由此带来的新增收益会通过保理费用转移给保理商。

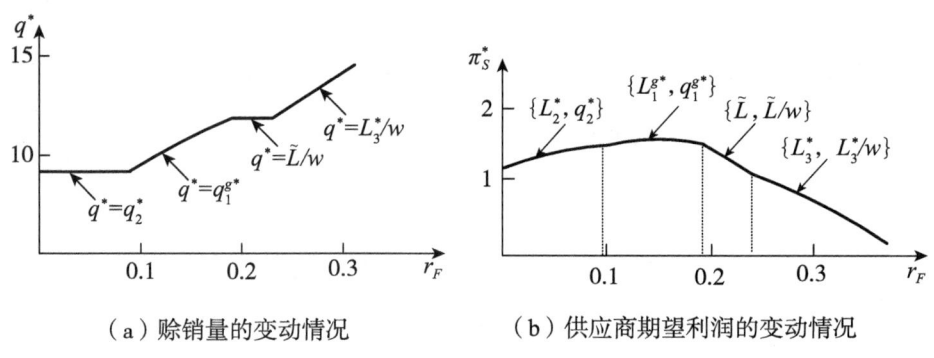

(a) 赊销量的变动情况　　(b) 供应商期望利润的变动情况

图 4-4　供应商的最优赊销量和期望利润随 r_F 的变动情况

四、本章小结

基于保理商采取不同事前风险控制措施时形成的两个典型情景，本章重点研究额度授信保理下供应链的最优保理融资与赊销策略。首先，构建了考虑买方资信水平的保理商与供应商之间的斯塔克伯格博弈模型，得出了保理商为了应对供应商的不同冒险程度的赊销策略而采取的不同授信策略。研究发现：存在关于零售商资信水平的临界值，对于资信高于临界值的零售商，保理商将提供相对充裕的保理授信，引导供应商采取稳健的赊销策略；否则，将提供较低的授信，导致供应商采取冒险的赊销策略。其次，在存在破产成本的情景下，研究了保理商的最优授信额度及供应商的最优赊销量。

第五章
供应链竞争下企业的保理融资与赊销策略

在单条供应链中，保理融资能够释放被应收账款占用的流动资金，从而提升供应链的运行效率。但是，在供应链竞争背景下，成员企业的决策不仅受供应链内部其他企业策略的影响，而且还会受其他供应链决策的影响。因此，在供应链竞争背景下，成员企业的保理融资与赊销策略还有待进一步探讨。前已述及，额度授信模式下的赊销交易以保理商提供授信为前提；而折扣转让模式下从事赊销的供应商，既可以选择保理也可以选择不保理。因此，以供应链竞争为背景，讨论供应链成员企业在折扣转让模式下的融资与赊销策略，不仅能够得到保理融资下相互竞争供应链的赊销策略，而且能够得出一条供应链的保理融资策略对其他供应链融资策略的影响。为了得到更加丰富的结论，本章以折扣转让模式为例，研究供应链竞争下成员企业的相关策略。另外，为了重点考察供应链竞争对保理与融资联合决策产生的影响并得到一些简明、直观的结论，本章未考虑保理商的风险控制措施及市场需求的随机性。

一、问题描述与模型假设

考虑多条相互竞争的供应链，每条链包含一个供应商和一个零售商。供应商将生产的产品销售给各自的零售商，零售商在终端市场上将商品销售给消费者。供应商由于在技术、能力等方面的优势，在供应链中处于领导者地位，零售商则处于追随者地位。进一步讲，处于领导者地位的所有供应商之间从事非合作博弈，追求自身利润的最大化。为了分析方便，假设每个零售商仅能从其独占的供应商处采购商品，并且零售商在需求市场进行非合作纳什博弈。

为了在供应链竞争背景下分析供应链的均衡保理融资策略，本章假设供应商都是具有资金约束的，也即供应商的初始资金不足以生产零售商需要的产品订购量，因此，每个供应商需要在期初决定是否采取保理融资。供应链成员企业的决策顺序依次为：（1）每个供应商同时决定生产过程中的融资策略：保理或不保理；（2）考虑竞争对手的融资策略，每个供应商确定最优的批发价格；（3）根据供应商确定的批发价格，每个零售商确定最优的产品订货数量。最后，零售商从各自供应商处采购商品并满足终端市场的顾客需求。

用 i 代表第 i 条供应链，$i=1, 2, \cdots, n$，并且由供应商 i 和零售商 i 构成，用 q_i 表示供应商和零售商之间的产品交易数量。为了分析方便，将所有供应链的产品交易数量表示为 n 维列向量，也即 $q=(q_1, q_2 \cdots q_n)^T$。用 w_i 表示供应商 i 确定的批发价格，并将所有供应商确定的批发价格表示为列向量 $w=(w_1, w_2 \cdots w_n)^T$。零售商在市场上进行古诺竞争，并且零售商 i 的需求函数与辛格和维夫斯（1984）的模型[141]相类似：

$$p_i = a_i - b_i q_i - \sum_{j=1, j \neq i}^{n} r_{ij} q_j \tag{5-1}$$

其中 p_i 为零售商 i 处的零售价格，a_i 为零售商 i 拥有的基本市场需求，a_i 越大表示该零售商由于品牌、质量和信誉等方面的优势拥有的市场规模越大。b_i 表示零售商 i 的价格关乎产品数量的弹性系数，r_{ij} 代表零售商 i 的零售价格关于竞争供应链零售商 j 产品供应量的弹性系数。为了合理性，假设当 $i=1, 2, \cdots, n$，$j=1, 2, \cdots, n$，并且 $j \neq i$ 时，$b_i > r_{ij}$，该假设说明：零售商 i 的产品供给量对零售价格 p_i 的影响要大于其他零售商产品供给量的影响。在一定程度上，r_{ij} 可以反映产品之间的可替代性，也可反映供应链之间的竞争激烈程度：r_{ij} 越大，产品之间的可替代性越强，供应链之间的竞争也越激烈。特别是，当 $r_{ij}=0$ 时，则表示产品 i（供应商 i 生产的产品）与产品 j 完全不可替代。

本章旨在供应链竞争背景下，分析供应链之间的保理策略是如何相互影响的，因此本章首先在两条供应链竞争的情境下，通过解析的方式获得一些管理启示，然后再将其拓展到多条供应链的情形。

二、两条供应链竞争下企业的保理融资与赊销策略

在本节中只考虑两条供应链竞争的情形,为了求解方便,将反需求函数一般化为 $p_i = a - q_i - rq_j$, $i, j = 1, 2$,且 $i \neq j$。根据模型描述,对于给定的批发价格 w_i,零售商将通过确定最优的产品订货量来实现利润最大化,并且零售商的利润函数可以表示为:

$$\pi_i(q_i) = (a - q_i - rq_j - w_i) q_i, \quad i, j = 1, 2, \quad i \neq j \tag{5-2}$$

很容易得到,零售商 i 的利润函数关于 q_i 是凹函数。因此,对于供应商 i 给定的任意批发价格 w_i,零售商 i 的最优产品订购量满足 $a - 2q_i - rq_j - w_i = 0$;同理可以得到,零售商 j 的最优产品订购量满足 $a - 2q_j - rq_i - w_j = 0$。由于零售商之间从事非合作纳什博弈,因此联立上述两个方程,可以得到零售商 i 的最优反应函数为 $\dfrac{2(a-w_i) - r(a-w_j)}{4-r^2}$,$i, j = 1, 2$,$i \neq j$。如果供应商 i 拥有足够的自有资金支付零售商订货量的生产成本,则供应商将通过确定最优的批发价格实现自身利润的最大化,并且供应商的利润函数可以表示为:

$$\Pi_i(w_i) = (w_i - c_i) q_i, \quad i = 1, 2 \tag{5-3}$$

其中,c_i 为供应商 i 的单位生产成本,不失一般性,假设 $c_i = c_j = c$。通过逆向归纳法,可以得到供应商和零售商的均衡策略为:

$$\begin{cases} w_i^* = \dfrac{2(a+c) - ar}{4-r}, & i = 1, 2 \\ q_i^* = \dfrac{2(a-c)}{(4-r)(2+r)}, & i = 1, 2 \end{cases} \tag{5-4}$$

如上文所述,本书关注的是供应商具有资金约束的情形以研究供应链企业的保理融资策略,故假设供应商的自有资金不足以支付生产成本。用 V_i 表示供应商 i 可用于生产产品的现金量(本节假设供应商的初始资金是相等的,即 $V_i = V_j = V$,在下节中将放宽这一限制),从而有 $V \leq cq_i^*$。因此,在确定批发价格之前,两个供应商首先要确定融资策略,保理或不保理。为了方便表示,用 (X_1, X_2) 表示两个供应商的融资策略,其中 $X_i \in \{F, N\}$,$i = 1$,

2。$X_i = F$ 代表供应商 i 采取保理融资策略；$X_i = N$ 代表供应商 i 采取不保理策略。接下来通过分析不同的融资策略下均衡的订货数量和批发价格，得到均衡的融资安排。

（一）两个供应商都不保理时的均衡策略

如果供应商 i 选择不保理策略，就需要在初始资金约束下确定最优的产品批发价格 w_i 使其利润最大化。用 $K = V/c$ 表示供应商使用自有资金能够达到的最大生产量，显然，$K \leq q_i^*$ [q_i^* 由式（5-4）给出]，否则供应商 i 就不具有资金约束。因此，供应商 i 的最优化问题可以表示为：

$$\max_{w_i^{(N,N)}} \Pi_i^{(N,N)}(w_i^{(N,N)}) = (w_i^{(N,N)} - c) \frac{2(a - w_i^{(N,N)}) - r(a - w_j^{(N,N)})}{4 - r^2}$$

$$s.t. \quad \frac{2(a - w_i^{(N,N)}) - r(a - w_j^{(N,N)})}{4 - r^2} \leq K. \quad i,j = 1, 2. \, i \neq j \tag{5-5}$$

其中，$\dfrac{2(a - w_i^{(N,N)}) - r(a - w_j^{(N,N)})}{4 - r^2}$ 是当供应商 i 不采取保理融资策略时零售商 i 的最优反应。因此，可得到如下命题。

命题 5.1 如果两个供应商都选择不保理，并且 $K \leq q_i^*$，则供应商和零售商的均衡策略可以表示为：

$$\begin{cases} w_i^{*(N,N)} = a - (2+r)K, \, i = 1, 2 \\ q_i^{*(N,N)} = K, \, i = 1, 2 \end{cases} \tag{5-6}$$

证明：根据式（5-5），可以得到：

（1）若 $ar_F - 2[(a-c) - K(4 - r_F^2)] \geq 0$，则供应商 i 关于 $w_j^{(N,N)}$ 的最优反应函数可以表示为：

$$w_i^{*(N,N)}(w_j^{(N,N)}) = \begin{cases} \dfrac{2(a+c)-r_F(a-w_j^{(N,N)})}{4}, \\ \quad w_j^{(N,N)} \leqslant \dfrac{ar_F-2[(a-c)-K(4-r_F^2)]}{r} \\ \dfrac{2(a+c)+r_F w_j^{(N,N)}-K(4-r_F^2)}{2}, \\ \quad w_j^{(N,N)} > \dfrac{ar-2[(a-c)-K(4-r_F^2)]}{r_F} \end{cases}$$

若 $w_j^{(N,N)} \leqslant \dfrac{ar_F-2[(a-c)-K(4-r_F^2)]}{r}$，简称供应商 j 采取了"低批发价格"策略，否则就称供应商 j 采取了"高批发价格"策略。采取不同策略时，供应商的最优决策和收益矩阵如表 5-1 和表 5-2 所示。

表 5-1 供应商的最优决策

	高批发价格 $w_2^{(N,N)}$	低批发价格 $w_2^{(N,N)}$
高批发价格 $w_1^{(N,N)}$	$w_1^{(N,N)}=a-(2+r_F)K$ $w_2^{(N,N)}=a-(2+r_F)K$	$w_1^{(N,N)}=\dfrac{4c+(4-r_F^2)(a-Kr_F)}{8-r^2}$ $w_2^{(N,N)}=\dfrac{a(8-2r_F-r_F^2)+2[cr_F-2K(4-r_F^2)]}{8-r_F^2}$
低批发价格 $w_1^{(N,N)}$	$w_1^{(N,N)}=\dfrac{a(8-2r_F-r_F^2)+2[cr_F-2K(4-r_F^2)]}{8-r_F^2}$ $w_2^{(N,N)}=\dfrac{4c+(4-r_F^2)(a-Kr_F)}{8-r_F^2}$	无

根据表 5-2 中的收益矩阵，对任意给定的 $K \leqslant \dfrac{2(a-c)}{(4-r)(2+r_F)}$，可以判定 $K[(a-c)-K(2+r_F)]-\dfrac{K(2-r_F)[(4+r_F)(a-c)-4K(2+r_F)]}{(8-r_F^2)^2} \geqslant 0$，因此，供应商都有采取"高批发价格"策略的动机以提高自身的收益。从而，当 $ar_F-2[(a-c)-K(4-r_F^2)] \geqslant 0$ 时，供应商的均衡批发价格策略为 $w_i^{(N,N)}=a-(2+r_F)K$, $i=1,2$。

表 5-2 供应商的收益矩阵

	高批发价格 $w_2^{(N,N)}$	低批发价格 $w_2^{(N,N)}$
高批发价格 $w_1^{(N,N)}$	$\Pi_1^{(N,N)} = K[(a-c)-K(2+r_F)]$ $\Pi_2^{(N,N)} = K[(a-c)-K(2+r_F)]$	$\Pi_1^{(N,N)} = \dfrac{2(4-r_F^2)(a-c-Kr_F)^2}{(8-r_F^2)^2}$ $\Pi_2^{(N,N)} = \dfrac{K(2-r_F)[(4+r_F)(a-c)-4K(2+r_F)]}{(8-r_F^2)^2}$
低批发价格 $w_1^{(N,N)}$	$\Pi_1^{(N,N)} = \dfrac{K(2-r_F)[(4+r_F)(a-c)-4K(2+r_F)]}{(8-r_F^2)^2}$ $\Pi_2^{(N,N)} = \dfrac{2(4-r_F^2)(a-c-Kr_F)^2}{(8-r_F^2)^2}$	无

（2）当 $ar_F - 2[(a-c)-K(4-r_F^2)] < 0$ 时，供应商 i 的关于批发价格 $w_j^{(N,N)}$ 的最优反应函数为：

$$w_i^{*(N,N)}(w_j^{(N,N)}) = \frac{2(a+c)+r_F w_j^{(N,N)} - K(4-r_F^2)}{2}, \quad i=1,2$$

联立两个供应商的最优反应函数，可以得到供应商的均衡批发价格为 $w_i^{(N,N)} = a-(2+r_F)K$，$i=1,2$。证毕。

根据命题 5.1，若供应商不采取保理策略时，则供应商拥有的自有资金越少，其确定的批发价格会越高，以防止零售商订购数量超过其最大产品生产数量。进一步，根据式（5-6），供应商、零售商以及整条供应链的均衡利润可以表示为：

$$\begin{cases} \Pi_i^{*(N,N)} = K[(a-c)-K(2+r)] \\ \pi_i^{*(N,N)} = K^2 \qquad\qquad\qquad\qquad i=1,2 \\ \Pi_{S_i}^{*(N,N)} = K[(a-c)-K(1+r)] \end{cases} \quad (5-7)$$

其中，$\Pi_i^{*(N,N)}$、$\pi_i^{*(N,N)}$ 和 $\Pi_{S_i}^{*(N,N)}$ 分别是供应商、零售商和供应链的最优利润。通过式（5-6）给出的均衡策略和式（5-7）的利润，可得到如下命题。

命题 5.2（1）如果 $\dfrac{2-r}{2}q_i^* \leq K \leq q_i^*$，$\Pi_i^{*(N,N)} \geq \Pi_i^*$，否则，$\Pi_i^{*(N,N)} < \Pi_i^*$，其中，$\Pi_i^*$ 表示无资金约束时供应商 i 的最优利润。（2）$\pi_i^{*(N,N)} < \pi_i^*$ 并且

$\Pi_{S_i}^{*(N,N)} < \Pi_{S_i}^{*}$。

根据命题 5.2，如果供应商的初始资金使得 K 满足 $\frac{2-r}{2}q_i^* \leq K \leq q_i^*$，供应商通过提高批发价格引起零售商降低订货量，但是供应商相较资金充裕时（无资金约束时）反而获得更多的收益。然而，此时供应商收益的增加以零售商和整条供应链的收益降低为代价。

（二）两个供应商都保理时的均衡策略

如果保理协议是以反向保理形式达成的，零售商因提供了担保将要求一定的利润返还或是延期付款。由于本书仅考虑传统保理的情形，故不考虑供应商对零售商的补偿。因此，保理时零售商的利润函数保持不变，而供应商的目标函数仅增加了一项：保理融资成本。于是，供应商需要在更高的产能和更高额的融资支出之间进行权衡。进一步地，当两个制造商同时选择保理融资策略时，两个供应商的目标可以表示为：

$$\max_{w_i^{(F,F)}} \Pi_i^{(F,F)}(w_i^{(F,F)}) = (w_i^{(F,F)} - c) q_i^{(F,F)} - r_F c (q_i^{(F,F)} - K) \quad (5-8)$$

$$s.t. \; q_i^{(F,F)} - K \geq 0$$

其中，$c(q_i^{(F,F)} - K)$ 是供应商 i 的融资数额，r_F 是保理融资利息率，$r_F c (q_i^{(F,F)} - K)$ 为保理商收取的费用总额。本节假设供应商可以部分转让应收账款（即仅换取生产资金的缺口部分）。将零售商的最优反应函数代入等式（5-8），容易验证 $\Pi_i^{(F,F)}$ 是关于 $w_i^{(F,F)}$ 的凹函数，可以得到以下结论。

命题 5.3（1）如果两个保理商同时选择保理融资并且 $r_F < \bar{r}_F$，供应链存在如下均衡策略：

$$\begin{cases} w_i^{*(F,F)} = \dfrac{2(a+c) - ar + 2cr_F}{4-r} = w_i^* + \dfrac{2cr_F}{4-r} \\ q_i^{*(F,F)} = \dfrac{2[a - c(1+r_F)]}{(4-r)(2+r)} = q_i^* - \dfrac{2cr_F}{(4-r)(2+r)} \end{cases} \quad (5-9)$$

（2）如果 $r_F \geq \bar{r}_F$，供应链的均衡策略退化为第一小节的情形。其中，$\bar{r}_F = \dfrac{2(a-c) - (4-r)(2+r)K}{2c}$。

证明：命题 5.3 的证明与命题 5.1 证明类似，此处省略。

根据式（5-9），供应商和零售商将获得如下利润：

$$\begin{cases} \Pi_i^{*(F,F)} = \dfrac{2(2-r)[a-c(1+r_F)]^2}{(2+r)(4-r)^2} + r_F cK \\ \pi_i^{*(F,F)} = \dfrac{4[a-c(1+r_F)]^2}{(2+r)^2(4-r)^2} \end{cases} \quad (5-10)$$

值得注意的是，式（5-9）对应的均衡策略与供应商的初始资金水平不相关，只受保理融资利息率的影响。特别地，当利息率足够低的时候，也即 $r_F < \bar{r}_F$ 时，根据式（5-9）和式（5-10），可以得到：（1）供应链 i 的最优批发价格和订货量分别随利息率的增加而单调递增和单调递减。（2）$\Pi_i^{*(F,F)}$ 是关于 r_F 的凸函数，并且存在 r_F^* 使得 $r_F \leq r_F^*$ 时，供应商 i 的利润随保理利息率的增大而减少，而当 $r_F^* < r_F \leq \bar{r}_F$ 时，供应商的利润随利息率的增大而增加，其中 $r_F^* = \dfrac{4(2-r)(a-c) - K(2+r)(4-r)^2}{4c(2-r)}$。但是当 $r_F \geq \bar{r}_F$ 时，两个供应商都不会选择保理融资策略。

（三）一个供应商保理而另一个供应商不保理时的均衡策略

本小节考虑两个供应商采取不对称融资策略的情形。不失一般性，假设供应商 1 选择保理而供应商 2 选择不保理。这样，两个供应商的利润函数可以表示为：

$$\begin{cases} \Pi_1^{(F,N)}(w_1^{(F,N)}) = (w_1^{(F,N)} - c) q_1^{(F,N)} - r_F(cq_1^{(F,N)} - V) \\ s.t.\ q_1^{(F,N)} \geq K \\ \Pi_2^{(F,N)}(w_2^{(F,N)}) = (w_2^{(F,N)} - c) q_2^{(F,N)} \\ s.t.\ q_2^{(F,N)} \leq K \end{cases} \quad (5-11)$$

将零售商的反应函数代入式（5-11），可以得到如下命题。

命题 5.4 当供应商 1 选择保理而供应商 2 不保理，且 $K \leq q_i^*$，（1）如果 $r_F \leq \bar{r}_F$，两条供应链的均衡策略为：

$$\begin{cases} w_1^{*(F,N)} = \dfrac{(4-r^2)(a-Kr)+4c(1+r_F)}{8-r^2}, & q_1^{*(F,N)} = \dfrac{2(a-c-Kr-cr_F)}{8-r^2} \\ w_2^{*(F,N)} = \dfrac{a(8-2r-r^2)-2[2K(4-r^2)-cr(1+r_F)]}{8-r^2}, & q_2^{*} = K \end{cases}$$

(5-12)

(2) 如果 $r_F > \bar{r}_F$,两条供应链的最优策略退化为第一小节的情形。

根据式(5-12)供应商和零售商的利润如下:

$$\begin{cases} \Pi_1^{*(F,N)} = \dfrac{2(4-r^2)(a-c-Kr-cr_F)^2}{(8-r^2)^2} + r_F cK \\ \pi_1^{*(F,N)} = \dfrac{4(a-c-Kr-cr_F)^2}{(8-r^2)^2} \\ \Pi_2^{*(F,N)} = \dfrac{(2-r)[(4+r)(a-c)-4K(2+r)]+2crr_F}{8-r^2}K \\ \pi_2^{*(F,N)} = K^2 \end{cases}$$

(5-13)

基于命题 5.4 和式(5-13),可以得到两个结论:(1) $\dfrac{\mathrm{d}w_i^{*(F,N)}}{\mathrm{d}K} < 0$ 并且 $\dfrac{\mathrm{d}q_i^{*(F,N)}}{\mathrm{d}K} > 0$,这就意味着无论供应商是否采取保理融资,更多的资金禀赋能够使得供应商提供更低的批发价格并引导零售商订购更多产品。(2) 对于任意的 $K \leqslant q^*$ 且 $r_F \leqslant \bar{r}_F$,恒有 $\Pi_{S_1}^{*(F,N)} > \Pi_{S_2}^{*(F,N)}$,表示当一条供应链采取保理融资而另一条供应链不保理时,采取保理融资的供应链总是能够获得更高的利润。

(四) 两条供应链的均衡保理融资策略

首先分析不同的融资策略对供应商、零售商和供应链总利润的影响。

命题 5.5 对于 $K \leqslant q^*$,(1) 如果 $K_2 \leqslant K \leqslant K_1$,$\Pi_1^{*(F,N)} \leqslant \Pi_1^{*(N,N)}$,其中,$K_2 = \dfrac{(4-r^2)[a-c(1+r_F)]}{16+4r-2r^2-r^3}$,$K_1 = \dfrac{2[a-c(1+r_F)]}{8+2r-r^2}$;否则,$\Pi_1^{*(F,N)} \geqslant \Pi_1^{*(N,N)}$;

(2) $\pi_1^{*(F,N)} \geqslant \pi_1^{*(N,N)}$;$\Pi_{S_1}^{*(F,N)} > \Pi_{S_1}^{*(N,N)}$;

(3) 如果 $K_3 \leqslant K \leqslant K_1$,$\Pi_2^{*(F,F)} \leqslant \Pi_2^{*(F,N)}$,否则,$\Pi_2^{*(F,F)} \geqslant \Pi_2^{*(F,N)}$,其

中，$K_3 = \dfrac{(8-r^2)[a-c(1+r_F)]}{4(8+2r-r^2)}$；

(4) $\pi_2^{*(F,F)} \geqslant \pi_2^{*(F,N)}$；$\Pi_{S_2}^{*(F,F)} \geqslant \Pi_{S_1}^{*(F,N)}$；

(5) 如果 $K_4 \leqslant K \leqslant K_1$，$\Pi_i^{*(F,F)} \leqslant \Pi_i^{*(N,N)}$，否则，$\Pi_i^{*(F,F)} \geqslant \Pi_i^{*(N,N)}$，其中，$K_4 = \dfrac{(2-r)[a-c(1+r_F)]}{8+2r-r^2}$；

(6) $\pi_i^{*(F,F)} \geqslant \pi_i^{*(N,N)}$，$\Pi_{S_i}^{*(F,F)} \geqslant \Pi_{S_i}^{*(N,N)}$；

(7) $K_4 \leqslant K_2 \leqslant K_3 \leqslant K_1$。

证明：根据命题 5.1，命题 5.3 和命题 5.4 的结论，容易比较不同保理融资策略下供应商、零售商以及供应链的利润函数，可得到命题 5.5 的结论。证毕。

在本节中，供应商与零售商是在批发价格契约下形成产品的交易关系。在该合同下，如果保理不能为供应商带来额外的利润，供应商就没有动力采取保理融资；相应地，如果保理不能为零售商带来额外的利润，零售商也没有动力对应收账款转让给保理商进行确认。因此，保理是否能够同时为供应商和零售商带来额外收益是供应链是否接受保理融资的唯一条件。以下命题给出了两条供应链的均衡融资策略。

命题 5.6 在批发价格契约下，(1) 如果 $r_F \leqslant \bar{r}_F$ 并且 $K \leqslant K_4$，均衡的保理融资策略为 (F, F)；

(2) 如果 $r_F \leqslant \bar{r}_F$ 并且 $K_4 \leqslant K \leqslant K_2$，均衡的保理融资策略为 (F, F)，此时的均衡策略出现"囚徒困境"现象；

(3) 如果 $r_F \leqslant \bar{r}_F$ 并且 $K_2 \leqslant K \leqslant K_3$，均衡的保理融资策略为 (N, N) 或 (F, F)；

(4) 如果 $r_F \leqslant \bar{r}_F$ 并且 $K_3 \leqslant K \leqslant K_1$，均衡的保理融资策略为 (N, N)；

(5) 如果 $r_F > \bar{r}_F$，两条供应链的均衡保理策略为 (N, N)。

证明：(1) 根据命题 5.5 的结论，对任意的 $r_F \leqslant \bar{r}_F$，有 $\pi_1^{*(F,N)} \geqslant \pi_1^{*(N,N)}$ 和 $\pi_1^{*(F,F)} \geqslant \pi_1^{*(N,F)}$，所以不管供应链 2 采不采取保理融资策略，当供应商 1 采取保理融资策略时零售商 1 的利润都会增加。因此，在批发价格契约条件

下,两条供应链的均衡保理融资策略都只取决于供应商存不存在保理的动机。

(2) 对于任意给定的 $r_F \leqslant \bar{r}_F$ 并且 $K \leqslant K_2$,由于有 $\Pi_1^{*(F,N)} \geqslant \Pi_1^{*(N,N)}$ 和 $\Pi_2^{*(F,F)} \geqslant \Pi_2^{*(F,N)}$,因此如果初始的融资策略是两条供应链都不采取保理融资,也即 (N, N) 策略,供应商 1 有动机采取"保理融资"策略,从而形成 (F, N) 策略。进一步,根据命题 5.5,供应商 2 的最优反应为"保理融资"策略,从而形成 (F, F) 策略。该过程可以描述为 (N, N) → (N, F) or (F, N) → (F, F)。因此,当 $r_F \leqslant \bar{r}_F$ 并且 $K \leqslant K_2$ 时,(F, F) 是唯一的均衡融资策略。

(3) 当 $r_F \leqslant \bar{r}_F$ 并且 $K_4 \leqslant K \leqslant K_2$ 时,$\Pi_i^{*(F,F)} \leqslant \Pi_i^{*(N,N)}$,此时 (F, F) 策略出现"囚徒困境"现象。

(4) 命题 5.6 的其他结论可以通过类似的方法获得。证毕。

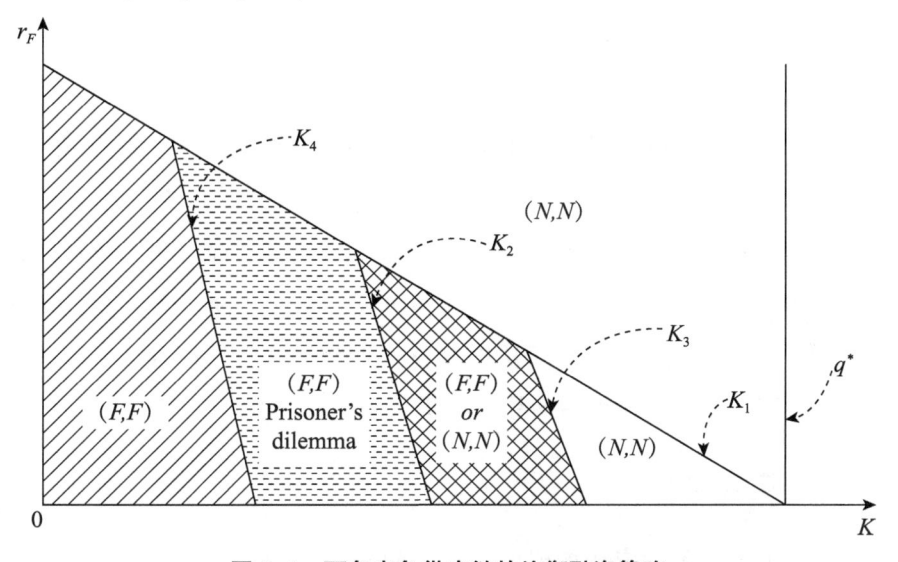

命题 5.6 中的结论可以用图 5-1 表示。随着供应链之间竞争的加剧(r 变大),实线 K_1,K_2,K_3,K_4 均向左下方倾斜,并且可以发现以下有趣的结论。

图 5-1 两条竞争供应链的均衡融资策略

(1) 当两条供应链的初始资金相对丰裕的时候,即 $K_3 \leqslant K$,每个供应商都会通过提高批发价格抑制下游零售商的订货量来解决资金短缺的问题,并获得更大的利润。然而,此时供应商收益的增加是以零售商以及整个供应链的利润损失为代价的。因此该策略不利于供应链的稳定以及长期的发展。

（2）当 $K_2 \leq K \leq K_3$ 时，存在两种均衡结果：(N, N) 和 (F, F)。当选择 (F, F) 时，供应商能够获得更高产能，从而使得零售商以较低的批发价格订购更多的产品，这对维持供应链的稳定具有重要作用。因此，尽管采取 (N, N) 策略能够获得更高利润，但相对于 (N, N) 供应商更倾向于采取 (F, F) 策略。

（3）当 $K \leq K_2$ 时，(F, F) 是唯一的均衡策略。保理融资使供应链获得高产能。然而，当 K 同时也大于 K_4 时，由于高产能带来的利益低于批发价格降低带来的损失，此时供应商会陷入"囚徒困境"。

由于本章仅考虑含批发价格契约的情形，因此只有对供应商和零售商均有益的保理合同才会被接受。如果同其他契约，如转移支付或收益共享契约同时使用，供应链的总收益则可以视为保理融资可接受性的判断准则。

接下来，考虑一个包含 n 条供应链的系统，其中，$c_i \neq c_j$，$V_i \neq V_j$，$i = 1, 2, \cdots n$，$j = 1, 2, \cdots n$ 且 $i \neq j$。

三、多条供应链竞争下企业的保理融资与赊销策略

本节将多条供应链竞争下的保理问题刻画为由多个领导者、多个追随者构成的二层非合作博弈。此外，供应商在上层非合作地进行批发价格和融资策略竞争。在下层，零售商之间从事非合作博弈，并且根据供应商提出的批发价格和融资策略确定均衡的产品订购量。

（一）模型构建

考虑一个由 n 条供应链构成的系统，每条供应链由一个供应商和一个零售商构成。用 V_i 代表供应商 i 可用于生产的初始资金，$K_i = V_i/c_i$ 表示资金约束下供应商 i 的最大产量，其中 c_i 为单位生产成本。用 ρ_i 代表供应商 i 的融资策略，向量 $\rho = (\rho_1, \rho_2, \cdots, \rho_n)^T$ 代表所有供应商的融资策略，若 $\rho_i = 0$ 表示供应商 i 选择不保理策略；若 $\rho_i = 1$，则表示供应商 i 选择保理融资策略。

若供应商 i 选择不保理,即 $\rho_i = 0$,则需要在 $q_i \leq K_i$ 的约束下确定最优的批发价格 w_i 来实现利润最大化,此时供应商 i 的利润为 $(w_i - c_i) q_i$。若供应商 i 选择保理,即 $\rho_i = 1$,其利润可以表示为 $(w_i - c_i) q_i - r_{Fi} c_i (q_i - K_i)$,其中,$c_i (q_i - K_i)$ 是供应商 i 的融资总额,r_{Fi} 是保理融资利息率,$r_{Fi} c_i (q_i - K_i)$ 是保理商收取的总保理费用。综合上述描述,供应商 i 的优化问题可以表示为:

$$\max_{w_i, \rho_i} \Pi_i (w_i, \rho_i; q_i) = (w_i - c_i) q_i - \rho_i c_i r_{Fi} \left(q_i - \frac{V_i}{c_i} \right)$$

$$s.t. \quad (1 - 2\rho_i) \left(q_i - \frac{V_i}{c_i} \right) \leq 0$$

$$q_i \geq 0 \quad \rho_i = 0 \text{ 或 } 1 \tag{5-14}$$

令 $\pi_i (q_i; w_i, \rho_i)$ 表示零售商 i 的利润函数,而零售商的优化问题则可以表示为:

$$\max_{q_i} \pi_i (q_i; w_i, \rho_i) = (p_i - w_i) q_i = \left(a_i - b_i q_i - \sum_{j=1, j \neq i}^{n} r_{ij} q_j - w_i \right) q_i$$

$$s.t. \quad q_i \geq 0 \tag{5-15}$$

其中,p_i 如式(5-1)所示。因为 q_i 是给定 ρ_i 和 w_i 时下层零售商的均衡策略(下层零售商之间进行非合作纳什博弈),显然上层供应商博弈问题实际包含了下层均衡策略的隐函数。注意到零售商的目标函数是关于 q_i 的二次凸函数,因此零售商的均衡策略必然存在并且是唯一的。考虑到问题(5-14)中的约束条件包含其他供应商的决策,因此,供应商之间的非合作博弈实际上是具有均衡约束的广义纳什博弈问题。

由于零售商在市场中进行非合作纳什博弈,对于给定的竞争对手的最优策略,每个零售商都要决策最优的订货量以实现自身利润最大化。这样,零售商 i 面临的问题是在给定的供应商的 w 和 ρ 的前提下,根据竞争对手的策略 q_{-i} 来确定满足式(5-15)的最优订货策略。其中,$q_{-i} (w, \rho) = (q_1 (w, \rho), q_2 (w, \rho), \cdots, q_{i-1} (w, \rho), q_{i+1} (w, \rho), \cdots, q_n (w, \rho))^T$。从而,可以得到由所有零售商的最优订货策略构成一组解 $q^* (w, \rho)$,其中,每个零售商 i,$i = 1, 2, \cdots, n$,都在其对手采取纳什均衡策略 $q_{-i}^* (w, \rho)$ 的前提下求解自身的最优订货策略 $q_i^* (w, \rho)$。因此,零售商之间纳什博弈的均衡结果可以表示为如下变分不等式。

命题 5.7 当且仅当向量 $q^*(w,\rho)$ 是如下变分不等式的解，$q^*(w,\rho)$ 是零售商之间非合作纳什博弈的均衡结果。

$$\sum_{i=1}^{n}(2b_iq_i^* + \sum_{j=1,j\neq i}^{n}r_{ij}q_i^* + w_i - a_i)(q_i - q_i^*) \geq 0,$$
$$\forall q_i \geq 0, \ i = 1, 2, \cdots, n \tag{5-16}$$

证明：由于零售商之间从事非合作纳什博弈，同时根据零售商利润函数的凹性，对于供应商确定的任意批发价格 w_i，q_i^* 是零售商的最优产品订购量当且仅当 q_i^* 是如下问题的解：

$$(q_i - q_i^*)^T \nabla_{q_i}\pi_i(q;w) \geq 0, \ \forall q_i \in R_+^n$$

因此，通过将所有零售商的上述条件合并，可以得到如果 q^* 是零售商之间非合作纳什博弈的均衡解，则 q^* 必须是变分不等式（5-16）的解。

相反，对任意给定的 w，如果 q^* 是变分不等式（5-16）的解，在式（5-16）中令 $q = (q_1^*, q_2^*, \cdots q_{i-1}^*, q_i, q_{i+1}^*, \cdots, q_n^*)^T$，容易将变分不等式（5-16）化简为上式，因此，如果 q^* 是变分不等式的解，则对任意的零售商 i，q_i^* 是上述不等式的解。证毕。

根据变分不等式与互补问题之间的等价性，零售商的均衡条件可以表示为如下互补问题：

$$0 \leq q \perp u(q;w,\rho) \geq 0 \tag{5-17}$$

其中，$u(q;w,\rho) = [u_1(q;w,\rho), \cdots, u_n(q;w,\rho)]^T$，且 $u_i(q;w,\rho) = 2b_iq_i + \sum_{j=1,j\neq i}^{n}r_{ij}q_i + w_i - a_i$，引入松弛变量 s，互补问题（5-17）可以表示为：

$$\begin{cases} u(q;w,\rho) - s = 0 \\ 0 \leq q \perp s \geq 0 \end{cases} \tag{5-18}$$

由于供应商能够预测到零售商的最优策略并且以此为依据选择最优策略，则每个供应商将会基于互补问题（5-18）的均衡解来求解自身的优化问题。因此，供应商 i（$i = 1, 2, \cdots, n$）的利润函数可以表示为：

$$\max_{w_i,\rho_i} \Pi_i(w,\rho;q) = (w_i - c_i)q_i - \rho_i c_i r_{Fi}\left(q_i - \frac{V_i}{c_i}\right)$$

$$(1-2\rho_i)\left(q_i-\frac{V_i}{c_i}\right) \leq 0$$

$$u(q;w,\rho)-s=0$$

$$0 \leq q \perp s \geq 0$$

$$w_i \geq 0$$

$$\rho_i = 0 \text{ 或 } 1 \tag{5-19}$$

根据式 (5-18)，下层零售商均衡策略对应的互补问题实质上是关于上层供应商批发价格 w 和保理融资策略 ρ 的参数互补问题，并且 ρ 是二元变量。因此，$\Pi_i(w_i,\rho_i;q_i)$ 实质上是含有二元变量混合整数的（Mathematical Programs with Equilibrium Constraints, MPEC）问题，因此该问题的求解非常困难，所以，可将供应商均衡策略的求解过程分为以下两步。

（1）对应任意给定的保理融资策略 ρ，将供应商之间的博弈问题转化为 MPEC 问题，获得均衡的批发价格和均衡的产品订购量。

（2）对应每个给定的保理融资策略 ρ，根据第一步获得的均衡批发价格和均衡产品订购量，获得每个供应商的均衡利润函数，得到供应商的收益矩阵。进一步地，根据矩阵博弈的求解方法[142]，获得所有供应商的均衡保理策略。

特别地，本章假设供应商之间进行非合作纳什博弈，每个供应商根据竞争对手的最优策略决定最优的产出和融资策略。对于给定的保理融资策略 ρ，供应商 i 的均衡解可以表示为如下问题 (5-20) 的解。

$$\underset{w_i,q,s}{\operatorname{argmax}} \Pi_i(w_i;\hat{w},\rho,q)$$

$$s.t. \ (1-2\rho_i)\left(q_i-\frac{V_i}{c_i}\right) \leq 0 \quad (20.1)$$

$$u(w,\rho,q)-s=0 \quad (20.2)$$

$$qs \leq 0 \quad (20.3)$$

$$w_i \geq 0 \quad (20.4)$$

$$q \geq 0 \quad (20.5)$$

$$s \geq 0 \quad (20.6) \tag{5-20}$$

其中，$\hat{w}=(w_1^*,\cdots,w_{i-1}^*,w_{i+1}^*,\cdots,w_n^*)^T$。

式 (5-20) 中提出的多链竞争均衡模型实际上是一个 Equilibrium Problem with Equilibrium Constraints (EPEC) 问题。显然，每个供应商的优化问题的约束条件都是一个含参数的互补系统，其中，q 为主变量，w 和 ρ 为参数，该问题也可视为一个具有均衡约束的数学规划问题，即 MPEC。进一步地，由于约束条件中含有互补条件，EPEC 问题可能不存在全局均衡解，此时一些局部含义上的均衡策略可以用来替代全局均衡解，例如，局部纳什均衡解、纳什平稳点、M-平稳点和强平稳点。特别地，弗莱彻和莱弗（2004）证明了强平稳点与非线性规划问题（5-20）的 Karush-Kuhn-Tucker (KKT) 条件是等价的[143]，并且 EPEC 的强平稳点可以用如下命题来表示。

命题 5.8 对于任意给定的一个供应商的保理融资策略 ρ，问题（5-21）的解 $(w, \rho, q, s, \varepsilon^1, \varepsilon^2, \varepsilon^3, \varepsilon^4, \varepsilon^5, \varepsilon^6)$ 为多领导者-追随者博弈问题（5-20）的强平稳点。

$$-\nabla_{w_i}\Pi_i(w, \rho, q) - \varepsilon_i^2 \nabla_{w_i} u(w, \rho, q) - \varepsilon_i^4 = 0$$

$$-\nabla_{q_i}\Pi_i(w, \rho, q) - \varepsilon_i^1 \nabla_{q_i} g_i(\rho_i, q_i) - \varepsilon_i^2 \nabla_{q_i} u(w, \rho, q) + s_i \varepsilon_i^3 - \varepsilon_i^5 = 0$$

$$\varepsilon_i^2 + q_i \varepsilon_i^3 - \varepsilon_i^6 = 0$$

$$0 \leq g_i(\rho_i, q_i) \perp \varepsilon_i^1 \geq 0$$

$$u_i(w, \rho, q) - s = 0$$

$$0 \leq -qs \perp \varepsilon^3 \geq 0$$

$$0 \leq w_i \perp \varepsilon_i^4 \geq 0$$

$$0 \leq q_i \perp \varepsilon_i^5 \geq 0$$

$$0 \leq s_i \perp \varepsilon_i^6 \geq 0$$

(5-21)

其中 $g_i(\rho_i, q_i) = (1-2\rho_i)\left(q_i - \dfrac{V_i}{c_i}\right)$，并且 $\varepsilon^1, \varepsilon^2, \varepsilon^3, \varepsilon^4, \varepsilon^5, \varepsilon^6$ 分别为 (20.1) 至 (20.6) 的拉格朗日乘子。

根据命题 5.8 的结论，对于任意给定的保理融资策略 ρ，供应商和零售商的决策能够通过问题（5-21）近似得到。进一步地，可以获得每个供应商的均衡利润函数，获得供应商的收益矩阵，并根据矩阵博弈的求解方法[142]，获得供应商的均衡保理策略。

（二）数值模拟与分析

本小节将利用强平稳点的定义（命题 5.8）对几个数值算例进行求解，并对方法的有效性做进一步讨论。

针对三条供应链构成的竞争系统，每条供应链由一个供应商和一个零售商的情形进行分析，假设供应商 i 的单位制造成本为 10，零售商的价格需求函数为：

$$p_i = 100 - 2q_i - \sum_{j=1, j\neq i}^{m} q_j, \ i = 1, 2, 3$$

当供应商拥有足够的自有资金生产零售商订购的产品时，可以计算出供应商和零售商的均衡决策，并且得到供应商、零售商以及供应链的利润：

$$w_i^* = 55, \ q_i^* = 7.5, \ \Pi_i^* = 337.5, \ \pi_i^* = 112.5, \ i = 1, 2, 3$$

当供应商有资金约束时，本节利用命题 5.8 的结论，在 A Mathematical Programming Language（AMPL）中调用 PATH 包获得供应商强平稳策略。在假定保理融资利息率 $r_F = 0.1$ 的前提下，表 5-3 的两个子部分分别给出了三条供应链的初始资金水平为 $V = (50, 50, 50)$ 以及 $V = (70, 50, 50)$ 两种情况下，采取不同融资策略时，各个供应链企业的均衡运营策略及结果。

表 5-3　给定保理融资策略下的均衡结果

	均衡决策	利润	均衡决策	利润	均衡决策	利润
供应商 1	70	300	55.5	356.55	55.5	335.041 8
供应商 2	70	300	55.5	356.55	55.5	335.041 8
供应商 3	70	300	64.2	271	55.5	335.041 8
零售商 1	5	50	7.9	124.82	7.416 7	110.013 8
零售商 2	5	50	7.9	124.8 2	7.416 7	110.013 8
零售商 3	5	50	5	50	7.416 7	110.013 8
供应链 1	-	350	-	481.37	-	445.055 7

续表

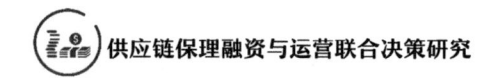

	均衡决策	利润	均衡决策	利润	均衡决策	利润
供应链 2	–	350	–	481.37	–	445.055 7
供应链 3	–	350	–	321	–	445.055 7
融资策略	$\rho=(0,0,0)$		$\rho=(1,1,0)$		$\rho=(1,1,1)$	
自有资金	$V=(50, 50, 50)$					
	均衡决策	利润	均衡决策	利润	均衡决策	利润
供应商 1	62	364	55.5	388.812 5	55.5	337.041 8
供应商 2	68	290	64.2	281.875 0	55.5	335.041 8
供应商 3	68	290	64.2	281.875 0	55.5	335.041 8
零售商 1	7	98	7.9	148.781 3	7.416 7	110.013 8
零售商 2	5	50	5	50	7.416 7	110.013 8
零售商 3	5	50	5	50	7.416 7	110.013 8
供应链 1	–	462	–	537.593 8	–	447.055 7
供应链 2	–	340	–	331.875	–	445.055 7
供应链 3	–	340	–	331.875	–	445.055 7
融资策略	$\rho=(0,0,0)$		$\rho=(1,0,0)$		$\rho=(1,1,1)$	
自有资金	$V=(70, 50, 50)$					

根据表 5-3 可以得到如下结论：(1) 当采用"不保理"策略时，供应商会大幅提高批发价格以抑制零售商的订货量，而且供应商自有资金越多，其确定的批发价格就越低，如 $\rho=(0,0,0)$ 的情形；(2) 当供应商采用保理策略时，均衡批发价格会小幅上涨以弥补保理成本，从而导致零售商的产品订货量减少（与无资金约束的情形相比）；(3) 当一个或两个供应商采用保理策略时，竞争对手的均衡批发价格将低于"不保理"情形，正如表中 $\rho=(1,1,0)$ 和 $\rho=(1,0,0)$ 的情形；(4) 在竞争环境中，一个供应链中采用融资策略毫无疑问将影响其他供应链中制造商和零售商的利益，从而影响其他供应链中的融资策略均衡。

为了分析保理融资利息率对供应链均衡融资策略的影响，表5-4给出了自有资金水平为 $V=(74,74,74)$ 的情形下，保理融资利息率分别为 $r_F=(0.08,0.08,0.08)$、$r_F=(0.1,0.1,0.1)$ 和 $r_F=(0.12,0.12,0.12)$ 时，供应链系统的均衡融资与运营策略。

表5-4 供应商和零售商的均衡结果

	均衡决策	利润	均衡决策	利润	均衡决策	利润
供应商1	55.4	337.4465	55.5	337.4432	55.6	337.44
供应商2	55.4	337.4465	55.5	337.4432	55.6	337.44
供应商3	55.4	337.4465	55.5	337.4432	55.6	337.44
零售商1	7.43333	110.5089	7.4167	110.0138	7.4	109.52
零售商2	7.43333	110.5089	7.4167	110.0138	7.4	109.52
零售商3	7.43333	110.5089	7.4167	110.0138	7.4	109.52
供应链1	—	447.9555	—	447.4570	—	446.96
供应链2	—	447.9555	—	447.4570	—	446.96
供应链3	—	447.9555	—	447.4570	—	446.96
均衡融资策略	$\rho^*=(1,1,1)$		$\rho^*=(1,1,1)$		$\rho^*=(0,0,0)$	
保理利息率	$r_F=(0.08,0.08,0.08)$		$r_F=(0.1,0.1,0.1)$		$r_F=(0.12,0.12,0.12)$	

基于表5-4容易得到以下结论：r_F 相对较低，供应链都会采取保理融资策略，并且 r_F 越低供应商和零售商的利润就会越高。但是当 r_F 较高时，供应链都不会采取保理融资。

表5-3和表5-4的结论是在竞争供应链之间存在部分对称性的前提下得到的。表5-5则在生产成本、自有资金、产品替代性等不对称的情形下验证了模型的有效性。假设供应链1在生产效率和潜在市场份额方面均有比较优势；而供应链3在生产效率和市场基础方面均处于比较劣势。具体来讲，供应商的生产成本分别为 $c_1=8$，$c_2=10$，$c_3=12$。零售商的潜在市场份额分别为

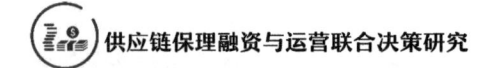

$a_1 = 120$, $a_2 = 100$, $a_3 = 80$。另外,产品间的交叉需求弹性系数矩阵如下:

$$\begin{pmatrix} b_1 & r_{12} & r_{13} \\ r_{21} & b_2 & r_{23} \\ r_{31} & r_{32} & b_3 \end{pmatrix} = \begin{pmatrix} 1 & 0.8 & 0.6 \\ 0.8 & 1.5 & 0.6 \\ 0.8 & 0.6 & 2 \end{pmatrix}$$

表 5-5 供应商和零售商的均衡策略

	均衡策略	利润	均衡策略	利润	均衡策略	利润
供应商 1	63.685 2	1 318.363 8	64.096 5	1 318.796 6	64.108 3	1 319.470 8
供应商 2	55	362.561 4	55.5	360.487 1	55.5	360.675 3
供应商 3	48.367 5	114.495 1	48.956	111.535 2	59.401 1	111.266 4
零售商 1	23.675 3	575.428 1	23.560 2	569.384 3	23.570 9	569.729 7
零售商 2	8.056 9	91.371 2	7.943 53	94.649 4	94.776	94.750 3
零售商 3	3.148 2	4.916 2	3.035 44	4.124 7	3	3.857 5
供应链 1	-	1 893.791 9	-	1 888.180 9	-	1 889.200 4
供应链 2	-	459.932 6	-	455.136 5	-	455.425 7
供应链 3	-	119.411 3	-	115.659 9	-	115.123 9
均衡融资策略	$\rho^* = (0, 0, 0)$		$\rho^* = (1, 1, 1)$		$\rho^* = (1, 1, 0)$	
自有资金	$V = (250, 200, 100)$		$V = (160, 70, 30)$		$V = (160, 70, 36)$	
保理利息	$r_F = (0.1, 0.1, 0.1)$		$r_F = (0.1, 0.1, 0.1)$		$r_F = (0.1, 0.1, 0.18)$	

根据表 5-5 显示的结果,可以发现(1) 当供应商的初始资金足够多时,将不会采取保理融资策略。(2) 当初始资金不足且保理融资利率较低时,供应商倾向于选择保理融资,这会导致批发价格的轻微提升,以及零售商订货量的相应减少。该算例佐证了前述关于供应链竞争背景下企业最优策略的相关模型。

四、本章小结

通过供应链竞争背景下成员企业保理融资与运营联合策略的研究，本章重点考察了一条供应链的保理策略如何影响其他链上供应商的保理决策。对于给定的保理融资利息率，得到了判断供应商初始资金相对充裕程度的几个临界值。进而得出，供应商应根据其初始资金的不同水平选择不同的保理融资策略。而当两个竞争供应商的初始资金处于某一特定水平时，双方都保理的均衡策略将导致二者陷入"囚徒困境"。另外，相对于所有制造商都不存在资金约束的情形，保理下的供应商批发价格更高、零售商的订货量更少。

第六章
不完全竞争金融市场上供应链保理融资与运营决策

现有研究为供应链成员企业的保理与运营联合决策提供了重要参考。然而，一个值得关注的问题是，大多数文献都是以金融市场的完全竞争为前提进行研究的，这一假设明显有悖于我国保理市场的实际情况。这是因为，尽管目前银行仍是我国保理行业的主角，自2012年6月商务部批准设立商业保理公司试点城市以来，以商业机构为放贷人的商业保理迅速发展。例如，京东开发的互联网保理融资产品"京保贝"自2013年至2023年，累计为京东自营供应商提供了超7 300亿的循环资金支持。金融机构与商业机构并存的一个直接结果就是保理市场的不完全竞争性。

事实上，理论研究过程中采用金融市场完全竞争假设可以简化金融机构的利率决策，即认为所有金融机构在制定利率时都遵循精算公平原则——向企业提供融资时获得的期望收益与将等量资金投资于无风险项目获得的收益相等。当保理市场的放贷人仅为银行等金融机构时，由于银行间的资金成本、产品服务、盈利模式较为相近，金融市场接近完全竞争状态，保理融资产品的利率水平几乎固定。然而，随着商业机构的加入，市场上不同放贷主体的竞争优势不同，必然引起市场不完全竞争。此时，保理商将会成为策略型主体，以利润最大化为目标确定最有利于自身收益的利率水平。

上述不完全竞争市场中利率形成机制与完全竞争市场的差异，决定了供应链系统中最优策略的变化，供应链成员企业只有依据不完全竞争市场中特定的利率水平采取与之匹配的运营策略才能获得更高收益。相应地，保理商在制定利率时也只有充分考虑企业的反应，才能做出最优决策。基于此，本章将在不完全竞争金融市场前提下，针对策略型保理商的情形，研究供应链的保理融资与运营联合决策问题。

一、问题描述与模型假设

考虑由单个供应商和单个零售商构成的二级供应链,其中,零售商为资金实力雄厚、市场地位高的核心企业,上游供应商则为自有资金不足的中小供应商。零售商在决策期初宣布采购价格 w,供应商继而决定生产量 q。供应商的生产成本为 c,面临的零售价格为 p。市场需求量为随机变量 ξ,概率密度函数和分布函数分别为 $f(\xi)$ 和 $F(\xi)$。销售期开始后,零售商根据最终实现的市场需求以赊购的形式采购商品:当 $\xi \geq q$ 时,零售商采购量为 q、形成应收账款 wq;当 $\xi < q$ 时,零售商采购 ξ 单位产品,形成应收账款 $w\xi$。不失一般性的,假设供应商在销售期未售出商品的残值为 0。

供应商存在资金约束(自有资金为 0),其在收到零售商的采购货款之前,需要支付原料提供商的材料费及其他应付生产成本。为此,供应商将通过叙做保理业务以保理预付款支付上述成本。当保理预付款不足以支付或高于生产成本时,供应商需要通过抵押等途径融通资金或将剩余资金投资于其他项目,利率水平为 r_s。显然,r_s 可以视为供应商的平均资金成本率。由于实际应收账款不确定,参照文献[144],设定保理商认可的应收账款总额为 $wS(q)$,其中 $S(q)$ 为实际销量的期望值,即 $S(q) = E[\min(D, q)] = \int_0^q \overline{F}(\xi)d\xi$,(其中,$\overline{F}(\xi) = 1-F(\xi)$)。相应的,保理商将为供应商提供 $\lambda wS(q)$ 的预付款,λ 为保理预付款占应收账款总额的比例。在无追索权保理合同下,应付账款到期后零售商的付款将优先支付保理商,如果不足,保理商不能要求供应商返回预付款。

为了建模及推导的需要,本章作如下假设:①各参与方之间是信息对称的,即决策变量以外的参数均为公共信息。②决策者都是风险中性的,追求期望收益最大化。③参照库韦利斯和赵文辉(2011),假设需求函数的失效率 $h(\xi) = f(\xi)/\overline{F}(\xi)$ 为单调递增的凸函数,即 $h'(\xi) > 0$,$h''(\xi) > 0$。

二、完全竞争金融市场中供应链的均衡策略

金融市场完全竞争意味着所有金融机构投资于风险性项目的收益与将等量资金投入无风险项目的收益相等,一旦某一机构调高利率将立即失去客户。前已述及,保理市场尚达不到完全竞争。本节研究目的是提供参照,用以比较分析不完全竞争金融市场中供应链运营与保理策略的特征,并进一步讨论金融市场的不完全竞争性是否必然降低供应链的绩效水平。按照同类研究的一般方法,采用逆向归纳法,首先研究供应商在给定批发价格下的生产策略。另外,为了表述清晰,用下角标 0 表示完全竞争金融市场上的变量与收益。

(一) 供应商的生产策略

给定采购价格 w 时,供应商通过最优的生产决策实现期望收益的最大化。由于假设供应商没有自有资金,主要通过保理预付款支付生产成本,其在期末收回的总采购价款 $w\xi$ 首先用于偿还保理商本息,$\lambda w S(q_0)(1+R_0)$(其中 r_0 代表保理商要求的利息率),只有当批发价款高于应付本息时,供应商才能获得剩余部分。令 $\tau_0 = \lambda S(q_0)(1+R_0)$,则供应商的期望利润可以表示为:

$$\pi_0 = \int_{\tau_0}^{q_0}(w_0\xi - w_0\tau_0)\mathrm{d}F(\xi) + \int_{q_0}^{\infty}(w_0 q_0 - w_0\tau_0)\mathrm{d}F(\xi) + [\lambda w_0 S(q_0) - cq_0](1+r_S) \tag{6-1}$$

在完全竞争金融市场中,保理商依据精算公平的原则确定利息率,假定金融市场中的无风险收益率为 r_0,则有:

$$\int_0^{\tau_0} w_0\xi \mathrm{d}F(\xi) + \int_{\tau_0}^{\infty} w_0\tau_0 \mathrm{d}F(\xi) = \lambda w_0 S(q_0)(1+r_0) \tag{6-2}$$

把式 (6-2) 代入式 (6-1),并适当整理可得,供应商的期望利润为:

$$\pi_0 = w_0 S(q_0)(1-\lambda r_0+\lambda r_S) - cq_0(1+r_S) \tag{6-3}$$

容易证明,供应商的期望利润为关于 q_0 的凹函数,并且给定时,供应商的最优生产数量 $q_0^{w_0}$ 满足:

$$w_0(1-\lambda r_0+\lambda r_S)\overline{F}(q_0^{w_0}) = c(1+r_S) \tag{6-4}$$

由式（6-4）易得 $dq_0^{w_0}/dw_0>0$，$dq_0^{w_0}/dr_0<0$，说明零售商提高采购价格，会刺激供应商提高产量；而融资成本的提高则会抑制供应商的生产行为。另外，$\lambda<1/(1+r_0)$ 时，$dq_0^{w_0}/dr_S<0$，相反，$\lambda>1/(1+r_0)$ 时，$dq_0^{w_0}/dr_S>0$，这是因为保理资金相对不足时，r_S 代表从其他途径融通资金的边际成本，r_S 增大会抑制产出；而当保理资金丰裕时，r_S 反映了剩余资金带来的边际收益，因此会促进产出。

（二）零售商的定价策略

预测到供应商的生产策略，零售商通过调整采购价格实现期望利润的最大化。因为是在需求实现以后才决定订货量，零售商不承担库存风险，因此，其期望利润 Π_0 满足下式：

$$\Pi_0 = (p-w_0) S(q_0^{w_0}) \tag{6-5}$$

由 $dq_0^{w_0}/dw_0>0$ 可知 $q_0^{w_0}$ 与 w_0 具有一一对应关系，参照亚历克斯杨和伯奇（2018），将 Π_0 视为 q_0 的函数，代入供应商的反应函数有：

$$\Pi_0 = \left[p - \frac{c(1+r_S)}{\overline{F}(q_0^{w_0})(1-\lambda r_0+\lambda r_S)}\right] S(q_0^{w_0}) \tag{6-6}$$

易得 Π_0 是关于 q_0 的凹函数，并且最优生产量 q_0^* 满足以下一阶条件。

$$p\overline{F}(q_0^*) = \frac{c(1+r_S)}{1-\lambda r_0+\lambda r_S}\left[1+\frac{S(q_0^*)h(q_0^*)}{\overline{F}(q_0^*)}\right] \tag{6-7}$$

上式说明，零售商作为与供应链博弈的领导者，通过调整采购价格间接决定了供应链系统的产出水平。

性质 6.1 金融市场完全竞争时，供应链的产出水平 q_0^* 随着 c 的增大而降低，随着 λ 的增大而升高。另外，当 $\lambda(1+r_0)<1$ 时，q_0^* 随 r_S 递减；当 $\lambda(1+r_0)>1$ 时，q_0^* 随 r_S 递增。

性质 6.1 的结论与客观实际相吻合，生产成本的增加将导致供应链系统的产出下降；保理预付款比例的提高将带来供应链的高产出。当供应商的资金成本提高时，若预付款低于生产成本，供应链企业通过压缩生产节约融资成本；若预付款高于生产成本，供应链企业通过增大产出利用富余资金获得投资收益。

三、不完全竞争金融市场中供应链的均衡策略

不完全竞争金融市场中，保理商成为策略型决策者。此时，零售商首先确定采购价格，保理商接着确定保理利率、供应商最后确定生产数量。本节将通过构建三层博弈模型，研究参与方的最优策略。模型中的变量用角标 1 加以标注。同样利用逆向归纳法展开分析。

（一）供应商在给定批发价格和保理费率下的生产策略

不完全竞争金融市场中，供应商的目标函数与金融市场完全竞争的情形是一致的。

$$\pi_1 = \int_{\tau_1}^{q_1} (w_1\xi - w_1\tau_1)\mathrm{d}F(\xi) + \int_{q_1}^{\infty}(w_1q_1 - w_1\tau_1)\mathrm{d}F(\xi) + \\ (\lambda w_1 S(q_1) - cq_1) * (1 + r_S) \quad (6\text{-}8)$$

其中，$\tau_1 = \lambda S(q_1)(1+R_1)$，$R_1$ 为不完全竞争金融市场中保理商在追求利益最大化目标下确定的保理利率。由于保理商需要在预测供应商反应策略的基础上进行利率决策，而保理商和供应商的策略又是零售商确定采购价格的依据，如果直接将保理商决策目标设为 R_1 和 $q_1(R_1)$ 的函数，将导致问题的求解难度巨大，而且不方便同金融市场完全竞争的情形比较。为了解决上述问题，本节假定保理商仍旧参照精算公平的方法确定融资利率，即使得投资于当前项目的风险收益等于投资于无风险项目的收益，并通过调整目标无风险利率来间接确定保理利率。即保理商通过下式确定保理利率：

$$\int_0^{\tau_1} w_1\xi \mathrm{d}F(\xi) + \int_{\tau_1}^{\infty} w_1\tau_1 \mathrm{d}F(\xi) = \lambda w_1 S(q_1)(1 + r_1) \quad (6\text{-}9)$$

然而，不同于 r_0 由金融市场外生确定的情形，r_1 由保理商通过最优条件来确定。由于供应商处于整个博弈的最下层，在给定的保理利率下决策，具体保理利率的形成机制并不影响供应商的最优策略。因此，可以参照式（6-4）直接得到供应商的最优条件。

$$w_1(1-\lambda r_1+\lambda r_S)\overline{F}(q_1^{w_1,r_1}) = c(1+r_S) \quad (6\text{-}10)$$

其中，$q_1^{w_1,r_1}$ 为给定采购价格和保理利率时供应商的最优生产数量。

（二）保理商在给定批发价格的利率决策

前已述及，保理商通过 r_1 间接确定保理融资利率 R_1。考虑到从事金融业务各类机构的资金成本通常低于生产型企业，本章假设保理商的资金成本为 0（设为大于 0 的常数并不影响文章的结论），从而，其决策问题可以表示如下：

$$\max_{r_1}\pi_F = [\lambda w_1 S(q_1^{w_1,r_1})r_1]$$

$$\text{s.t. } w_1(1-\lambda r_1+\lambda r_S)\overline{F}(q_1^{w_1,r_1}) = c(1+r_S) \quad (6\text{-}11)$$

$$0 \leq r_1 \leq r_S$$

请注意，在保理商的决策问题中，我们对 r_S 施加了上下限约束。其中，$r_1 \geq 0$ 是因为理性的保理商均要求收益大于成本。假设 r_1 低于一定的下限，是因为在实践中，国家金融监管部门通常要求从事融资业务的主体不能随意设置过高的利率水平。进而将 r_1 的上限设为其他值时，将增加后文数值分析的工作量，却不会获得更多有价值的结论，故假设 $r_1 \leq r_S$。命题 6.1 给出了保理商在不同采购价格下的最优利率决策。

命题 6.1 当采购价格 $w_1 \leq w_S$ 时，保理商的最优保理利率 $r_1^{w_1}$ 和供应商的最优生产数量 $q_1^{w_1}$ 满足下面的最优条件：

$$\begin{cases} w_1(1-\lambda r_1^{w_1}+\lambda r_S)\overline{F}(q_1^{w_1}) = c(1+r_S) \\ \dfrac{1+\lambda r_S}{1-\lambda r_1^{w_1}+\lambda r_S} = \dfrac{S(q_1^{w_1})h(q_1^{w_1})}{\overline{F}(q_1^{w_1})}+1 \end{cases}$$

当 $w_1 > w_S$ 时，$r_1^{w_1} = r_S$，$q_1^{w_1}$ 满足 $w_1\overline{F}(q_1^{w_1}) = c(1+r_S)$。其中，$w_S$ 是使得 $r_1^{w_1} = r_S$ 为方程组解时的 w_1。

证明：为方便，证明过程中省略 $q_1^{w_1,r_1}$ 的上角标。由供应商的反应函数得 $\dfrac{dq_1}{dr_1} =$

$-\dfrac{\lambda\overline{F}(q_1)}{(1-\lambda r_1+\lambda r_S)f(q_1)}$。故 $\dfrac{d\pi_F}{dr_1} = \lambda w_1\left[-\dfrac{\lambda r_1\overline{F}(q_1)}{(1-\lambda r_1+\lambda r_S)h(q_1)}+S(q_1)\right]$ 并且 $\dfrac{d^2\pi_F}{dr_1^2} =$

$$\lambda w_1 \left[-\frac{(\lambda+\lambda^2 r_S)\overline{F}(q_1)}{(1-\lambda r_1+\lambda r_S)^2 h(q_1)} + r_1 \left(-\frac{\lambda}{1-\lambda r_1+\lambda r_S} \right) \frac{-f(q_1)h(q_1)-\overline{F}(q_1)h'(q_1)}{h^2(q_1)} \right.$$

$$\left. \frac{dq_1}{dr_1} + \overline{F}(q_1)\frac{dq_1}{dr_1} \right] < 0_\circ \text{ 因此，} \pi_F \text{ 是关于 } r_1 \text{ 的凹函数，并且一阶条件满足}$$

$$\frac{1+\lambda r_S}{1-\lambda r_1+\lambda r_S} = \frac{S(q_1)h(q_1)}{\overline{F}(q_1)} + 1_\circ$$

表面上，该条件中不包含零售商的采购价格 w_1，但结合供应商的最优条件 $w_1(1-\lambda r_1+\lambda r_S)\overline{F}(q_1) = c(1+r_S)$，可以看出 w_1 在影响 q_1 和 r_1 的过程中，q_1 和 r_1 之间形成一种正向联动。另外，将供应商和保理商的一阶条件联立可得 $w_1\overline{F}(q_1)(1+\lambda r_S) = c(1+r_S)\left[\frac{S(q_1)h(q_1)}{\overline{F}(q_1)}+1\right]$。因此，当采购价格提高时，供应商的产出水平增大，同时，保理商融资利率也是增大的。当 w_1 增大到 w_S 时，满足一阶条件的保理利率将达到上限并固定在 r_S 上，从而命题得证。证毕。

从命题 6.1 及其证明可以看到当零售商制定的采购价格很高（$w_1 > w_S$）时，不但供应链可以实现更高的产量，保理商也能够获得更高的利息收益，并且当保理商的利率水平达到上限并保持不动以后，零售商如果继续提高采购价格，供应商仍会继续追加产量。根据隐函数求导法则容易得到，当 $w_1 > w_S$ 时，供应商产出水平随采购价格的变动幅度大于 $w_1 < w_S$ 的情形。

（三）零售商的最优采购价格决策

由命题 6.1 可知，类似于金融市场完全竞争的情形，上层零售商的期望利润 $\Pi_1 = (p-w_1)S(q_1^{w_1})$ 也可以通过 $q_1^{w_1}$ 与 w_1 的一一对应关系转化为关于 $q_1^{w_1}$ 的函数。只不过，由于中间受到保理商的保理利率策略以及保理市场监管的影响，供应商反应策略明显区别于完全竞争市场的情形。从而有：

$$\Pi_1 = \begin{cases} \left[p - \dfrac{c(1+r_S)}{\overline{F}(q_1^{w_1})}\right] S(q_1^{w_1}), & w_1 > w_S \text{ 即 } q_1^{w_1} > q_S \\[2ex] \left\{p_1 - \dfrac{c(1+r_S)}{\overline{F}(q_1^{w_1})(1+\lambda r_S)}\left[1+\dfrac{S(q_1^{w_1})h(q_1^{w_1})}{\overline{F}(q_1^{w_1})}\right]\right\} S(q_1^{w_1}), & w_1 \leq w_S \text{ 即 } q_1^{w_1} \leq q_S \end{cases}$$

(6-12)

其中，q_S 满足 $1+\lambda r_S = \dfrac{S(q_S)h(q_S)}{\overline{F}(q_S)}+1$。从上式中可以看到零售商的期望利润 Π_1 在 q_S 处连续。引理 6.1 描述了 Π_1 的性质。

引理 6.1 Π_1 在 q_S 两侧时均为凹函数。令 q_{1G}^* 和 q_{1D}^* 分别为采购价格高于 w_S 和低于 w_S 时 Π_1 的极大值点。即下面的式子成立。

$$p\overline{F}(q_{1G}^*) = c(1+r_S)\left[1+\dfrac{S(q_{1G}^*)h(q_{1G}^*)}{\overline{F}(q_{1G}^*)}\right] \quad (6-13)$$

$$p_1\overline{F}(q_{1D}^*) = c\dfrac{1+r_S}{1+\lambda r_S}\left[1+\dfrac{S(q_{1D}^*)h(q_{1D}^*)}{\overline{F}(q_{1D}^*)}\right] + c\dfrac{1+r_S}{1+\lambda r_S}\sigma(q_{1D}^*) \quad (6-14)$$

其中，

$$\sigma(q_{1D}^*) = \dfrac{S(q_{1D}^*)[\overline{F}(q_{1D}^*)h(q_{1D}^*)+S(q_{1D}^*)h'(q_{1D}^*)]\overline{F}(q_{1D}^*)+S(q_{1D}^*)h(q_{1D}^*)f(q_{1D}^*)}{\overline{F}(q_{1D}^*)\overline{F}^2(q_{1D}^*)}+$$

$$\left[1+\dfrac{S(q_{1D}^*)h(q_{1D}^*)}{\overline{F}(q_{1D}^*)}\right]\dfrac{S(q_{1D}^*)h(q_{1D}^*)}{\overline{F}(q_{1D}^*)}$$

证明：当 $w_1 > w_S$ 时，通过对 Π_1 关于 $q_1^{w_1}$ 分别求一阶和二阶导数，易知道 Π_1 为凹函数且极值点为 q_{1G}^*。当 $w_1 \leq w_S$ 时，$\dfrac{\mathrm{d}\Pi_1}{\mathrm{d}q_1} = p_1\overline{F}(q_1) - c\left(1+\dfrac{S(q_1)h(q_1)}{\overline{F}(q_1)}\right)$

$$-c\left\{\dfrac{S(q_1)[\overline{F}(q_1)h(q_1)+S(q_1)h'(q_1)]\overline{F}(q_1)+S(q_1)h(q_1)f(q_1)}{\overline{F}(q_1)\overline{F}^2(q_1)}+\right.$$

$$\left.\left[1+\dfrac{S(q_1)h(q_1)}{\overline{F}(q_1)}\right]\dfrac{S(q_1)h(q_1)}{\overline{F}(q_1)}\right\}$$。通过观察发现减函数的系数为正，增函数的系数为负，则二阶导数必然大于 0。引理得证。证毕。

通过比较 q_{1G}^*、q_{1D}^* 以及 q_S 之间的大小关系，可以得到零售商在不完全竞争金融市场中的采购定价策略。

命题 6.2 当 $r_S < \min\{r_{SG}, r_{SD}\}$ 时，零售商通过调整采购价格将使供应链的产出量为 q_{1G}^*；当 $r_S \geq \max\{r_{SG}, r_{SD}\}$ 时，供应链的最优产出水平为 q_{1D}^*。其中，r_{SG} 和 r_{SD} 分别满足 $q_{1G}^*(r_S)|_{r_S=r_{SG}} = q_S(r_S)|_{r_S=r_{SG}}$ 以及 $q_{1D}^*(r_S)|_{r_S=r_{SD}} = q_S(r_S)|_{r_S=r_{SD}}$。

证明：由于 $1+\lambda r_S = \dfrac{S(q_S)\, h(q_S)}{\overline{F}(q_S)} + 1$，根据隐函数求导定理，等式两边关于 r_S 求导有 $dq_S/dr_S > 0$，类似地，可以得到 $dq_{1D}^*/dr_S < 0$，$dq_{1G}^*/dr_S < 0$。另外，由于当 $r_S = 0$ 时，$q_S = 0$，而 q_{1D}^* 和 q_{1G}^* 均大于 0，必然存在 r_{SG}（r_{SD}）使得 q_S 与 q_{1G}^* 和 q_{1D}^* 相等。当 $r_S < \min\{r_{SG}, r_{SD}\}$ 时，q_{1D}^* 和 q_{1G}^* 均大于 q_S，意味着 $q_1^{w_1} \leq q_S$ 时 Π_1 单调递增，最优解为 q_{1G}^*。相反地，$r_S \geq \max\{r_{SG}, r_{SD}\}$ 时，q_{1D}^* 和 q_{1G}^* 均小于 q_S，意味着 $q_1^{w_1} > q_S$ 时 Π_1 单调递减，最优解为 q_{1D}^*。证毕。

命题 6.2 说明，零售商会根据供应商的平均外部融资成本调整其采购价格策略。在实践中，平均外部融资成本通常体现了企业的融资能力，由企业的资信水平等因素决定。因此，对于资信水平较高的供应商，零售商倾向于提高采购价格引导供应商的高产出水平。此时，保理商因监管要求将保理利率固定在 r_S 上。相反，对于资信水平较低的供应商，零售商将采取低采购价格策略，引导供应商实施更加保守的产出策略。当供应商的资金成既不太低也不太高的时候，零售商要综合众多内外部因素相机抉择最优策略。

性质 6.2 金融市场不完全竞争时，供应链的最优产出水平 q_{1G}^*、q_{1D}^* 随着 c 和 r_S 的增大而降低；q_{1D}^* 随着 λ 的增大而升高。

对比性质 6.2 与性质 6.1 可以看到，当最优产出水平为 q_{1G}^* 时，由于保理融资利率与供应商的其他融资渠道利率相等，预付款比例的变动将不再影响供应链的产出水平。另外，r_S 的增大总是抑制供应链的产出。这是因为追求利润最大化的保理商会通过调整保理利率影响供应商的产量，导致其不能够利用富余的保理预付款获得额外投资收益。

四、金融市场不完全竞争性对供应链成员决策及收益的影响

上文给出了不完全竞争金融市场中，供应链成员企业以及保理商的最优策略。那么，金融市场的不完全竞争性对整个供应链系统及各个参与企业将产生怎样的影响呢？本节通过与完全竞争市场的对比，分析不完全竞争市场

中均衡策略及其效果的特征。为了对比两类市场中保理商的策略及利润情况，本部分重点关注保理商的利率水平未达到监管限制（即 $r_S \geq \max\{r_{SG}, r_{SD}\}$）的情形。

性质 6.3 对于给定的无风险利率水平 r_0，存在临界的 $c^{\#}$，当 $c > c^{\#}$ 时，不完全竞争金融市场中供应链的产出水平将会超过完全竞争市场的情形，即 $q_1^* > q_0^*$。并且，当 $c = c^{\#}$（$q_{1D}^* = q_0^*$）时，有 $r_1^* < r_0$，$w_1^* < w_0^*$。

证明：由两个金融市场均衡条件得 $p\overline{F}(q_0^*) = \dfrac{c(1+r_S)}{1-\lambda r_0 + \lambda r_S}\left(1 + \dfrac{S(q_0^*)h(q_0^*)}{\overline{F}(q_0^*)}\right) = \dfrac{c(1+r_S)}{1+\lambda r_S}\left[1 + \dfrac{S(q_0^*)h(q_0^*)}{\overline{F}(q_0^*)}\right] + \dfrac{c(1+r_S)}{1+\lambda r_S}\dfrac{\lambda r_0}{1-\lambda r_0+\lambda r_S}\left[1+\dfrac{S(q_0^*)h(q_0^*)}{\overline{F}(q_0^*)}\right]$，同时，$p_1\overline{F}(q_{1D}^*) = \dfrac{c(1+r_S)}{1+\lambda r_S}\left[1+\dfrac{S(q_{1D}^*)h(q_{1D}^*)}{\overline{F}(q_{1D}^*)}\right] + \dfrac{c(1+r_S)}{1+\lambda r_S}\sigma(q_{1D}^*)$。令 $K_1 = \dfrac{p(1+\lambda r_S)\overline{F}(q)}{c(1+r_S)} - \left[1+\dfrac{S(q)h(q)}{\overline{F}(q)}\right]$，$K_2 = \dfrac{\lambda r_0}{1-\lambda r_0+\lambda r_S}\left[1+\dfrac{S(q_0^*)h(q_0^*)}{\overline{F}(q_0^*)}\right]$，$K_3 = \sigma(q)$，则 q_0^* 和 q_{1D}^* 分别为 $K_1 = K_2$，$K_1 = K_3$ 的解，即曲线 K_1 与 K_2 以及曲线 K_1 与 K_3 的交点。进一步地，根据函数的表达式知 $\dfrac{dK_2}{dq} = \dfrac{\lambda r_0}{1-\lambda r_0+\lambda r_S}\dfrac{[\overline{F}(q)h(q)+S(q)h'(q)]\overline{F}(q)+S(q)h(q)f(q)}{\overline{F}^2(q)}$，且 $\dfrac{dK_3}{dq} = \dfrac{[\overline{F}(q)h(q)+S(q)h'(q)]\overline{F}(q)+S(q)h(q)f(q)}{\overline{F}^2(q)}\left[1+\dfrac{S(q)h(q)}{\overline{F}(q)}\right] + 正数 > \dfrac{dK_2}{dq}$，加之 $K_2(0) > K_3(0)$，所以存在唯一的 q 使得 $K_2 = K_3$。通过调整 c 可以找到一点 $c^{\#}$ 使得 K_1 与 K_2、K_3 正好相交于一个点，当 $c > c^{\#}$ 时 $q_{1D}^* > q_0^*$，否则 $q_{1D}^* < q_0^*$。当 $c = c^{\#}$ 时，$q_{1D}^* = q_0^*$。

当 $c = c^{\#}$ 时，令 $q_{1D}^* = q_0^* = \bar{q}$，由于 $K_2 = K_3$，$\dfrac{\lambda r_0}{1-\lambda r_0+\lambda r_S}\left[1+\dfrac{S(\bar{q})h(\bar{q})}{\overline{F}(\bar{q})}\right] = \dfrac{S(\bar{q})[\overline{F}(\bar{q})h(\bar{q})+S(\bar{q})h'(\bar{q})]}{\overline{F}(\bar{q})} + \dfrac{S(\bar{q})h(\bar{q})h(\bar{q})}{\overline{F}(\bar{q})} + \left[1+\dfrac{S(\bar{q})h(\bar{q})}{\overline{F}(\bar{q})}\right]$

第六章 不完全竞争金融市场上供应链保理融资与运营决策

$\frac{S(\bar{q})h(\bar{q})}{\bar{F}(\bar{q})}$，从而容易得到 $\frac{1+\lambda r_S}{1-\lambda r_0+\lambda r_S}\left[1+\frac{S(\bar{q})h(\bar{q})}{\bar{F}(\bar{q})}\right]=\frac{S(\bar{q})}{\bar{F}(\bar{q})}$

$\frac{[\bar{F}(\bar{q})h(\bar{q})+S(\bar{q})h'(\bar{q})]+S(\bar{q})h(\bar{q})h(\bar{q})}{\bar{F}(\bar{q})}+\left[1+\frac{S(\bar{q})h(\bar{q})}{\bar{F}(\bar{q})}\right]$

$\frac{S(\bar{q})h(\bar{q})}{\bar{F}(\bar{q})}+\left[1+\frac{S(\bar{q})h(\bar{q})}{\bar{F}(\bar{q})}\right]$。结合保理商的最优条件 $\frac{1+\lambda r_S}{1-\lambda r_1+\lambda r_S}=$

$\frac{S(q_1)h(q_1)}{\bar{F}(q_1)}+1$，得 $\frac{1+\lambda r_S}{1-\lambda r_1+\lambda r_S}\left[1+\frac{S(\bar{q})h(\bar{q})}{\bar{F}(\bar{q})}\right]=\left[\frac{S(\bar{q})h(\bar{q})}{\bar{F}(\bar{q})}+1\right]$

$\left[1+\frac{S(\bar{q})h(\bar{q})}{\bar{F}(\bar{q})}\right]$。显然，$\frac{1+\lambda r_S}{1-\lambda r_0+\lambda r_S}>\frac{1+\lambda r_S}{1-\lambda r_1+\lambda r_S}$，从而有 $1-\lambda r_0+\lambda r_S<1-\lambda r_1+$

λr_S，即 $r_1<r_0$。于是，结合 $w_1(1-\lambda r_1+\lambda r_S)\bar{F}(\bar{q})=c(1+r_S)$、$w_0(1-\lambda r_0+$

$\lambda r_S)\bar{F}(\bar{q})=c(1+r_S)$，有 $w_1<w_0$。证毕。

通过性质 6.3 及其证明可以得到，当金融市场不完全竞争时，供应链的产出水平在生产成本波动时的韧性更强，也就是说，产出量不会因为生产成本的升高而急剧减少。可能的原因是，相比于金融市场完全竞争的情形，保理商不再是以获得无风险收益为宗旨的"旁观者"，而是作为决策方之一，在发生成本上升等不利冲击时通过调整自己的策略分担一部分供应链损失。当两类市场中均衡产出水平相等（$c=c^\#$）时，不完全竞争金融市场中的利率水平和采购价格更低，说明在一定的生产条件下，金融市场的不完全性将导致供应链系统采取更加激进的产出模式。

性质 6.4 存在唯一的 $\tilde{c}$，使得当 $c>\tilde{c}$ 时，金融市场不完全竞争情形下零售商的期望利润将会超过完全竞争市场的情形，即 $\Pi_1^*>\Pi_0^*$。

证明：根据性质 6.3 的证明，当 $c=c^\#$ 时，$r_1<r_0$。另外由于 q_{1D}^* 是 K_1 与 K_3 的交点，易知随 c 的减小，q_{1D}^* 将增大，而根据 $\frac{1+\lambda r_S}{1-\lambda r_1+\lambda r_S}=\frac{S(q_1)h(q_1)}{\bar{F}(q_1)}+1$，

r_1^* 也会增大，必然存在 $\hat{c}<c^\#$，使得 $r_1^*=r_0$，此时，$\Pi_1^*=pS(q_{1D}^*)-\frac{c(1+r_S)}{1+\lambda r_S}$

$\frac{S(q_{1D}^*)}{\bar{F}(q_{1D}^*)} - \frac{c(1+r_S)}{1+\lambda r_S} \frac{S(q_{1D}^*)}{\bar{F}(q_{1D}^*)} \frac{S(q_{1D}^*) h(q_{1D}^*)}{\bar{F}(q_{1D}^*)}$。由 $\frac{1+\lambda r_S}{1-\lambda r_1+\lambda r_S} = \frac{S(q_1) h(q_1)}{\bar{F}(q_1)} + 1$，知 $\Pi_1^* = pS(q_1^*) - \frac{c(1+r_S)}{1+\lambda r_S} \frac{S(q_1^*)}{\bar{F}(q_1^*)} \frac{1+\lambda r_S}{1-\lambda r_1+\lambda r_S}$，而 $\Pi_0^* = pS(q_0^*) - \frac{c(1+r_S) S(q_0^*)}{\bar{F}(q_0^*)(1-\lambda r_0+\lambda r_S)}$，鉴于 q_0^* 是函数的顶点，所以 Π_0^* 更大。

因为当 $c = c^\#$ 时，因 $r_1^* < r_0$，$q_{1D}^* = q_0^*$ 可得到 $\Pi_1^* > \Pi_0^*$，当 $c = \hat{c}$ 时，$\Pi_1^* < \Pi_0^*$；而 $c \in (\hat{c}, c^\#)$ 时，由 $\frac{d\Pi_1^*}{dc} = \frac{d\Pi_1^*}{dq_{1D}^*} \frac{dq_{1D}^*}{dc} - \frac{1+\lambda r_S}{1-\lambda r_1+\lambda r_S} \frac{S(q_{1D}^*)}{\bar{F}(q_{1D}^*)} = -\frac{1+\lambda r_S}{1-\lambda r_1+\lambda r_S} \frac{S(q_{1D}^*)}{\bar{F}(q_{1D}^*)}$；$\frac{d\Pi_0^*}{dc} = \frac{d\Pi_0^*}{dq_0^*} \frac{dq_0^*}{dc} - \frac{S(q_0^*)}{\bar{F}(q_0^*)(1-\lambda r_0)} = -\frac{1+\lambda r_S}{1-\lambda r_0+\lambda r_S} \frac{S(q_0^*)}{\bar{F}(q_0^*)}$ 以及 $r_1^* < r_0$，$q_{1D}^* < q_0^*$，能够推出 $\frac{d\Pi_1^*}{dc} > \frac{d\Pi_0^*}{dc}$，即 Π_1^* 随 c 的变化更平缓。必然存在唯一的 $\tilde{c} \in (\hat{c}, c^\#)$，使得当 $c = \tilde{c}$ 时，$\Pi_1^* = \Pi_0^*$；而当 $c > \tilde{c}$ 时有 $\Pi_1^* > \Pi_0^*$，从而命题得证。证毕。

性质 6.4 说明金融市场的不完全竞争性并不是总会对供应链企业产生负作用，具有定价自主权的金融机构适当让渡一部分利润，能够促进供应链企业的利润提高。仿照性质 6.4，容易证明当生产成本超过某一阈值时，供应商也能够在不完全竞争市场中获得更高收益。事实上，已有大量研究证明了生产成本对供应链融资决策及效果的影响。例如，荆兵等（2012）的研究表明当零售商和制造商同时存在资金约束时，银行应当在生产成本较低时向制造商提供资金支持；在生产成本较高时向零售商提供融资。不难理解，生产成本的高低影响了供应链系统参与方的收益与风险分担格局，因而会对融资行为及后果产生影响。

以上性质 6.3 和性质 6.4 初步论证了金融市场不完全竞争情境下供应链可能达到更好的运营效果，为了获得更多信息，接下来通过数值算例进一步分析各个利益相关方对不完全竞争金融市场的偏好情况。假设市场需求 ξ 服从 $[0, 40]$ 上的均匀分布，零售价格 $p = 1$，保理预付比例 $\lambda = 0.8$，供应商的

资金成本 r_s 为 20%。图 6-1 给出了金融市场不完全竞争时各参与方及整体的期望利润减去金融市场完全竞争时相应利润的差值随着生产成本（如图 6-1a 所示）、无风险收益率（如图 6-1b 所示）的变化情况。

a. 利润差随生产成本的变化

b. 利润差随无风险收益率的变化

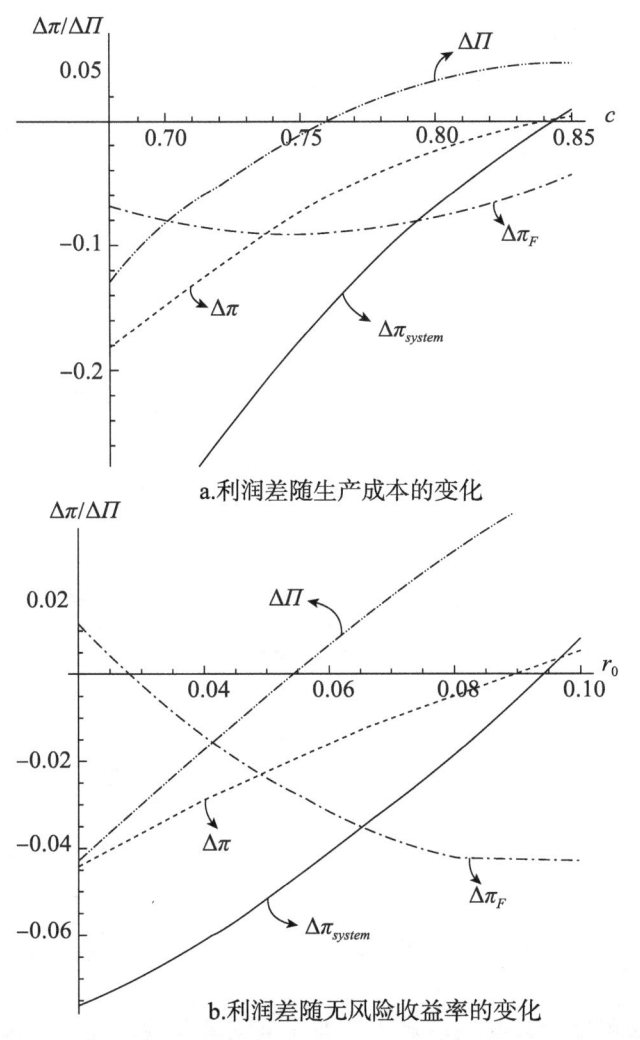

图 6-1 两种类型金融市场中各方收益的差值随参数的变化情况

由图 6-1a，当无风险利率为 0.1 时，随着生产成本的提高不完全金融市场中零售商以及供应商的期望利润先后超过金融市场完全竞争时的水平，但保理商的利润低于金融市场完全竞争的情形。当生产成本高到一定程度时，金融市场的不完全竞争性将会拉高整个系统的总收益。由图 6-1b 可知，当生产成本固定在 0.85 时，金融市场的不完全竞争性对供应链成员及整个系统的"利好"将会随着完全竞争市场中无风险收益率的不断升高逐渐显现出来。

在图 6-1 的基础上，通过调整完全竞争金融市场的无风险利率水平 r_0 以及供应商的生产成本 c，可以进一步得到不同内外部条件下供应链融资系统中各参与方因金融市场的不完全竞争性而获益的情况（如图 6-2 所示）。

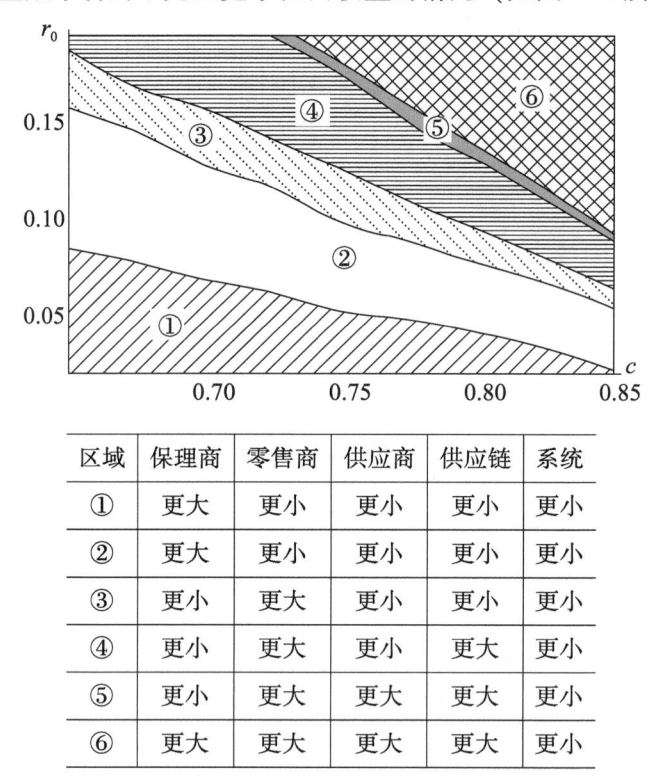

区域	保理商	零售商	供应商	供应链	系统
①	更大	更小	更小	更小	更小
②	更大	更小	更小	更小	更大
③	更小	更大	更小	更小	更小
④	更小	更大	更小	更大	更大
⑤	更小	更大	更大	更大	更大
⑥	更大	更大	更大	更大	更小

图 6-2 不完全竞争金融市场中参与方的收益相比于完全竞争金融市场的情况

由图 6-2 可知，只有在区域①，即完全竞争金融市场中无风险利率很低、且生产成本较小的时候，保理商才会从金融市场的不完全竞争中获益。另外，保理商的获益区域与供应链获益区域不交叉，说明供应链与保理商之间存在利益上的互斥，一方的获益必然以另一方的损失为前提。区域②的存在说明，当无风险利率与生产成本处于某特定区间时，金融市场的不完全竞争将损害所有参与方的利益。在区域③，不完全竞争金融市场中的均衡利率低于完全竞争的情形，保理商的利润降低，换来了零售商的收益增长。到了区域④，从供应链的角度看，不完全竞争市场下的收益达到了更高的水平，但增加的收益不足以弥补保理商的损失，且从供应链内部分配上看，零售商独占了"好处"。区域④中，除了零售商，供应商也开始从金融市场的不完全竞争性获益。至区域⑥，供应链的额外收益弥补了保理商的损失，整个供应链融资系统获得更高收益，但此时保理商的牺牲较大。

五、本章小结

在不完全竞争金融市场中，保理商将成为策略型决策者，通过调整保理融资利率影响供应链企业的融资与运营决策。本章针对这一复杂的情境，研究保理业务中，零售商、保理商、供应商之间的博弈行为以及均衡策略，主要结论如下。

（1）不同于完全竞争金融市场中保理商的融资利率由无风险收益率外生决定的情形，不完全竞争金融市场中保理商根据供应商的最优生产决策自主确定融资利率水平，使得供应链的产出量能够达到更高水平。另外，当不完全竞争市场中的产出水平与完全竞争市场中相等时，均衡的保理利率水平更低，采购价格也更低。

（2）金融市场的不完全竞争性在一定条件下会促进供应链成员及整个供应链融资系统绩效的提升。具体地，当供应商的生产成本较高、或是完全竞争金融市场中金融机构的无风险收益率较大时，金融机构在不完全竞争金融市场中通过灵活地调整保理利率能够使得零售商、供应商获得更高收益。供应链绩效的增长以保理商让渡自身利益为前提，并且保理商牺牲个体利益的行为能够使整个供应链保理融资系统的总利润更高。

（3）不完全竞争金融市场本身可能损害所有成员方的利益。如果通过社会各方的努力能够使保理市场实现完全竞争并且保证无风险收益率达到特定的水平，将使得生产成本处于某一区间的供应商、下游零售商以及保理商同时获得更高的收益，实现多方共赢。

第七章
SD公司的保理融资与赊销策略研究

本章对国内某中小型制衣厂在向国内外经销商赊销时装过程中采用保理融通资金的实例进行研究，目的是讨论本书提出的优化模型在实践中的具体应用及其预期效果，增强研究的现实意义。由于收集到的数据信息涉及商业机密，本章分别用 SD、RD（RF）和 BD 代表时装供应商（即制衣厂）、国内（外）经销商和充当保理商的国内银行。另外，本章在数据的初步收集与整理阶段发现 SD 公司所生产时装的市场需求具有很大的随机性，可参照报童模型进行研究，本章主要应用第三、四章的理论模型分析各参与方的均衡融资与赊销策略。

一、SD 公司保理融资与赊销决策的主要问题

（一）时装供应商 SD 公司简介

SD 公司坐落于我国著名的服装之都——广东虎门，是一家拥有近 20 年制衣经验的中小型女装制造企业。公司占地面积为 0.6 万平方米，员工 200 余人。现有固定资产 2 000 余万元，其中包括罗纹机、定型机、包缝机等各类进口生产设备 300 余台；已建成服装生产加工线 9 条，加工能力高达 250 万件/年。同时配备了先进的服装设计、测配色等电脑辅助设计系统。公司全力开发专门针对 28~45 岁成熟女性的时尚女装。服装的设计与生产充分考虑目标客户的生活方式、文化背景及收入状况，从版型、型号、面料及色彩多个方面满足不同的消费需求。经过多年发展，SD 公司的产品不但在东南沿海的各大城市站稳了市场，在东北、华北等地区也拥有一批相对稳定的客户群。另

外，部分产品已经打开了国际市场，远销欧美国家。

近年来，随着虎门地区服装产业链的完善和发展，行业内部竞争日益激烈，SD公司发展受到了很大的冲击。一方面，为保持市场份额，公司需要不断在服装设计、设备购置上加大投入；另一方面，下游服装经销商借制衣厂之间相互竞争之机提出了苛刻的采购条件，付款期限被一再延长。这就导致SD公司的资金周转压力越来越大。更糟糕的是，银行受到金融危机的影响，进一步提高了针对中小企业信用贷款的门槛，资金约束已经成为制约SD公司发展的突出问题。

（二）国内外经销商简介

为扩大销路，SD公司同时开拓了国内外市场，SD公司生产计划满足国内经销商RD公司以及美国经销商RF公司的订货需求。其中，RF公司为面向美国加州地区中低收入人群的综合型服装卖场，主要经营从东南亚各国进口的款式新颖、价格相对低廉且质量中等的各类服饰。由于目标客户注重服装的新颖性和低价格，对品牌、舒适度要求不高，RF公司在服装的品牌推广、经营模式、市场战略方面没有过多的投入与规划，主要追求短期的经济利益。

RD公司作为SD公司在黑龙江省的独家经销商，负责SD公司品牌服装在整个黑龙江省的整体运营与管理。考虑到长期利益，RD公司对未来的发展进行了战略规划，并通过以下两种渠道将SD公司生产的服装进行市场推广与销售。(1) 商场店中店。由于服装经营要靠人气，商场中大量具有明确消费目的的人流为服装的销售创造了十分有利的条件。同时，人们对商场的信任也有助于服装的推广宣传及品牌形象的树立。因此，SD公司在哈尔滨、齐齐哈尔、大庆等地的大中型百货商场设立了几十个专柜。(2) 专卖店。在商场形象与服装定位不相匹配的区域，SD公司通过设立专卖店推广产品、促进销售。设立专卖店的好处还体现在可以一定程度上摆脱商场的统一调配与管理对企业经营的限制，提高运营的独立性和稳定性。SD公司在双城、嫩江、牡丹江等地设立了十余家服装专卖店。

（三）保理商 BD 银行简介

根据 SD 公司的地理位置及历史业务情况，为其提供保理融资服务的金融机构为 BD 银行的广东支行。BD 银行拥有国内分支机构近 15 000 家，并在 30 余个国家和地区设有分支机构及子公司。近年来，BD 银行积极响应国家改善中小微企业融资难问题的号召，通过资源倾斜、产品创新和流程优化为中小企业提供融资服务。

2002 年 9 月，中国人民银行批准 BD 银行开展国内保理业务，2003 年 5 月，在完善了各项规章制度之后，BD 银行正式将保理产品推向市场，并配备了大量的专门人员推进保理业务的专业化程度。目前，BD 银行的国内保理融资产品涵盖了无追索权保理、全保理、池保理等众多类型。得益于高效的风险管理手段，BD 银行逐渐培育出了保理融资方面的特色和优势，例如，能够提供高于其他银行的预付款比例；能够开展不预先通知下游付款方的隐蔽保理。

另外，BD 银行于 2002 年 8 月加入国际保理商联合会（FCI）后，对国际保理通用惯例展开了深入的研究，在国际交流与学习的基础上制定了国际保理业务管理办法。2004 年 6 月，正式推出国际保理产品。在十余年间经过多年实践积累了大量成功经验，在金融业务与国际接轨方面取得了突出成绩。2008 年，BD 银行在国内首次将区块链技术应用于国际保理，大大简化了保理过程中的报文传输和确权流程，降低了应收账款融资过程中的欺诈风险。

（四）交易各方的决策内容分析

针对 SD 公司大量流动资金被应收账款占压的情况，BD 银行提出了应用保理融资的方案。从 SD 公司的角度看，通过将应收账款转让给银行获得融资，不但不需要其他抵押资产，而且能够减轻应收账款的管理费用与坏账风险。从 BD 银行的角度看，只要保证交易的真实性，保理垫资就有可靠的还款来源，还能通过应收账款管理、债务催收等配套服务获得较高的收益。因此，保理融资可在一定程度上实现双方的共赢。另外，根据 SD 公司扩大海外市场的需要，BD 银行还同意借助其设在国外的分支机构向其提供国际保理服务，即在 SD 公司与国外经销商签订购销合同之前，由 BD 对国外买家 RF 的资信水平、经营状况进行深入调查，并以此为基础向 SD 公司提供一定数额的无追索权授信融资。

在初步达成买卖双方之间的赊销合作意向以及企业与银行之间的保理融资意向之后，交易的各个参与方即面临各自的优化问题，需要做出最优决策。在国内贸易中，SD 公司需要结合保理预付款融资比例和费率，确定最优的赊销批发价格；而 RD 公司则需要根据 SD 的赊销价格确定最优的订货数量。在国际贸易中，BD 银行需在大量的调查和预测基础上，确定针对 RF 的最优授信额度，SD 公司则依据既定的授信额度确定向 RF 公司提供的赊销数额。在进行上述决策时，还要结合实际情况分别将 RD 的预付款、BD 的追索权条款、RF 的资信水平及破产成本等因素考虑进来。本章研究的内容即是上述交易背景下各个参与方最优策略的获得方法及其对供应链成员及整体绩效的影响。具体地，第二节重点介绍决策过程中需要的主要数据的收集与处理；第三节通过将数据代入前文理论模型得到保理融资下各方的最优策略和收益水平。

二、数据的收集与处理

为了对理论模型的有效性进行全面验证，本章将考虑第三章和第四章中涉及的各类保理商风险控制措施，因此除了基本的生产成本及需求预测外，本节还将概况性地介绍零售商资信水平、违约概率等数据的获得方法。

（一）生产成本数据

为测算 SD 公司的期望利润需要首先明确其生产成本。事实上，根据产品设计与试制过程中的用料和工时很容易获得产品的单位变动成本，而期间费用则可以根据历史数据直接得到。表 7-1 给出了 SD 公司内外贸产品的成本预算表。

表 7-1　外贸产品成本预算表

产品代码	主料成本	辅料成本	直接人工	单位成本合计	总制造费用	总管理费用
N7102	100.25	10.46	30.08	140.79	76648	68325
C7108	160.45	10.46	36.49	207.40	76648	68325

（二）市场需求预测

随机市场需求是优化模型中最关键的变量，预测的准确性直接影响模型的可靠性。经销商 RD、RF 直接面向消费者，承担预测需求信息的责任，并且需要将该信息与供应商 SD 和银行 BD 共享。

随着电子商务、新零售及社交媒体等互联网产物的迅猛发展，消费者对流行元素的捕捉与追逐比以往任何时候都更加灵敏、迅捷。这就导致了时装类服饰的时效性进一步增强。例如，某一明星同款服装可能随着某部电视的热播而火速流行，也可能随着其他风格服装的走红而失去市场。因此，总体上看，时装的市场需求具有相当大的不确定性。然而，在特定商圈内，消费者数量、年龄构成、偏好特征往往呈现出一定的规律性，这又为时装市场需求的预测提供了重要依据。众多实证经验表明，时装需求往往服从某一区间上的均匀分布。因此，RD 公司预测本季度时装的市场需求服从均匀分布，预测工作重点是确定随机需求的上下限。鉴于同类型服装历史需求状况能够很好地反映销售区域内目标消费群体的基本概况，如总体规模、消费能力、购买频次等，RD 公司通过四类时装的不同款式在过去五年的销售数据进行本季度需求预测。历史销售数据如表 7-2 所示。

表 7-2　近 5 年不同款式时装的销售量（件）

	2014	2015	2017	2018	2019		2014	2015	2017	2018	2019
N7124	1 606	1 031	797	801	1 258	N7122	1 318	1 535	871	644	1 723
N7432	1 146	1 656	1 425	866	783	N7456	674	1 561	629	685	1 426

RD 公司假设时装的随机需求服从 $[\theta_1, \theta_2]$ 上的均匀分布，表 7-2 中的数据可视为随机需求量总体的一个样本，则参数 θ_1 和 θ_2 的估计可通过矩估计

法获得，即用样本矩估计总体矩。定义样本数据为 $X_i =$，$i = 1,\ 2 \cdots 20$。

通过用样本均值估计总体均值可得：

$$E(X_i) = \frac{\theta_1 + \theta_2}{2} \tag{7-1}$$

通过样本的二阶中心矩估计总体的方差可得：

$$E[X_i - E(X_i)]^2 = \frac{(\theta_2 - \theta_1)^2}{12} \tag{7-2}$$

即

$$E[X_i - E(X_i)]^2 = \frac{(\theta_2 - \theta_1)^2}{12} \frac{(\theta_1 + \theta_2)^2}{4} \tag{7-3}$$

进而容易得到

$$\hat{\theta}^1 = E(X_i) - \sqrt{3E[X_i - E(X_i)]^2} \tag{7-4}$$

$$\hat{\theta}^2 = E(X_i) - \sqrt{3E[X_i - E(X_i)]^2} \tag{7-5}$$

从而容易计算出 $\hat{\theta}^1 = 472$，$\hat{\theta}^2 = 1\ 770$，即国内市场对时装的需求大体服从 [472, 1 770] 上的均匀分布。类似地，RF 公司根据以往同类服装的销售数据，推测国外市场的基本需求满足 [1 000, 3 000] 上的均匀分布。

（三）不同监管方下零售商违约概率的预测

关于债务人违约概率的预测一直是金融机构信用风险控制的主要工作，许多从事赊销交易的企业也通过引入信贷风险管理信息系统等工具开展债务人违约行为的预测工作。随着大数据挖掘、智能算法等技术的发展，债务人违约概率模型的复杂化程度不断增强，预测手段呈现出多元化的特征，其中，基于统计学方法的 Logistic 模型是目前量化企业信用风险的主流方法之一。Logistic 模型假设公司类客户违约的概率与其各影响因素之间存在如下非线性关系。

$$P(X) = \frac{1}{1 + e^{-\beta_0 + \beta_1 X_1 + \beta_2 X_2 + \cdots + \beta_N X_n}} \tag{7-6}$$

从而，根据银行或企业积累的历史数据，应用极大似然法可对式（7-6）中的参数 β_i 进行估计，并进一步对客户类企业的违约概率进行预测。在众多影响客户违约概率的因素中,债权人的应收账款管理能力也是较为重要的因素,并且管理能力越强,违约的概率越低。经过测算,当 BD 管理应收账款时 RD 违约的概率大约为 0.4,而供应商 SD 管理应收账款时 RD 违约的概率大约为 0.6。

(四) 零售商违约时销售收入回收率的估算

类似于其他中小企业,SD 公司也存在应收账款管理效率不高的问题,而这一问题是由多种原因造成的。首先,公司尚未建立完整的信用风险内部控制体系。由销售部、财务部、信用部共同管理应收账款,容易造成部门之间的责权分工不清,相互推诿。加之信息技术的相对落后,导致销售及收款信息在各部门之间的传送、反馈不畅,造成账龄记录错误或遗漏、催款和收账不及时等问题。其次,公司信用调查能力有限。对客户的信用风险不能进行详尽的评估,无法发现客户可能存在其他偿债优先权更高的临期债务,导致自身的债权无法得到保障。最后,公司缺乏有力的法律支持,不擅长通过法律手段降低买方违约损失。

总之,SD 公司的应收账款管理效率的低下将导致经销商因服装滞销而宣布破产时,已实现的销售收入不能够全部作为债权的补偿,其中的一部分会因为各类原因而损失掉。SD 公司的管理人员根据过去应收账款的回收情况得出平均的已实现收入回收比例为 0.9。

(五) 关于国外经销商 RF 信誉水平的预测

保理商 BD 参照 KMV 模型对 RF 的信誉水平(即能够承担的最大损失)进行预测。KMV 模型是美国 KMV 公司于 1997 年建立的用来估计借款企业违约概率的方法。该模型认为,债务人违约是由其资产价值与负债对比情况决定的。而实证研究表明,企业的违约通常发生在资产价值等于流动负债加上 50% 的长期负债的时候,只要预测出还款期限时企业的资产价值,就能相应地推断出企业违约的临界点。KMV 公司认为:企业的资产价值和变动情况虽然无法直接观察,但却可以通过上市公司的股票价格及波动率间接获得,因此,KMV 模型原则上只适用于上市公司。而后续研究发现,同一地区和行业的上市公司和非上市公司由于面对相同行业环境、相同的原材料及产成品市场，非上市公司资产市场价值与其规模和盈利能力相近的上市公司资产价值是十分接近的，可以用上市公司的数据进行替代。BD 银行借助总行的分支机构调查 RF 公司的信誉情况，后者预测了与 RF 公司处于同一地区、同一行业且具有相近利润率的几家上市公司的资产价值，得出它们的中位数为 4 523 534 元。另外，RF 公司的长期负债及短期负债分别为 2 274 073 元和 3 219 234 元。从而在该项交易下，公司能够承担的最大损失粗略估算为：4 523 534−2 274 073*0.5−3 219 234=167 264 元。

（六）其他数据

模型中涉及的其他数据可以根据当前供应链成员企业及银行的日常运营中直接获得，此处不再一一讨论。具体数据如下：

（1）进行国内贸易时，SD 公司自有资金为 0，时装的国内零售价格均为 600 元，供应商 SD 可从 BD 银行获得的保理垫资比率为 75%。在 BD 银行提供了有追索权保理和无追索权保理两种融资方案的情况下，因缺乏零售商的付款担保，金融机构的利率相对较高，从信贷途径融资的平均成本率为 15%。在零售商 RD 能够提供预付款（以 80 000 元为限）的情况下，金融机构采取精算公平的原则确定保理费率，信贷融资与保理融资下金融机构要求的无风险收益率分别为 4% 和 6%，并且保理垫资支付材料成本后仍有剩余可获得利率为 5% 的利息收益。

（2）进行国外贸易时，SD 以 450 元的价格向 RF 供货，服装在美国市场的销售价格也为 600 元。得益于国家鼓励出口的政策，在交易对手 RF 的资信水平已经由 BD 进行评估的情况下，SD 公司可筹集自有资金 346 200 元，且资金成本率为 10%，明显低于从事国内贸易时的融资利率。在考虑破产成本的情况下，SD 可要求 RF 提供数额为 5 000 元的预付款，并且可以估算出 RF 破产时，固定破产成本为 4 000 元，变动破产成本大约占已实现销售收入的 40%。

三、保理融资下交易各方的均衡策略与收益分析

前已述及,SD 企业在进行国内贸易时将采用折扣转让保理模式,把与 RD 交易所形成的应收账款转让给 BD 银行;而在进行国外贸易时将采用额度授信模式,依据 BD 核定的授信额度与 RF 进行赊销交易。本节针对这两类交易,给出了在分别考虑保理商的不同风险控制措施的情况下,供应链成员企业及金融机构的最优策略及期望利润。在验证上文理论模型有效性的同时,进一步探讨保理融资对供应链的影响。

(一) 折扣转让保理下的均衡策略与收益分析

将上述已获取的数据代入第三章的供应链折扣转让保理融资模型,可以得到国内贸易中交易各方的最优策略与期望利润。表 7-3 和表 7-4 分别给出了保理商具有追索权和零售商提供预付款两种情形下的均衡结果,决策者可以依据交易背景、专家建议、磋商情况等众多因素,决定如何对均衡结果进行利用。另外,由于 SD 公司可以就保理费率同 BD 银行进行磋商,因此,在模型应用中考虑了不同保理费率对各方策略及收益的影响。

表 7-3 保理商具有追索权时各方的均衡策略及期望利润

	保理费率	批发价格	订货量	SD 期望利润	RD 期望利润	供应链利润	BD 期望利润	总期望利润
Case0	—	504	766	288 906	78 327	367 233		
Case1	6%	492	753	290 954	95 947	386 901	5 560	392 461
Case2	8%	493	751	285 370	95 309	380 679	11 112	391 791
Case3	10%	494	749	279 994	94 679	374 673	16 653	391 326
Case4	12%	495	747	274 815	94 055	368 870	22 185	391 055
Case5	14%	495	745	269 821	93 439	363 260	27 707	390 967

表 7-3 中的 Case0 代表信贷融资的情况。由 Case1 可见,当保理费率较低

时,保理融资能够在低价格、低产量的情况下实现供应链各个成员绩效的提升。随着保理费率的增加,供应商的融资成本逐渐升高,供应商 SD 为了转嫁该成本将会提高批发价格,导致零售商 RD 的订货量降低。在这一过程中,当融资费率不是特别高时(Case2-Case4),尽管 SD 的利润低于不保理的情况,但 RD 的利润却相反,从而供应链的整体利润增加。而保理费率过高时(Case5)将会导致供应链总绩效的降低。另外,从 BD 银行利润及总利润的变化可见,保理的费率升高意味着收益由供应链企业向银行转移,并且导致社会总效益的降低。

表 7-4 零售商提供预付款时各方的均衡策略及期望利润

	保理费率	批发价格	订货量	SD期望利润	RD期望利润	供应链利润	BD期望利润	总期望利润
Case0	—	506	568	206 554	54 526	261 080	—	—
Case1	6%	445	796	238 842	98 965	337 807	11 140	348 947
Case2	11%	446	793	229 200	98 444	327 644	20 378	348 022
Case3	16%	448	789	220 226	96 966	317 192	29 617	346 809
Case4	21%	449	785	210 954	95 847	306 801	38 713	345 514
Case5	26%	451	780	201 798	94 362	296 160	47 797	343 957

表 7-4 中的 Case0 同样代表 SD 公司不保理的情形。在存在零售商预付款的情况下,保理资金的注入不但促使批发价格降低,而且推动订货数量和供应链绩效的显著提高。同时,保理商 BD 也获得了一定的收益,说明保理业务有助于实现企业与金融机构的多方共赢。类似于考虑追索权的情况,随着保理费率的增加(Case1-Case5),赊销批发价格不断升高,订货量则不断减少,反映了融资成本增加对供应链产出的抑制作用。同时,在利润由供应链企业向保理商转移的过程中,社会总收益也呈现出下降态势。另外,当保理费率高到一定程度时(如 Case5),SD 公司将不能够从保理业务中获得额外收益,因此,没有动力申请保理业务。

(二) 额度授信保理下的均衡策略与收益分析

将上述已获取的数据代入第四章的供应链额度授信保理融资模型，可以得到国外贸易中交易各方的最优策略与期望利润。通过数据的测算，在当前国外经销商 RF 的信誉水平及破产成本下，供应商 SD 始终采取冒险型策略。表 7-5 和表 7-6 分别给出了考虑零售商信誉水平和两类破产成本时的均衡结果。

表 7-5 考虑零售商信誉水平时各方的均衡策略及期望利润

	保理费率	授信额度	赊销量	SD 期望利润	RF 期望利润	BD 期望利润	总期望利润
Case1	14%	705 263	2 648	433 184	232 093	57 248	722 525
Case2	16%	724 138	2 648	422 279	232 093	68 489	722 861
Case3	18%	742 373	2 648	411 429	232 093	79 632	723 154
Case4	20%	760 000	2 648	400 646	232 093	90 666	723 405
Case5	22%	777 049	2 648	389 943	232 093	101 586	723 622
Case6	24%	793 548	2 648	379 328	232 093	112 383	723 804
Case7	26%	809 534	2 648	368 808	232 093	123 054	723 955

由表 7-5 可知，随着保理费率的提高，供应商 SD 的赊销水平保持不变，这与前文论证的冒险策略下赊销数量与授信额度无关的结论相一致；保理商愿意提供的授信则逐渐增加。同时，SD、BD 和 RF 的期望利润在保理费增加的过程中分别减少、增加和保持不变，说明保理费率的变化主要影响制造商和银行之间利益分配。保理商在高利率下通过高授信获得高收益，却导致 SD 承担了更高的资金成本。另外，可以发现在保理费率增加时社会总收益是增加的。这是因为，高费率使得保理商的边际成本降低，因此可以通过提高授信额度来保证在市场需求状况好的情况下获得更多收益，而且该部分收益的总额大于供应商承担额外资金成本的损失。然而，当过高的保理费率导致 SD 公司的期望利润过低时，该公司将选择拒绝保理合同。

表 7-6　存在两类破产成本时各方的均衡策略及期望利润

	保理费率	授信额度	赊销量	SD 期望利润	RF 期望利润	BD 期望利润	总期望利润
Case1	14%	422 158	1 981	321 215	190 165	122 392	633 772
Case2	16%	433 483	1 981	314 689	190 165	129 122	633 976
Case3	18%	444 424	1 981	308 195	190 165	135 792	634 152
Case4	20%	455 000	1 981	301 741	190 165	142 398	634 304
Case5	22%	465 230	1981	295 334	190 165	148 935	634 434
Case6	24%	475 129	1 981	288 980	190 165	155 400	634 544
Case7	26%	484 714	1 981	282 682	190 165	161 789	634 635

表 7-6 提供的信息与表 7-5 中的信息基本一致，都表示当保理商 BD 的授信额度明显低于供应商 SD 最优产出下的应收账款规模时，供应商的赊销（即产出）决策将不受保理费率及授信额度变化的影响。这就导致零售商 RF 的期望利润不变，而 SD 的收益则因为承担了更多的融资成本而向保理商转移。

四、本章小结

本章通过具体实例对本书提出的优化模型在实践中的应用过程进行了演示，重点讨论了几个关键数据的获取方法及均衡策略的特征。通过对比不同保理融资的费率下交易各方的均衡策略和期望收益，分析了保理融资对供应链利益，乃至社会总效益的影响。

第八章
关于供应链保理融资值得关注的其他问题

随着金融机构对中小企业支持力度不断加大,保理融资的实践日趋成熟,银行及商业保理机构纷纷应用更先进的金融科技、在更广的空间范围内、面向更多的产业提供特色化的保理融资产品和服务,因此理论界也产生了一系列值得关注的新问题,本章将对这些问题进行较为全面地梳理。需要注意的是,已有学者开始针对这些问题进行了初步的探讨,但文献的数量还十分有限,未来还需要更加深入探讨。

一、金融科技创新下的供应链保理融资

近年来,在新兴数字产业迅猛发展的大背景下,我国金融科技领域也取得了亮眼的成绩。大数据、区块链、人工智能、云计算等新技术为传统供应链融资业务的改革与创新提供了重要工具。纵观整个保理行业,金融科技辅助的服务和产品悄然盛行、各类供应链融资服务平台不断涌现,先进的金融科技通过优化业务流程、便利风险控制等途径影响供应链保理融资决策。

(一)金融科技创新的技术基础

1. 区块链技术

区块链是一种以分布式数据存储、点对点传输、共识机制、加密算法等计算机技术为基础的去中心化分布式账本。它将一系列信息或事件记录在数据块上,并进一步串联形成链式结构。当有新的数据块需要上链时,需要调用链上前一个数据块上包含的特殊标识,经过验证后才能加入区块链。上链以后,新加的数据块上也被载入特殊标识。这一特殊标识是在前一数据块的信息基础上生产的，因此包含了所有前序数据块的信息。另外，每个新的数据块加入以后所有节点的信息同步更新，这就保证了区块链数据的安全性、透明性、可追溯性和不可篡改性。银行基于贸易发放信贷的一个痛点和难点就是无法保证信息的真实性。区块链技术的引入，能够便于银行快速追踪贸易的全过程，大大降低了银行的风险。

2. 大数据技术

大数据技术其实是与大数据处理相关的一系列技术的总称，包含了大数据收集、大数据预处理、大数据分析以及大数据应用等技术。随着数字产业化以及产业数字化的不断演进，数据已经成为一种新兴生产要素影响整个社会经济的变革。企业在生产运营以及与上下游关联企业交互的过程中会产生各种各样的数据，这些数据来源不同、形式各异，零散地分布在不同介质上。大数据技术能够在高效收集各类数据的基础上进行多源数据的融合，进一步地，通过数据计算与分析为决策者提供参考。大数据在金融领域的应用，打破了金融领域的"数据孤岛"，银行可以利用税费、水电费、投融资等数据信息精准绘制"客户画像"，全方位进行企业信用评估。

3. 人工智能技术

人工智能是一种通过计算机程序模拟人类智能的技术，其本质是使计算机具备推理、判断和决策的能力。人工智能有几个比较大的分支，如图像识别、自然语言处理、机器学习、深度学习等。人工智能的发展为基于大数据的决策提供了重要支撑。以监督式机器学习为例，当我们提供一组数据作为训练集对模型进行训练以后，它能够自主挖掘数据背后的规律，并对类似问题的结果做出推断。人工智能对供应链金融的一个直接影响是使得金融机构进行优化决策时算法的精度更高、结果更加可靠。

（二）金融科技创新带来的供应链保理融资新问题

1. 信息的传递与共享问题

供应链保理融资的相关研究大多是以信息对称性假设为前提展开的，然而，实践中非对称信息在供应链成员企业之间以及企业与金融机构之间大量存在,非对称信息下的研究更加符合实践需求。区块链等金融科技的引入使各个参与方获得真实信息成为可能,但也要求各方在信息技术投入方面达成共识。因此,一个值得关注的问题是如何将信息的价值与成本之间的权衡嵌入到供应链保理融资决策中。

2. 金融服务平台的运行机制问题

金融科技创新催生了大量供应链金融服务平台,这些平台通过规范融资流程,大大提高了融资效率。表8-1列举了几个比较有代表性的供应链金融服务平台。

表8-1 供应链金融服务平台示例

平台类型	平台名称	所属机构	主要特征
企业搭建平台	欧冶金服	宝武集团	中国宝武产业金融服务平台,为生态圈参与方提供供应链金融解决方案,打造集金融科技研发、生态圈金融服务、金融数据与风险信息集成于一体的金融信息服务平台
	迪链	比亚迪	集团成员企业向供应商签发数字债权凭证,全线上流转
	电e金服	国家电网	基于缴纳电费场景,通过大数据对用电企业的用电行为和缴费情况进行分析,帮助下游用电企业获得银行低成本、纯信用融资
银行搭建平台	中银智联	中国银行	"医药链、汽车链、装备链、建筑链、冷链物流链、绿色链、航空链、家电链、电子信息链、食品饮料链"等十大行业解决方案
	农银智链	农业银行	全产业链供应链融资服务平台,快速响应企业结算、融资、财务管理等综合需求
	黄海之链	日照银行	以港口业务为试点,创新供应链信用证押汇电子仓单质押等融资新模式
电商搭建平台	京东供应链金融科技	京东集团	提供智能信用评估、多头贷款识别、贷中风险监控、贷后风险管理全链路一站式供应链金融科技服务

基于平台的交易能够打破传统交易的模式。例如,传统的中小供应商拿

到核心企业的应收账款以后，由于难以保证核心企业及时确权，应收账款融资的难度较大。平台中，核心企业的确权将会自动完成，为供应商的融资提供了保障。同时平台借助金融科技能够实现交易凭证的拆分流转，从而形成更加灵活的筹融资安排及结算方式。综上，如何为平台设计合理的规则，引导并约束融资企业及金融机构的行为也值得进一步研究。

二、跨境供应链中的国际保理融资

跨境交易是我国商品交易的重要组成部分，长期以来，各级政府采取了多项政策，支持和鼓励企业面向国内国际两个市场提供产品和服务，而提供国际保理融资是促进企业出口交易的重要手段之一。前已述及，保理最早的形式就是国际保理。然而，由于受到汇率波动、信息不对称等风险因素的影响，我国国际保理的发展远落后于国内保理。但从长远来看，国际保理的发展趋势还是相当乐观的。上述国际保理中的风险因素构成了供应链保理融资中需要重点考虑的问题。

（一）跨境供应链的发展情况

1. 传统对外贸易

改革开放以来，我国对外贸易作为拉动经济增长的传统"三驾马车"之一，在我国整个经济体系中占重要地位。近年来，随着高质量共建"一带一路"的持续推进、国内国际双循环发展思路的确定以及区域全面经济伙伴关系协定（Regional Comprehensine Economic Pantmership，RCEP）的正式实施，越来越多的企业开始踏出国门，走向国际市场。尽管受到新冠疫情、国际贸易摩擦、全球经济低迷的不利影响，我国对外贸易仍然表现出较强的韧性。

据海关统计，2021年和2022年中国全年货物贸易进出口总额分别增长了21.4%和7.7%。2023年在外需低迷及各种不确定因素叠加的多重挑战下，我国进出口总值仍然达到了41.76万亿元人民币，同比增长0.2%。其中，出口23.77万亿元，增长0.6%；进口17.99万亿元，下降0.3%。展望未来，外部环境的复杂性和严峻性可能更强，但我国经济回升向好的趋势没有改变，而且支撑高质量发展的要素条件还在源源不断集聚增多，因此，外贸基本盘将持续巩固。

2. 跨境电商

随着我国电商经济的持续增长，跨境电商取得了令人瞩目的成绩，越来越多的商品通过电子商务出口到世界各地，为对外贸易贡献了一个重要的增长点。政府高度重视跨境电商的高质量发展，自2015年起商务部先后设立了165个跨境电商综试区，在支持综试区建设的同时，不断完善配套政策、提高监管便利化水平。各大电子商务平台则积极拓展新技术的应用场景，培育各自的比较优势，通过采取精细化运营模式提升自身核心竞争力。

2023年，我国跨境电商进出口2.38万亿元，增长15.6%。其中，出口1.83万亿元，增长19.6%；进口5 483亿元，增长3.9%。参与跨境电商进口的消费者人数逐年增加，2023年达到1.63亿。当然，跨境电商的发展也受到众多因素的制约，如跨境支付问题、产品合规问题、物流配送问题、知识产权问题等。可以预见，随着这些问题的应对措施日益完善，跨境电商将会为我国的对外贸易提供更强的动能。

（二）供应链国际保理融资决策相关问题

1. 国际保理融资的风险问题

与国内保理不同，国际保理业务受到国际政治、经济等多种因素的影响。金融机构在开展国际保理业务时除了商品需求波动风险还需要考虑因交易国经济形势恶化导致的买方信用风险、因国际制裁导致的交易方履约风险以及汇率风险。这些风险因素不仅会影响交易供需双方的交易数量、价格等决策，也会影响保理商的融资利率和期限，从而使各方的最优决策问题更加复杂。另外，金融机构如果选择出口信保等风险分散工具，问题的复杂性将进一步增强。

2. 国际保理融资下国内国际市场联动问题

当企业同时服务国内国际两个市场的时候，由于两个市场上产品的属性需求通常存在差异，如何在另一个市场上平衡产能就成为一个重要的决策问题。如果企业存在资金约束，引入国际保理融资之后，国外市场赊销的数量决定了保理商垫资的额度、进而决定了企业可用于支付应付账款的总资金水平，那么制造商在进行生产决策的同时就需要将两个市场的相互影响考虑进来。同时，最优的产能分配策略也需要随着国际保理融资利率的调整而变化。

三、各式各样的"保理+"业务

发挥多种金融工具的不同优势进而形成组合效应一直是供应链融资理论与实践中的热门话题。大量的研究成果表明，联合运用两种甚至是两种以上的融资方式只有在特定的条件下才能取得正效应。最近几年，"保理+"业务在实践中的应用案例屡见不鲜，怎样发挥其价值自然是一个很重要的研究方向。

（一）"保理+"业务的主要形式

1. 保理+贷款融资

保理融资在使用过程中存在一些客观问题。例如，保理预付款额度受到企业信用等级及金融机构授信政策的共同影响，因此，很多时候保理融资额无法弥补企业的资金缺口。另外，保理资金通常需要交货完毕、应收账款形成后才能到账，而企业支付生产成本的资金需求点在这之前，因此，保理在时间上也往往不能同企业的融资需求相匹配。综上所述，金融机构通常支持企业将保理融资与贷款融资搭配使用，从而为企业提供全周期的融资服务，保证企业生产经营过程的连续性。

2. 保理+信用保险

信用保险是金融机构发放贷款时常用的工具，也是保理商经常采用的增信措施之一。可以说，信保与保理的联合能够实现保理机构与保险公司的双赢：一方面，保理公司的回款风险因信保的担保功能而大大降低；另一方面，保理机构在叙做保理业务之前进行的尽调审核能够大大减少金融机构的工作量。另外，保险公司在开展保理信保业务时，在必要时，除了可以向债务人追索，还可以向保理商追索，拓宽了回款渠道。需要关注的是 2017 年 7 月 20 日，中国保险监督管理委员会（以下简称保监会）公布了《信用保证保险业务监管暂行办法》规定保险公司不能向债权转让业务提供保险服务。这就导致现行的"保理+信保"模式在新规项下存在较大合规性风险。但可以通过模式创新及流程重构，绕开新规的红线，例如，金融机构针对基础交易提供保险服务，然后供应商在向保理机构转让应收账款时连同保险权益一并转让。

3. 保理+资产证券化

保理业务自诞生以来就面临着保理商自身资金实力的挑战，尤其是对于商业保理来说，稳定的资金来源一直限制其业务的增长。近年来，保理资产证券化的实践步伐较快，成功案例层出不穷，为补充保理商资金提供了重要途径。所谓保理资产证券化，指的是保理商将受让于多个供应商的、缺乏即期流动性但具有稳定性的未来现金流的应收账款集中起来，形成资产池，然后对入池资产进行评级和分层，并进一步形成可在债券市场上流通和出售的证券。根据 wind 数据统计，截至 2023 年 8 月 17 日，共有 150 家保理公司作为原始权益人发行资产证券化（Asset Backed Securitization，ABS），累计发行规模已达到 1.66 万亿规模。保理+资产证券化也存在一定问题，例如，保理公司因合格基础资产数量不足，不能有效提升产品的信用等级；应收账款债权转让过程中涉及较多的法律问题，转让过程的合法性、转让的方式、相关手续的变更等都会影响保理债权的合法性。

（二）与其他金融业务组合对供应链保理融资决策的挑战

1. 均衡策略的获得与分析

当保理融资与其他融资方式组合运用时，融资活动的参与主体增多，各方参与人之间利益关联也更加复杂。通过优化模型研究多人博弈过程时，均衡结果的存在性验证以及性质分析变得十分困难。以保理+信保业务为例，供应链成员企业、保理商以及保险公司在进行产量、定价、利率、保费等决策时，保理商的融资利率不但直接影响企业的运营决策，还会通过保险费率变化等路径对企业的决策产生间接作用,从而可能产生一些有悖于直观认知的结论。理论研究有时需要借助计算机仿真等方法对结论的可靠性进行推演和验证。

2. 组合效用的测度与创造

联合运用多种金融工具的本质是综合利用每种工具的优势,以获得最佳效果。前已述及,期待的组合效应可能并不存在,或者只能在特定条件下存在。因此,需要在获得均衡策略以后,通过设置合理的准则、采用科学的方法测度组合效应的大小。同时,须深入挖掘均衡状态下各个参与方之间的风险与收益分担机制,通过创造新的合作模式、设计新的交易规则提升组合效应。从现有的相关文献来看,解决上述问题还存在较大的难度,尤其是保理与资产证券化等本身就十分复杂的业务组合时,组合效用的测度与创造将面临更大的挑战。

四、供应链保理融资与特定产业的深度融合

金融的本质是服务实体经济,需要为国家的产业发展战略提供有效支撑。近年来,绿色产业、高端装备、新材料、国际贸易、"三农"、民生等重点领域的发展受到社会各界的广泛关注,为保理融资提供了更加广阔的应用场景。与以往不同的是,金融机构已经普遍认识到面向不同产业的金融产品与服务不能简单地复制,需要充分体现产业的属性特征与特定需求。

(一)供应链保理融资在代表性行业的应用实践

1. 农业

农业相对于其他产业具有一定的特殊性:一方面,农业受天气、雨水、地震等自然因素的影响较大,使得农业生产活动本身具有较高的不确定性;另一方面,农业从业企业大多采取"轻资产"的模式,缺少厂房、设备等可抵押资产。另外,农业生产和销售流程缺少规范的标准,不利于金融机构构建农业产业链金融风险预测模型。这就导致农业领域的供应链融资明显滞后

于其他产业，然而这也为农业供应链的保理融资留足了广阔的发展空间。在已有的成功案例当中，中合保理的农业供应链保理融资取得了比较亮眼的成绩。

中合保理是中国供销集团的下属子公司，后者在供销合作社的组织、产业化及信息采集等方面具有天然优势，因此，中合保理成立的初衷就是围绕供销合作社体系开展农业供应链金融服务。供销合作社体系中包含大量的农业龙头企业及其上下游合作伙伴，是中合保理重点关注的客户团体。例如，中合保理基于棉副产品与中华棉花集团及其子公司开展了深入合作。针对中华棉花集团与上游种植户及下游采购公司之间发生的真实交易，中合保理系统考察、分析各参与方的交易记录及交易数据，并通过对发票、合同、货物流和资金流的综合把控，为中华棉花集团及其上下游企业提供保理融资服务。

2. 建筑业

建筑业属于典型的资金和劳动密集型产业，工程量大、占用资金多。由于建筑工程计量复杂，且资金结算和支付周期都比较长，建筑企业在实际经营过程中会产生大量的应收账款，且回款期通常长达1~2年，导致企业流动资金周转困难。特别是在全国房地产交易量价齐跌、房地产行业受到巨大冲击等环境下，建筑企业的应收账款回款周期更加漫长，严重影响企业正常经营运作，甚至直接造成破产倒闭。可以说，融资难问题已经危及到一大批中小建筑企业的生存和发展。金融机构通过受让建筑企业的应收工程款项，在此基础上提供保理融资，能够极大程度上缓解企业的资金压力。

中国建筑集团有限公司正式组建于1982年，是我国专业化发展最久、市场化经营最早、一体化程度最高的投资建设集团之一。为了更好地满足集团成员及合作伙伴的融资需求，中建集团在2017年注册成立了中建保理公司。中建保理打造的金融平台充分运用互联网、大数据及人工智能技术，满足建筑工程产业生态中核心企业、产业链属企业在各场景下的金融服务需求，在风险合规条件下提升资金使用效率和业务增长效率。自2018年落地首单无追索权保理业务至2021年年底，中建保理共开展保理业务50余笔，盘活业主资产规模超过330亿元，为万余家中小企业提供了供应链融资服务。

3. 新能源产业

新能源具有清洁、污染小、可再生等一系列优点，对我国低碳经济的发展、能源结构的改善具有重要意义，新能源产业的发展是我国碳达峰、碳中和实现目标的主要抓手之一。强大的资金支持是新能源产业发展的基础和保障。然而，新能源产业具有资金需求量大、投资风险高、回收期长、商业信用评定困难等特征，导致金融机构对涉足这一领域较为忌惮。2022年5月，国家发展和改革委员会、国家能源局联合发布《关于促进新时代能源高质量发展的实施方案》明确指出"支持符合条件的金融机构提供绿色资产支持票据、保理等创新方案，解决新能源企业资金需求"。政策的引领为金融机构相关业务的开展提供了支撑，已经有机构在实践中探索新能源与保理的融合方式。

2023年8月，兴泰保理为某新能源科技企业提供的保理融资款顺利落地。该科创企业专注于燃料电池电堆、系统及核心零部件的研发、设计、制造和销售，在燃料电池电堆与系统方面具有较强的自主研发能力。氢燃料电池行业尚处于发展初期，应收账款逐年递增，兴泰保理抓住这一机遇，以该科创企业在产业链下游应用市场的应收账款为标的，围绕氢燃料电池产业链各个交易环节和账期特点，为其量身定制500万元综合授信方案，有效缓解企业资金缺口。

4. 医疗产业

作为关系到国计民生的重点领域，医疗体系受到政府的严格监管，形成半封闭的市场，由于只有懂得医疗行业的交易流程、业务难点以及参与方需求的信息技术团队才能设计出满足行业要求的产品，因此，医疗供应链的信息化服务商较少，导致整个产业链的信息化程度偏低，形成了医疗供应链金融发展的巨大阻力。然而，在全体医疗机构中占比约为三分之一的公立医院是具有国家信用背书的公益机构，其作为买方的应收账款债项信用评级高，具有进行保理业务的天然优势。另外，医疗供应链中的供应商往往存在自有资金不足、难以赊购原材料等问题，亟须稳定可靠的融资来源，对保理融资存在巨大需求。

2024年3月,天津天保保理与天津港保税区内医疗器械行业龙头企业正天医疗签署合作协议,由天保保理向正天医疗提供3 000万元的保理授信额度。正天医疗是拥有近30年医疗器械生产经验的骨科内植入耗材行业的龙头企业,重点从事医疗器械产品创新研发、高精密加工制造、专业化营销等业务,基本实现了全产业链布局。天保保理借助天津港保税区生物医疗产业集群的优势,通过保理融资助力企业盘活产业链上下游优质资源,实现了在医疗器械生产领域的业务拓展。

(二) 特定产业应用保理融资需要考虑的问题

1. 保理融资产品的开发与创新

每个产业都有各自的供应链生态圈,这是长期的社会生产经营实践所决定的。在每个产业中,交易标的形态特征不同、变现价值及难度各异;供应链上下游之间的交易模式各具特色;金融机构与供应链成员企业之间的信息对称性存在着较大差异……。这就导致每个产业中供应链金融的风险控制点、应对风险的措施都不尽相同。正如上述典型实践所展示出的趋势,金融机构设计必须紧密结合行业特征,设计和开发符合产业特征的保理融资产品。

2. 风险担保品价值挖掘与评估

供应链保理融资的一个突出特征是以真实交易产生的收益作为还款来源的保证,如果真实交易中产品或服务的价值难以估量,将无法确定其能够起到的风险分散作用。以新能源产业为例,供应商向下游企业提供的可能是一项技术或专利,如果约定保理机构在清算期不能收回前期对供应商的垫资时可以获得专利的所有权,那么专利价值的评估将影响保理商的融资决策。因此,充分挖掘和评估这类风险担保品的价值是优化特定产业供应链保理融资策略的前提。

结　论

近年来，针对中小企业普遍存在的"融资难、融资贵"问题，国家各级政府部门、科研单位、金融机构等从不同的视角提出了多种解决方案，其中，供应链金融无疑是发展最快、成绩最显著的对策之一。伴随着理论与实践的不断创新，供应链金融呈现出方案设计更科学、参与主体更多元、产品服务更灵活等特征。相比其他基于供应链的融资方式，保理融资尤其适合处于供应链上游、因市场地位等原因须向下游提供赊销的中小型供应商。保理资金的注入要求供应链企业调整赊销定价与订货策略以实现最大收益，同时也要求保理商根据企业的运营策略设计融资条款以实现收益与风险的权衡。因此，探讨保理融资中金融机构与企业之间、供应链成员之间的博弈机制、寻求各方的均衡策略，对实现交易各方的共赢具有重要实践意义。

本书针对保理融资中两种常见的操作模式，结合保理商的风险控制措施，对保理业务中金融机构与供应链成员企业之间的收益共享与风险分担机制进行了深入研究。分析两种保理融资下赊销交易的特征及保理商的风险控制措施对赊销的影响，为构建优化模型奠定基础；在折扣转让模式下，分别在存有不同保理商追索权约定及零售商预付款的情景下，构建了供应商与零售商之间的主从博弈模型，得到了供应商选择保理商的条件；在额度授信模式下，构建了保理商与供应商之间的博弈模型，并分别讨论了买方信用水平及破产成本对保理商最优授信额度及供应商最优赊销量的影响。最后，分析了供应链竞争背景下供应链成员企业的融资与运营联合决策。研究表明：

（1）保理融资能够降低资金约束供应链的赊销批发价格并提高订货量，保理商提供垫资的比例高低将决定有/无追索权保理合同的相对优劣，当零售商提供预付款作为应付账款的担保时，供应商管理应收账款的效率高低决定其是否选择保理融资。

（2）随着保理商提供的授信额度由高到低，供应商所确定赊销规模的风险性逐渐增强，保理商在不同的买方信誉水平、不同的破产成本下需采取不同的授信政策。

（3）一条供应链上的供应商进行保理融资，将对竞争供应链上的其他企业的融资与运营策略产生影响，在一定的外部条件下，都采取保理融资将导致双方陷入"囚徒困境"。

（4）当无风险利率、产品生产成本处于特定水平时，不完全竞争金融市场中保理商通过适当让渡一定利益，能够使整个供应链融资系统实现较金融市场完全竞争情形下更高的产出水平及总体利润。

本书的创新性工作主要体现在以下方面。

（1）将保理商的风险控制措施纳入供应链保理融资优化问题，揭示了折扣转让和额度授信两种保理融资模式下供应链企业之间、供应链企业与金融机构之间的博弈关系，构建了两种保理融资模式的优化模型。

（2）在考虑保理商追索权、零售商预付款两种情景下，构建了供应商与零售商的斯塔克伯格博弈模型，提供了供应商选择保理融资的条件，并分析了保理融资对供应链整体绩效的影响。

（3）在考虑买方资信水平、破产成本两种情景下，构建了保理商与供应商之间的斯塔克伯格博弈模型，给出了双方在买方资信、破产成本水平和保理费率不同情况下的最优策略。

（4）以折扣转让模式为例，在分析供应链间竞争背景下供应链保理融资决策对其他供应链的影响关系基础上，针对不同供应链供应商之间具有均衡约束的广义纳什博弈和零售商之间的非合作纳什博弈问题，构建了二层非合作博弈模型。针对两条对称供应链得到了均衡的融资策略以及供应链成员最优定价与订货策略的解析形式，并针对多条非对称的供应链构建了 EPEC 模型。

（5）放开金融市场完全竞争假设，将研究问题拓展为金融市场不完全竞争的情境中，讨论了金融市场竞争不完全性对供应链的影响。

本书围绕资金约束供应链的保理融资与赊销联合决策问题展开的研究可

从以下几个方面进一步丰富和完善：

（1）本书研究对象限定为保理商买断供应商的单笔应收账款的情形，而实践中，企业可以将多笔应收账款打包整体转让给保理商，此时供应商的融资决策又与其产能分配策略联系在一起，必然能够得到更多有价值的结论。

（2）本书充分考虑了保理过程中的融资风险并将保理商的不同风险控制措施加入到模型当中，但为了减少模型的参数，将交易各方设定为风险中性决策者，然而，风险厌恶型决策者的情景更贴近。

（3）本书中的部分假设比较严格，例如，额度授信模式下批发价格为外生变量、所有模型均假设信息是完全对称、随机市场需求满足 log-concave 假设等，尽管放松这些假设条件会导致求解难度的增大，但能够进一步提高模型的适用性。

（4）为了便于求解，本书在供应链竞争情景下保理融资决策的研究中采用了确定性需求函数的假设，而需求随机的情形更具普遍性。在未来的研究中，可从上述几个方面入手对现有模型进行拓展和深入。

参考文献

[1] ALAN Y, GAUR V. Operational investment and capital structure under asset-based lending [J]. Manufacturing & Service Operations Management, 2018, 20 (4): 637-654.

[2] ASSELBERGH G. Financing firms with restricted access to financial markets: The use of trade credit and factoring in Belgium [J]. The European Journal of Finance, 2002, 8 (1): 2-20.

[3] BAILEY K, FRANCIS M. Managing information flows for improved value chain performance [J]. International Journal of Production Economics, 2008, 111 (1): 2-12.

[4] BALS C. Toward a supply chain finance (SCF) ecosystem – Proposing a framework and agenda for future research [J]. Journal of Purchasing and Supply Management, 2019, 25 (2): 105-117.

[5] BARROT J N. Trade credit and industry dynamics: Evidence from trucking firms [J]. The Journal of Finance, 2016, 71 (5): 1975-2016.

[6] BOYACI T, GALLEGO G. Supply chain coordination in a market with customer service competition [J]. Production and Operations Management, 2004, 13 (1): 3-22.

[7] BURKART M, ELLINGSEN T. In-kind finance: A theory of trade credit [J]. American Economic Review, 2004, 94 (3): 569-590.

[8] CAI G, CHEN X, XIAO Z. The roles of bank and trade credits: theoretical analysis and empirical evidence [J]. Production and Operations Management, 2014, 23 (4): 583-598.

［9］CAO E, DU L, RUAN J. Financing preferences and performance for an emission-dependent supply chain: Supplier vs. bank［J］. International Journal of Production Economics, 2019, 208: 383-399.

［10］CAO E, YU M. Trade credit financing and coordination for an emission-dependent supply chain［J］. Computers & Industrial Engineering, 2018, 119: 50-62.

［11］CHANG H L, RHEE B D. Trade credit for supply chain coordination［J］. European Journal of Operational Research, 2011, 214 (1): 136-146.

［12］CHEN J, ZHOU Y W. A risk-averse newsvendor model under trade credit contract with CVaR［J］. Asia-Pacific Journal of Operational Research, 2017, 34 (3): 1740012.

［13］CHEN X, CAI G. Joint logistics and financial services by a 3PL firm［J］. European Journal of Operational Research, 2011, 214 (3): 579-587.

［14］CHEN X. Trade credit contract with limited liability in the supply chain with budget constraints［J］. Annals of Operations Research, 2012, 196 (1): 153-165.

［15］CHEN X, XIE X. The value of integrated logistics and finance services of third party logistics firms［J］. International Journal of Services Operations & Informatics, 2009, 4 (4): 333-351.

［16］Chen Z, Yuan K, Zhou S. Supply chain coordination with trade credit under the CVaR criterion［J］. International Journal of Production Research, 2019, 57 (11): 3538-3553.

［17］COULIBALY B, SAPRIZA H, ZLATE A. Financial frictions, trade credit, and the 2008-09 global financial crisis［J］. International Review of Economics & Finance, 2013, 26: 25-38.

［18］DÜMBGEN L, KOLESNYK P, WILKE R A. Bi-log-concave distribution functions［J］. Journal of Statistical Planning & Inference, 2017, 184: 1-17.

［19］FISMAN R, LOVE I. Trade credit, financial intermediary development and industry growth［J］. The Journal of Finance, 2003, 58 (1): 353-374.

［20］GARCIA A E, MONTORIOL G J. Firms as liquidity providers: Evidence from the 2007-2008 financial crisis［J］. Journal of Financial Economics,

2013, 109 (1): 272-291.

[21] GELSOMINO L M, MANGIARACINA R, PEREGO A, et al. Supply chain finance: a literature review [J]. International Journal of Physical Distribution & Logistics Management, 2016, 46 (4): 348-366.

[22] GUPTA V, CHUTANI A. Supply chain financing with advance selling under disruption [J]. International Transactions in Operational Research, 2019. https://doi.org/10.1111/itor.12663

[23] HUANG J, YANG W, TU Y. Supplier credit guarantee loan in supply chain with financial constraint and bargaining [J]. International Journal of Production Research, 2019: 1-16.

[24] HUIJUN H, JING Z. Recourse accounts receivable factoring financing ratio research based on multinational supply chain [C]. //13th International Conference on Service Systems and Service Management (ICSSSM). Piscataway: IEEE Press, 2016: 1-4.

[25] JING B, CHEN X AND CAI G G. Equilibrium financing in a distribution channel with capital constraint [J]. Production and Operations Management, 2012, 21: 1090-1101.

[26] JIN W, ZHANG Q, LUO J. Non-collaborative and collaborative financing in a bilateral supply chain with capital constraints [J]. Omega, 2019, 88: 210-222.

[27] Kouvelis P, Xu F. A supply chain theory of factoring and reverse factoring [J]. Management Science, 2021, 67 (10): 6071-6088. KOUVELIS P, ZHAO W. Supply chain contract design under financial constraints and bankruptcy costs [J]. Management Science, 2015, 62 (8): 2341-2357.

[28] KOUVELIS P, ZHAO W. The newsvendor problem and price-only contract when bankruptcy costs exist [J]. Production & Operations Management, 2010, 20 (6): 921-936.

[29] LARIVIERE M, PORTEUS E. Selling to the newsvendor: An analysis of price-only contracts [J]. Manufacturing & Service Operations Management,

2001, 3 (4): 293-305.

[30] LEKKAKOS S D, SERRANO A. Reverse Factoring: A Theory on the Value of Payment Terms Extension [J]. Foundations and Trends in Technology, Information and Operations Management, 2017, 10 (3-4): 270-288.

[31] LI B, AN S, SONG D. Selection of financing strategies with a risk-averse supplier in a capital-constrained supply chain [J]. Transportation Research Part E: Logistics and Transportation Review, 2018, 118: 163-183.

[32] LIN Q, PENG Y, HU Y. Supplier financing service decisions for a capital-constrained supply chain: Trade credit vs. combined credit financing [J]. Journal of Industrial & Management Optimization, 2019: 245-279.

[33] LIN Q, XIAO Y. Retailer credit guarantee in a supply chain with capital constraint under push & pull contract [J]. Computers & Industrial Engineering, 2018, 125: 245-257.

[34] LI Y, ZHEN X, CAI X. Trade credit insurance, capital constraint, and the behavior of manufacturers and banks [J]. Annals of Operations Research, 2016, 240 (2): 395-414.

[35] MARTIN J. Suppliers' participation in supply chain finance practices: predictors and outcomes [J]. International Journal of Integrated Supply Management, 2017, 11 (2-3): 193-216.

[36] MIAN S L, SMITH C W. Accounts receivable management policy: Theory and evidence [J]. Journal of Finance, 1992, 47 (1): 169-200.

[37] MURFIN J, NJOROGE K. The implicit costs of trade credit borrowing by large firms [J]. Review of Financial Studies, 2015, 28 (1): 112-145.

[38] PETERSEN M A, RAJAN R G. Trade credit: Theories and evidence [J]. Review of Financial Studies, 1997, 10 (3): 661-691.

[39] QIN J, HAN Y, WEI G, et al. The value of advance payment financing to carbon emission reduction and production in a supply chain with game theory analysis [J]. International Journal of Production Research, 2020, 58 (1): 200-219.

[40] Raghavan N R S, Mishra V K. Short-term financing in a cash-con-

strained supply chain [J]. International Journal of Production Economics, 2011, 134 (2): 407-412.

[41] SEIFERT D, SEIFERT R W, PROTOPAPPA S M. A review of trade credit literature: Opportunities for research in operations [J]. European Journal of Operational Research, 2013, 231 (2): 245-256.

[42] SMITH J K, SCHNUCKER C. An empirical examination of organizational structure: The economics of the factoring decision [J]. Journal of Corporate Finance, 1994, 1 (1), 119-138.

[43] SOUFANI K. On the determinants of factoring as a financing choice: evidence from the UK [J]. Journal of Economics & Business, 2002, 54 (2): 239-252.

[44] SUMMERS B, WILSON N. Trade credit management and the decision to use factoring: An empirical study [J]. Journal of Business Finance & Accounting, 2000, 27 (1-2): 37-68.

[45] WANG Z, LIU S. Supply chain coordination under trade credit and quantity discount with sales effort effects [J]. Mathematical Problems in Engineering, 2018, 2018 (4): 1-15.

[46] WUTTKE D A, BLOME C, HEESE H S, et al. Supply chain finance: Optimal introduction and adoption decisions [J]. International Journal of Production Economics, 2016, 178: 72-81.

[47] WUTTKE D A, ROSENZWEIG E D, HEESE H S. An empirical analysis of supply chain finance adoption [J]. Journal of Operations Management, 2019, 65 (3): 242-261.

[48] XIAO S, SETHI S P, LIU M, et al. Coordinating contracts for a financially constrained supply chain [J]. Omega, 2017, 72: 71-86.

[49] XU X, CHEN X, JIA F, et al. Supply chain finance: A systematic literature review and bibliometric analysis [J]. International Journal of Production Economics, 2018, 204: 160-173.

[50] YANG S A, BIRGE J R. Trade credit, risk sharing, and inventory financing portfolios [J]. Management Science, 2017, 64 (8): 3667-3689.

[51] YAN N, LIU C, LIU Y, et al. Effects of risk aversion and decision preference on equilibriums in supply chain finance incorporating bank credit with credit guarantee [J]. Applied Stochastic Models in Business and Industry, 2017, 33 (6): 602-625.

[52] Yan N, Sun B, Zhang H, et al. A partial credit guarantee contract in a capital-constrained supply chain: Financing equilibrium and coordinating strategy [J]. International journal of production economics, 2016, 173: 122-133.

[53] ZHANG Q, DONG M, LUO J, et al. Supply chain coordination with trade credit and quantity discount incorporating default risk [J]. International Journal of Production Economics, 2014, 153 (4): 352-360.

[54] ZHANG X, SHEN H. Decision models of factoring in a supply chain [C].// 2011 8th International Conference on Service Systems and Service Management (ICSSSM). Piscataway: IEEE Press, 2011: 1-6.

[55] ZHAN J, CHEN X, HU Q. The value of trade credit with rebate contract in a capital-constrained supply chain [J]. International Journal of Production Research, 2019, 57 (2): 379-396.

[56] ZHA Y, CHEN K, YUE X, et al. Trade credit contract in the presence of retailer investment opportunity [J]. Naval Research Logistics, 2019, 66 (4): 283-296.

[57] ZHAO L, HUCHZERMEIER A. Managing supplier financial distress with advance payment discount and purchase order financing [J]. Omega, 2019, 88: 77-90.

[58] ZHAN J, CHEN X, HU Q. The value of trade credit with rebate contract in a capital-constrained supply chain [J]. International Journal of Production Research, 2019, 57 (2): 379-396.

[59] ZHANG Q, ZHANG D, TSAO Y, et al. Optimal ordering policy in a two-stage supply chain with advance payment for stable supply capacity [J]. International Journal of Production Economics, 2016, 177: 34 – 43.

[60] ZHANG B, WU D D, LIANG L. Optimal option ordering and pricing

decisions with capital constraint and default risk [J]. IEEE Systems Journal, 2017, 11 (3): 1537-1547.

[61] YAN N, SUN B. Coordinating loan strategies for supply chain financing with limited credit [J]. Or Spectrum, 2013, 35 (4): 1039-1058.

[62] YAN N, HE X, LIU Y. Financing the capital-constrained supply chain with loss aversion: Supplier finance vs. supplier investment [J]. Omega, 2019, 88: 162-178.

[63] YANG L, ZHANG Q, JI J. Pricing and carbon emission reduction decisions in supply chains with vertical and horizontal cooperation [J]. International Journal of Production Economics, 2017, 191: 286-297.

[64] XIAO Y, ZHANG J. Preselling to a retailer with cash flow shortage on the manufacturer [J]. Omega, 2018, 80: 43-57.

[65] WU Y, WANG Y, XU X, et al. Collect Payment Early, Late, or Through a Third Party's Reverse Factoring in a Supply Chain [J]. International Journal of Production Economics, 2019, 218 (12): 245-259.

[66] WUTTKE D A, BLOME C, HENKE M. Focusing the financial flow of supply chains: An empirical investigation of financial supply chain management [J]. International Journal of Production Economics, 2013, 145 (2): 773-789.

[67] WUTTKE D A, BLOME C, FOERSTL K, et al. Managing the innovation adoption of supply chain finance—Empirical evidence from six European case studies [J]. Journal of Business Logistics, 2013, 34 (2): 148-166.

[68] VAN DER VLIET K, REINDORP M J, Fransoo J C. The price of reverse factoring: Financing rates vs. payment delays [J]. European Journal of Operational Research, 2015, 242 (3): 842-853.

[69] SOUFANI K. The role of factoring in financing the UK SMEs: A supply side analysis [J]. Journal of Small Business and Enterprise Development, 2001, 8 (1): 37-46.

[70] SOUFANI K. Factoring and the UK small business [J]. Journal of Small Business & Entrepreneurship, 2000, 15 (3): 78-89.

[71] SINGH N, Vives X. Price and quantity competition in a dierentiated duopoly [J]. The Rand journal of economics, 1984, 15 (4): 546-554.

[72] REINDORP M, TANRISEVER F, Lange A. Purchase order financing: Credit, commitment, and supply chain consequences [J]. Operations Research, 2018, 66 (5): 1287-1303.

[73] RADDATZ C. Credit chains and sectoral comovement: Does the use of trade credit amplify sectoral shocks? [J]. Review of Economics and Statistics, 2010, 92 (4), 985-1003.

[74] PFOHL H C, GOMM M. Supply chain finance: optimizing financial flows in supply chains [J]. Logistics research, 2009, 1 (3-4): 149-161.

[75] ONUR BOYABATLI, BERIL TOKTAY L, Stochastic capacity investment and flexible vs. dedicated Technology choice in imperfect capital markets. Management Science, 2011, 57 (12): 2163-2179.

[76] MORETTO A, GRASSI L, CANIATO F, et al. Supply chain finance: From traditional to supply chain credit rating [J]. Journal of Purchasing and Supply Management, 2019, 25 (2): 197-217.

[77] MCGUIRE T W, STAELIN R. An industry equilibrium analysis of downstream vertical integration [J]. Marketing science, 1983, 2 (2): 161-191.

[78] MARTIN J, HOFMANN E. Towards a framework for supply chain finance for the supply side [J]. Journal of Purchasing and Supply Management, 2019, 25 (2): 157-171.

[79] LI Y, GU C. Factoring policy with constant demand and limited capital [J]. International Transactions in Operational Research, 2018. https://doi.org/10.1111/itor.12514.

[80] LIN Q, SU X, PENG Y. Supply chain coordination in confirming warehouse financing [J]. Computers & Industrial Engineering, 2018, 118: 104-111.

[81] LIEBL J, HARTMANN E, FEISEL E. Reverse factoring in the supply chain: objectives, antecedents and implementation barriers [J]. International Journal of Physical Distribution & Logistics Management, 2016, 46 (4): 393-413.

[82] LEKKAKOS SD, SERRANO A. Supply chain finance for small and medium sized enterprises: The case of reverse factoring [J]. International Journal of Physical Distribution & Logistics Management, 2016, 46 (4): 367-392.

[83] LEE H L, PADMANABHAN V, WHANG S. Information Distortion in a Supply Chain: The Bullwhip Effect [J]. Management Science, 1997, 43 (4): 546-558.

[84] KOUVELIS P, ZHAO W. Who should finance the supply chain? Impact of credit ratings on supply chain decisions [J]. Manufacturing & Service Operations Management, 2017, 20 (1): 19-35.

[85] KOUVELIS P, ZHAO W. The newsvendor problem and price-only contract when bankruptcy costs exist [J]. Production and Operations Management, 2011, 20 (6): 921-936.

[86] KOUVELIS P, ZHAO W H. Financing the newsvendor: Supplier vs. bank, and the structure of optimal trade credit contracts [J]. Operations Research, 2012, 60 (3): 566-580.

[87] KLAPPER L. The role of factoring for financing small and medium enterprises [J]. Journal of Banking & Finance, 2006, 30 (11): 3111-3130.

[88] JING B, SEIDMANN A. Finance sourcing in a supply chain [J]. Decision Support Systems, 2014, 58 (1): 15-20.

[89] IACONO D U, REINDORP M, DELLAERT N. Market adoption of reverse factoring [J]. International Journal of Physical Distribution & Logistics Management, 2015, 45 (3): 286-308.

[90] HUANG S, FAN Z P, WANG X. Optimal operational strategies of supply chain under financing service by a 3PL firm [J]. International Journal of Production Research, 2019, 57 (11): 3405-3420.

[91] HOFMANN E, ZUMSTEG S. Win-win and No-win Situations in Supply Chain Finance: The Case of Accounts Receivable Programs [J]. Supply Chain Forum, 2015, 16 (3): 30-50.

[92] GRÜTER R, WUTTKE D A. Option matters: valuing reverse factoring

[J]. International journal of production research, 2017, 55 (22): 6608-6623.

[93] GELSOMINO L M, DE BOER R, STEEMAN M, et al. An optimisation strategy for concurrent supply chain finance schemes [J]. Journal of Purchasing and Supply Management, 2019, 25 (2): 185-196.

[94] FLETCHER R, LEYER S. Solving mathematical program with complementarity constraints as nonlinear programs [J]. Optimization Methods and Software, 2004, 19 (1): 15-40.

[95] FAIRCHILD A. Intelligent matching: integrating efficiencies in the financial supply chain [J]. Supply Chain Management: An International Journal, 2005, 10 (4): 244-248.

[96] DADA M, HU Q. Financing newsvendor inventory [J]. Operations Research Letters, 2008, 36 (5): 569-573.

[97] CHOD J. Inventory, risk shifting, and trade credit [J]. Management Science, 2016, 63 (10): 3207-3225.

[98] CHEN Z, TIAN C, ZHANG D. Supply chains competition with vertical and horizontal information sharing [J]. European Journal of Industrial Engineering, 2019, 13 (1): 29-53.

[99] CHEN X, WAN G. The effect of financing on a budget-constrained supply chain under wholesale price contract [J]. Asia-Pacific Journal of Operational Research, 2011, 28 (04): 457-485.

[100] CHEN X, LIU C, LI S. The role of supply chain finance in improving the competitive advantage of online retailing enterprises [J]. Electronic Commerce Research and Applications, 2019, 33 (1): 100821.

[101] CHEN X. A model of trade credit in a capital-constrained distribution channel [J]. International Journal of Production Economics, 2015, 159 (C): 347-357.

[102] CHEN J, CHEN W. Contractor costs of factoring account receivables for a construction project [J]. Journal of Civil Engineering and Management, 2012, 18 (2): 227-234.

[103] CHANG H L, RHEE B D. Coordination contracts in the presence of positive inventory financing costs [J]. International Journal of Production Economics, 2010, 124 (2): 331-339.

[104] CAO E, YU M. The bright side of carbon emission permits on supply chain financing and performance [J]. Omega, 2019, 88: 24-39.

[105] CANIATO F, GELSOMINO L M, PEREGO A, ET AL. Does finance solve the supply chain financing problem? [J]. Supply Chain Management, 2016, 21 (5): 534-549.

[106] BUZACOTT J, ZHANG R. Inventory management with asset-based financing [J]. Management Science, 2004, 50 (9): 1274-1292.

[107] BRANCH B. The costs of bankruptcy: A review [J]. International Review of Financial Analysis, 2002, 11 (1): 39-57.

[108] BI G, FEI Y, YUAN X, et al. Joint operational and financial collaboration in a capital-constrained supply chain under manufacturer collateral [J]. Asia-Pacific Journal of Operational Research, 2018, 35 (3): 1850010.

[109] BARRON E. Solution Methods for Matrix Games [M]. In: Game Theory, John Wiley & Sons, 2013: 60-114.

[110] BAKKER, MARIE R. Financing small and medium-size enterprises with factory: Global growth and its potential in Eastern Europe [R]. Working Paper, 2004.

[111] BAGNOLI M, BERGSTROM T. Log-concave probability and its applications [J]. Economic Theory, 2005, 26 (2): 445-469.

[112] ANA M G V, GINES H C, JOBANNA K K. Legal and Institutional Determinants of Factoring in SMEs: Empirical Analysis across 25 European Countries [J]. Journal of Small Business Management, 2018, 56 (2): 312-329.

[113] Alan Y, Gaur V. Operational investment and capital structure under asset-based lending [J]. Manufacturing & Service Operations Management, 2018, 20 (4): 637-654.

[114] AI X, CHEN J, ZHAO H, et al. Competition among supply chains: Implications of full returns policy [J]. International Journal of Production Econom-

ics, 2012, 139 (1): 257-265.

[115] 陈祥锋. 资金约束供应链中违约风险与融资均衡研究 [J]. 复旦学报（自然科学版）, 2016, 55 (5): 543-552.

[116] 顾超成, 邓世名, 李沿海. 确定性需求连续生产模型下的最优保理融资策略 [J]. 运筹与管理, 2017 (10): 121-128.

[117] 金伟, 骆建文. 基于双边资金约束供应链的均衡组合融资策略 [J]. 系统工程理论与实践, 2017, 37 (6): 1441-1451.

[118] 金伟, 骆建文. 考虑风险规避的供应链融资与信用保险组合模型研究 [J]. 运筹与管理, 2018, 27 (12): 23-31.

[119] 李苜, 董明, 张钦红. 基于供应链金融违约风险的保理决策收益模型仿真 [J]. 计算机应用研究, 2018, 35 (3): 736-739.

[120] 梁笛, 张捷. 银行贷款技术创新对中小企业融资的影响——对中小企业保理融资的实证研究 [J]. 金融经济学研究, 2007, 22 (5): 84-88.

[121] 林强, 郝琳, 贺勇. 不对称信息及保理融资模式下供应商-制造商契约参数设计 [J]. 系统工程, 2014, 32 (8): 67-73.

[122] 林强, 史红红, 张保银. 销售奖惩和回购策略对保兑仓融资下供应链协调的影响 [J]. 管理评论, 2018, 30 (9): 209-217.

[123] 林强, 于冠一, 李苗, 等. 保理融资下数量折扣契约设计 [J]. 系统工程, 2016 (9): 103-108.

[124] 鲁其辉, 曾利飞, 周伟华. 供应链应收账款融资的决策分析与价值研究 [J]. 管理科学学报, 2012, 15 (5): 10-18.

[125] 鲁其辉, 朱道立. 质量与价格竞争供应链的均衡与协调策略研究 [J]. 管理科学学报, 2009, 12 (3): 56-64.

[126] 马中华, 陈祥锋. 筛选不同竞争类型零售商的贸易信用合同设计研究 [J]. 管理科学学报, 2014, 17 (10): 13-23.

[127] 潘福越, 林强. 基于保理融资模式的收益共享契约研究 [J]. 武汉理工大学学报（交通科学与工程版）, 2014 (2): 431-436.

[128] 彭红军. 产需不确定下面向资金约束供应商的供应链融资策略研究 [J]. 运筹与管理, 2018, 27 (12): 14-22.

[129] 钱佳, 骆建文. 预付款融资下的供应商定价策略 [J]. 上海交通大

学学报,2015,49(12):1753-1760.

[130] 曲维玺,韩家平.全球及中国保理行业发展特点,趋势分析与政策建议[J].国际贸易,2019(1):90-96.

[131] 任龙,刘骏,周学广.考虑外汇风险的保理融资研究[J].中国管理科学,2017,25(9):63-70.

[132] 王文利,骆建文.基于价格折扣的供应链预付款融资策略研究[J].管理科学学报,2014,17(11):20-32.

[133] 王文利,骆建文.交易信用与资金约束下两阶段零售商订货策略[J].系统工程理论与实践,2014,34(2):304-312.

[134] 王文利,骆建文,张钦红.银行风险控制下的供应链订单融资策略研究[J].中国管理科学,2013,21(3):71-78.

[135] 王宗润,马振,周艳菊.核心企业回购担保下的保兑仓融资决策[J].中国管理科学,2017,24(11):162-169.

[136] 谢家平,张为四,杨光.基于税盾效应的供应链贸易信用融资优化决策研究[J].中国管理科学,2018,26(5):62-73.

[137] 晏妮娜,孙宝文.考虑信用额度的仓单质押融资模式下供应链金融最优策略[J].系统工程理论与实践,2011,31(9):1674-1679.

[138] 易雪辉,周宗放.双重 斯塔克伯格 博弈的存货质押融资银行信贷决策机制[J].系统工程,2011,29(12):1-6.

[139] 于辉,马云麟.订单转保理融资模式的供应链金融模型[J].系统工程理论与实践,2015(7):1733-1743.

[140] 张钦红,骆建文.双边不完全信息下的供应链信用期激励机制[J].系统工程理论与实践,2009,29(9):32-40.

[141] 张晓建,沈厚才,李娟.存在破产成本的保理决策研究[J].管理学报,2013,10(8):12-23.

[142] 赵永军.中国商业保理业务发展现状及风险防范[J].冶金财会,2017,24(6):24-27.

[143] 周咏,胡艳梅,杨华龙,等.价格和需求不确定下存货融资质押率优化研究[J].系统工程学报,2018,33(1):34-43.

后 记

本书的大部分内容来源于我攻读博士学位期间的研究成果，如今整理成册，心中难免有些许感慨，过往写下这一段段文字背后的艰辛一瞬间涌入脑海，仿佛那几年的故事都凝结在了昨天。

我在硕士研究生毕业以后成为吉林农业科技学院的一名教师，每天忙于备课、讲课、编教材和参加教学竞赛，日常工作与科研几乎毫不沾边。三年半后随老公一起调入太原科技大学，在经管学院办公室负责日常的教辅工作。不知不觉间，7年的工作生涯让我与读研时曾有的科研梦渐行渐远。如果社会的变革不是翻天覆地的，如果高等院校的绩效工资改革没有席卷全国，甚至是如果这些变革和改革来得再晚一些，我想我的人生轨迹将不会与刚刚进入太原科技大学时的样子有太大的偏离。

然而，现实是不给"如果"留任何机会的，社会进步必然带来各行各业重大的变革，经济全球化背景下国与国之间日益加剧的竞争折射到普通百姓的生活中，也必然是工作压力的陡增。在这种压力之下，怀揣着各种忐忑和迷茫，我在33岁的"高龄"踏上了继续求学之路。在这之后，经济上的压力以及生活中的责任在家人的支持和帮助下变得微不足道，如何能够保证毕业成了最难逾越的鸿沟。何其有幸，我遇到了人生中的贵人，我的导师，哈尔滨理工大学的陈东彦教授。

陈老师是一位真正的学者。她从不在意学生的不善言谈、礼数不周，更不介意自己的利益得失，唯一的想法就是让她所有的学生都学有所成。为了这样一个朴素的想法，她几十年如一日地工作到凌晨为学生批改论文。当我纠结于保理融资这一研究方向时，老师对我说的话是"只要坚持下去，就一定能做出来"；当我搭起来初步的模型时，老师和我讨论推敲每个函数和约束条件的合理性；当我第一次得到模型的均衡解后，老师亲自推导了每个命题的证明；当我把语句杂乱无章的初稿发给老师后，收到了满篇密密麻麻的批注……

国内外保理融资的实践成果十分丰富，围绕供应链保理融资有很多问题值得研究，我们从这些实践中凝练研究切入点，不断探讨供应链企业及保理机构在不同情景下的最优策略，先后讨论了应收账款质量、破产成本、买方资信水平、供应链间竞争、金融市场不完全竞争等因素对最优策略的影响。然而，在将这些问题串联起来、形成体系的过程中却遇到了很大的挑战。为此，陈老师鼓励我挖掘各个问题背后的关联，基于不同的层次逻辑来搭建整体框架。这样，前前后后经过了几轮的完全推翻重来，才最终确定全书的结构，而这背后是老师一遍又一遍不厌其烦的指导。

除了陈老师倾注了大量的心血，我的同门师兄弟姐妹韩秀平、何婵、武志辉、于浍、刘珊等人也在本书的撰写中给予了无私的帮助，当我有些问题想不清楚的时候，他们的点拨总能起到醍醐灌顶的作用。另外，我母亲极其重视子女的教育，不但帮我带孩子，操心我的学业进展，还变着法儿地鼓励我战胜各种负面情绪。我老公与我的研究方向相近，他在承担家庭重担的同时，还随时随地和我讨论模型细节。这些可爱的人们为我撑起了一片晴天，让我能静下心来把所有的想法落于笔端。由衷感谢所有关心和帮助过我的人们，我所有的工作成果里都有他们真挚的付出。

得到如此多的支持和帮助，本应交出一份更好的成绩，惭愧的是，由于自己能力有限，本书的研究还比较粗糙，还有很多的命题需要进一步论证和深挖。为此，我将在后续的工作和学习中继续推进相关工作，不断完善研究成果。我相信，只要拿出十年磨一剑的决心，就一定能够把一件事做好。作为两个孩子的妈妈，为了兼顾工作和家庭，我愿意用二十年来磨这把剑，履行我应担的责任，不辜负国家的培养和亲友们的期望。